예방의학사
YB HEALTH CARE & MEDICAL BOOKS

트레이너가 알아야 할 모든 것

PERSONAL TRAINER

대표 저자 백형진

트레이너가 알아야 할 모든 것

초판 1쇄 인쇄 2020년 4월 20일
초판 1쇄 발행 2020년 4월 20일

저 자 백형진, 양홍석, 이한울, 황현기, 이서진, 전박근, 최주완, 김명건, 김보성, 김승현, 나국환, 박승원, 김동엽, 구정모, 임효빈, 강태성, 김지훈, 박주형, 조홍래, 이준화, 김영인, 장경춘, 양지혜, 김성언, 강혁준, 한태원, 김하영, 손진원, 조현정, 유하나, 정한겸, 김대환, 최민준, 백광열, 김영웅, 김광연, 이우연, 최근훈, 이동근, 최승준, 임승섭, 김성원, 유익선, 노태영, 이국화

발행처 예방의학사
문의처 010-4439-3169
이메일 prehabex@naver.com

인쇄·편집 금강기획인쇄(02-2266-6750)

가 격 20,000 원
ISBN 979-11-89807-28-3

※ 저자와의 협의에 의해 인지를 생략합니다.
※ 이 책은 저작권법에 의해 보호를 받는 저작물이므로 동영상 제작 및 무단전제와 복제를 금합니다.
※ 잘못된 책은 구입하신 서점에서 교환해 드립니다.

이 도서의 국립중앙도서관 출판예정도서목록(CIP)은 서지정보유통지원시스템 홈페이지(http://seoji.nl.go.kr)와 국가자료종합목록 구축시스템(http://kolis-net.nl.go.kr)에서 이용하실 수 있습니다. (CIP제어번호 : CIP2020014134)

대표 저자.

백형진

- 대한예방운동협회 협회장
- 국민대 평생교육원 헬스케어 지도교수
- KBS 스포츠예술과학원 재활스포츠 총괄지도교수
- 한양대 미래인재교육원 겸임교수
- 바디메카닉 총괄이사 (BM Pilates & PT)
- 국제재활코어필라테스협회 교육이사.
- 세계보디빌딩연맹 국가대표팀 컨디셔닝 코치
- WKF 세계킥복싱연맹 국가대표팀 컨디셔닝 코치
- 아시아선수권 사이클 국가대표팀 AT
- "선수트레이너의 모든것" 대표저자 이외 다수 공저

공동 저자.

양홍석 W GYM 대표
김남훈 JUST GYM 대표
이한울 에즈금융서비스 재무설계사
황현기 법률사무소 사무장
이서진 OWN STUDIO 대표
전박근 (주)스포츠패나틱 대표
최주완 비엠필라테스 청담점 대표
구정모 TRX 국제 마스터 트레이너
김보성 ㈜BM 운영 실장
김승현 강남구치매안심센터 건강운동관리사
김성언 아산병원 건강운동관리사 & 펄스짐 대표
나국환 국민체력100 안동체력인증센터 건강운동관리사
박승원 부산시 보건소 건강운동관리사
김동엽 더에잇 대표
임효빈 ㈜BM 영업이사
김지훈 비엠필라테스 서울대점 대표
박주형 ㈜ BM 대표
조홍래 Dr. Fitness & Pilates 대표
이준화 ㈜BM 교육이사
김영인 비엠필라테스 유성점 강사
최민준 비엠필라테스 유성점 대표
양지혜 KBS스포츠예술과학원 외래교수
박용덕 크로스핏 신촌 짐피닉스 대표
고원종 비엠필라테스 마곡나루점 대표

문성용 비엠필라테스 당산점 대표
김명건 ㈜BM 마케팅이사
강혁준 가천대학교 체육학부 체육전공
한태원 가천대학교 체육학부 체육전공
손진원 지인세무회계법인 대표
김하영 ㈜휴노 심리컨설팅 매니저
조현정 BM 러닝랩 실장
유하나 중앙대학교 강사
정한겸 휴먼밸런스 대표
김대환 현장중심 운영전문가
백광열 파워짐 총괄 센터장
김영웅 BM EDU 교육강사
김광연 유바이오헬스케어 대표
이우연 ㈜프롬더바디 대표
이동근 바디퍼포먼스 대표
최근훈 ㈜마이베네핏 컨텐츠 기획/개발 팀장
최성준 비엠필라테스 여의도점 강사
임승섭 비엠필라테스 당산점 부지점장
김성원 비엠필라테스 삼송점 대표
유익선 비엠필라테스 여의도점 대표
고재영 비엠필라테스 마곡나루점 강사
노태영 ㈜BM 재무 실장
이국화 비엠필라테스 목동점 강사

트레이너가 알아야 할 모든 것

트레이너를 위해

트레이너를 시작한 지 어느새 10년이 넘었습니다. 저 또한 트레이너를 처음 시작하고 첫 직장에서 몇 달 동안 수건만 개면서 시작한 막내 트레이너로 머슬지를 보며 혼자 공부하고 삶은 계란을 얻어 먹으며 무식한 방법으로 운동하며 수많은 부상과 아픈 걸 참으며 많은 시행착오를 많이 겪었습니다. 지금도 매일 수많은 시행착오를 겪고 있지만, 이 세월 동안 많은 분이 아낌없는 조언과 도움이 있었기 때문에 이 자리 까지 올 수 있었던 것 같습니다. 초보 트레이너 시작해서 어느새 20번째 지점을 오픈을 준비하며, 10개의 사업부를 운영하고, 협회를 운영하고 강의를 하면서 2만명 넘는 운동 전문가(트레이너, 요가, 필라테스 강사)분들이 강의를 들어 주셔서 감사한 마음에 보답하고자 처음 이 책을 기획하고 쓰기 시작 했습니다.

트레이너라는 직업이 무엇인지, 어떠한 자격증을 취득해야 하고, 실무 용어들부터, 직급 체계, 세일즈, 마케팅, 공부하는 방법과 브랜딩하는 방법, 면접과 취업 준비부터 창업까지 현장 중심의 Q & A 형식으로 각 분야에 전문가분들을 섭외하여 공동저술로 진행을 하게 되었습니다. 바쁜 일상생활에도 함께 참여해 주신 모든 트레이너분들께 감사드리며 이 책을 통해 트레이너를 준비하거나, 창업이나, 현업에 종사하는 전문가들에게 도움이 되기를 바랍니다.

2020년 4월 20일
대표저자 백 형 진

Contents

서문	**4p**
Ch 1. 트레이너의 이해	**11p**

1. 트레이너란 무엇인가?
2. 트레이너는 전문가인가?
3. 트레이너의 유형은 무엇이 있을까?
4. 보디빌더 vs 트레이너는 무슨 차이가 있을까?
5. 꼭 체육학 전공만이 트레이너를 할 수 있는가?
6. 트레이너 필독서와 공부해야 하는 영역이 무엇인가요?
7. 트레이너를 위한 실용서 추천도서
8. 트레이너를 위한 해부학 추천도서
9. 트레이너를 위한 생리학 추천도서
10. 자세평가 & 동작분석 추천도서
11. 스포츠 지도사(전문스포츠지도사) 자격증은 필수인가요?
12. 건강운동관리사 자격증은 어떠한 경우 필요한가요?
13. 국민체력 100에서 건강 운동 관리사가 하는 역할은 무엇인가요?
14. 대학병원 스포츠의학 센터에서는 건강운동관리사가 어떠한 역할을 하나요?
15. 보건소에서 건강운동관리사가 하는 주 역할과 업무가 무엇인가요?
16. 치매안심센터에서 건강운동관리사가 하는 주 역할과 업무가 무엇인가요?
17. 트레이너는 어떠한 성향을 가진 사람에게 적합한가?
18. 국내 휘트니스 시장의 흐름
19. 트레이너로의 현실과 미래 (비전)
20. 트레이너가 필요한 덕목과 역량이 무엇이 있을까?
21. 트레이너가 갖추어야 할 필수 요소가 무엇인가요?
22. 트레이너의 사명은 무엇인가?
23. 트레이너의 임무는 무엇인가요?
24. 트레이너는 무엇을 해야 하는가?
25. PT의 장점은 무엇인가요?
26. 퍼스널 트레이너의 이미지 메이킹은 왜 중요한가요?
27. 트레이너로 생존하기 위해 퍼스널 브랜드화가 필요한가요?
28. 퍼스널 트레이너의 성장통 무엇이 문제일까?
29. 헬스케어 건강산업 시장의 트렌드
30. 휘트니스 시장의 성장 가능성과 장점
31. 당신 자신을 1인 기업화 하라.
32. 1인 기업의 퍼스널 트레이너가 극복해야 할 문제
33. 퍼스널 브랜딩으로 나를 알려라.

34. 퍼스널 브랜딩으로 마케팅하는 노하우
35. 퍼스널 브랜딩을 위한 SNS 활용 사례.
36. 트레이너에게 서비스 마인드가 왜 중요한가요?
37. 트레이너의 외적 이미지의 중요성
38. 트레이너의 트레이닝 심리학과 동기부여 방법
39. 동기부여를 위한 스포츠 심리학 추천도서

Chapter 2. 휘트니스 시스템의 이해   55p

1. 휘트니스 근무 전 실무 기본 용어부터 숙지하자.
2. 월급 체계 및 정산과 이해
3. 직급 체계의 이해
4. 구직 과정은 어떻게 진행되나요?
5. PT 샵 근무 특성
6. 센터 근무의 특성
7. 호텔 근무의 특성
8. 구직 시 꼭 조심해야 할 사항들이 있나요?
9. 면접은 어떤 식으로 진행되며 어떤 걸 준비하는 것이 좋을까요?
10. 경력이 없어도 트레이너로 취직 할 수 있나요?
11. 견습 트레이너 과정이 꼭 필요한가?
12. 트레이너의 근무 현실
13. 센터에서 근로계약서를 써주지 않을 때 어떻게 해야 할까요?
14. 어떤 휘트니스 센터가 좋은 센터인가? (구직 Tip)
15. 트레이너의 근속년수가 짧고 이직율이 높은 이유는 무엇인가요?
16. FC 업무의 이해
17. FC의 정체성 확립 및 존재 이유
18. FC의 5가지 기본자세
19. FC들의 고민과 미션
20. FC의 주요 업무 정리
21. FC의 세일즈 노하우
22. FC의 컴플레인 대처 방법
23. FC의 마케팅 종류와 방법
24. GX 강사는 무엇인가?
25. GX 강사 급여
26. GX 구인 구직
27. GX 프로그램 구성 방법
28. GX 강사 관리의 중요 포인트

Chapter 3. 트레이너 실무 (회원관리)   81p

1. 휘트니스 오리엔테이션(OT) 이란?

2. 휘트니스 OT 배정 기준이 무엇인가요?
3. OT를 배정 후 트레이너의 계획
4. 만약 OT가 없으면 어떻게 해야 할까요?
5. 수업 시간 전 무엇을 준비해야 할까요?
6. 고객 관리방법
7. 스케줄 관리는 어떻게 하나요?
8. 트레이너의 시간약속 주의사항
9. OT 취소 시 어떻게 하나요?
10. PT 취소 시 어떻게 해야 하나요?
11. 결제 관련 (현금, 카드, 분납, 할부 문제)
12. 이직과 퇴사할 때 어떻게 해야 하나요?
13. 인계 PT 발생 시 어떻게 해야 하나요?
14. 인바디 설명 노하우
15. 자세평가, 근지구력, 심폐 지구력 측정 및 평가를 할 줄 알아야 합니다.
16. 유산소 운동 강도 설정하기 위한 방법들은 무엇이 있나요?
17. 신진대사 해당치(MET)를 활용한 주당 운동량 계산 방법은 무엇인가요?
18. 효과적으로 운동량을 기록하고 체크할 방법이 무엇인가요?
19. 통증에 대한 이해가 필요합니다.

Chapter 4. 매출 관리와 재등록 관리   105p

1. 재등록과 신규등록, 무엇이 더 중요한가요?
2. 재등록률은 어느 정도가 적당하며, 이를 높이기 위해선 무엇을 해야 하는가?
3. 퍼블릭에서 PT 창출 방법
4. OT를 이용한 PT 결제하기
5. 단기간에 PT 매출 올리는 방법
6. 영업에서 좋은 성과를 내기 위한 필수조건은 무엇인가요?
7. 상담을 잘하기 위한 노하우가 무엇인가요?
8. 상담을 잘하기 위한 노하우 2 (닫힌 질문과 열린 질문의 차이)
9. 상담을 잘하기 위한 노하우 3 (선택 유도 질문과 받아치기 질문)
10. 상담을 잘하기 위한 노하우 4 (공통점과 공감대 활용)
11. 상담을 잘하기 위한 노하우 5 (자료 인용, 탐색, 문진 질문)
12. 상담을 잘하기 위한 노하우 6 (구매심리 자극, 효과 설명, 마무리 질문)
13. 상담과 세일즈 프로세스 이해하기 (세일즈 4mat)

Chapter 5. 창업과 운영 방법   119p

1. 상권분석 및 마케팅을 하는 방법이 무엇이 있나요?
2. 전략 (SWOT) 분석과 [CDS&4P]
3. 기구를 구매할 때 어떻게 해야 하나요?
4. 오픈 준비할 때 해야 할 게 뭐가 있나요?

트레이너가 알아야 할 모든 것

5. 프랜차이즈 가맹을 하면 어떤 점이 좋을까요?
6. 커뮤니티 센터란 무엇이며 커뮤니티 휘트니스의 운영방식은 어떻게 다른가요?
7. 커뮤니티 휘트니스의 장,단점
8. 직원들 구인은 어떻게 하는 게 좋은가요?
9. 오프라인 홍보는 어떻게 해야 할까요?
10. 같은 건물 혹은 바로 인근에 경쟁사가 새로 입주한 경우는 어떻게 하나요?
11. 인근에 있는 경쟁사가 너무 큰 폭의 할인을 할 때는?
12. 직원의 퇴사를 어떻게 대처해야 하나요?
13. 직원들의 매출보다 재등록률을 더 신경 써야 하는 이유는 무엇인가요?
14. 회원들의 만족도를 조사할 방법이 있을까요?
15. 회원 수가 점점 줄어들 때, 개선을 위해 체크해야 할 리스트는?
16. 매출 관리는 어떻게 해야 하나요?
17. 날짜에 따른 매출 추세와 관리 방법이 무엇인가요?
18. 소음, 누수, 소방법 위반 등 시설 관련 문제가 생겼을 때는?
19. 휘트니스 혹은 PT샵 업주의 리더십
20. 휘트니스 CEO의 경영 마인드 및 철학
21. 신뢰받는 리더가 되는 방법
22. 업무요청을 할 경우 지켜야 할 10가지 규칙
23. 함께 가고자 하는 방향 우리의 비전과 미션
24. 휘트니스도 체계적인 제도와 지침이 필요합니다.
25. 직원은 어떻게 관리해야 할까요?
26. 좋은 관리자가 되는 방법은 무엇인가요?
27. 환불이 나왔을 때 대처방안이 있을까요?
28. 휘트니스 센터 창업 방법
29. 복싱은 면세사업자라고 하던데 어떻게 해야 면세가 되나요?
30. 부동산 계약을 할 때 주의사항이 무엇이 있을까요?
31. 인테리어 할 때 절차가 궁금합니다.
32. 예상 견적이 얼마나 들까요?
33. 센터 오픈을 위한 계획 샘플
34. 프리세일 심플전략 (Pre-selling Plan)
35. 마케팅 준비 계획안(fitness club opening marketing plan)
36. 휘트니스 신규 회원모집 방법 (THE SKILL OF THE CLUB PRE-SALE)
37. 휘트니스 센터 오픈전 체크리스트(check list)
38. 헬스클럽(Health Club, fitness club) 운영시 비용항목 리스트!
39. 휘트니스 직원 서비스 교육안
40. 휘트니스 클럽이 망하는 이유는 무엇일까? (15가지 이유)
41. 세계 피트니스 박람회 리스트 (World Fitness Show List)

Chapter 6. 센터 내 사고 발생 유형　　　　　　　　185p
휘트니스 센터 안전사고 발생 사례
가) 덤벨 사고사례
나) 러닝머신 사고사례
다) 스크린 골프장 사례
라) 골프장 낙뢰 사망사례

Chapter 7. 센터 화재보험 및 재무 설계　　　　　　189p
1. 비정규직 트레이너에게 재무 설계가 필요한 이유
2. 스포츠센터에 꼭 있어야 하는 화재보험
3. 트레이너들이 꼭 가지고 있어야 할 개인보험 담보

Chapter 8. 트레이너 및 운영자라면 알아야 할 (세무, 회계, 노무) 상식　197p
1. 프리랜서 선생님은 3.3%의 원천세를 공제하던데, 왜 그런 건가요?
2. 세금은 적게 내 거나 환급받는 게 무조건 좋을까요?
3. 정책자금이 많다던데, 휘트니스 업은 어떤 지원금을 받을 수 있을까요?
4. 퇴직 후 다른 곳에서 근무를 못 한다는데, 경업금지 조항은 무엇인가요?
5. 프리랜서도 계약서를 써야 하나요? 센터에서 안써주면 요구해도 되나요?
6. 계약서 작성 시 주의할 사항은? (표준근로계약서, 강사계약서)
7. 필라테스나 요가는 오피스텔이나 아파트에서 사업자등록을 할 수 있나요?
8. 필라테스나 요가 창업시 체력단련장업 신고를 해야 하나요?
9. 간이과세가 유리할까요 일반과세가 유리할까요?
10. 일반대출보다 사업자 대출이 유리한가요?
11. 필라테스도 부가세 면세가 가능한가요?

Chapter 9. 최신 트레이닝 방법?　　　　　　　　219p
ACSM 최신 트랜드
1. 펑셔널 트레이닝 (Functional Training)이란?
2. 왜 퍼스널 트레이너에게 펑셔널 트레이닝이 필요한가?
3. EMS 트레이닝 센터
4. 가압 트레이닝 센터
5. 고강도 인터벌 트레이닝 (HIIT) 센터
6. 측만증 개선을 위한 슈로스 센터
7. 체형교정 운동 센터
8. 선수트레이닝 전문 센터
9. 크로스핏 박스

10. 러닝랩
11. 홈 피티
12. 온라인 PT

Chapter 10. 트레이너의 미래와 비전을 위한 조언　　245p
1. 트레이너가 만드는 피트니스와 기술의 만남
2. 사람이 중심이 되는 건강관리 플랫폼 서비스로 새로운 혁신을 이룬다.
3. 트레이너와 사회적 경제

부록　　259p

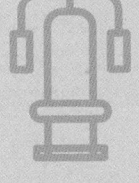

Chapter 1.

트레이너의 이해

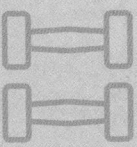

Chapter 1. 트레이너의 이해

트레이너를 하면서 본인에 직업을 설명할 때 어떻게 하고 계신가요?
지금부터 트레이너를 준비하거나 트레이너라면 궁금해하는 점과 알아야 할 모든 것들에 대한 질문과 답을 하나씩 알아보도록 하겠습니다.

1. 트레이너란 무엇인가?

세상에는 헬스 트레이너뿐만 아니라 수많은 트레이너가 있습니다.
국어사전에는 운동선수를 훈련하고 지도하는 사람을 뜻하고, 영어 사전에는 Trainer 교육을 하는 사람을 의미합니다. 또한 프랑스어 사전에서는 끌다, 끌고 가다, 억지로 데려가다 라는 의미가 있는데 이러한 다양한 의미가 있는 것처럼 트레이너는 세상에서 "가장 가치 있고, 매력적인 직업입니다. 그 이유는 바로 고객의 변화를 끌어내는 사람이기 때문입니다. 또한 "고객의 삶을 바꿔놓을 수 있기 때문입니다"

2. 트레이너는 전문가인가?

트레이너는 전문가이지만 현대 사회에서 아직 왜 전문가로 인정받지 못하는가, 의사는 수술, 약물로 병을 치료하는 전문직인데 이보다 더 중요한 병을 예방할 수 있도록 해주는 운동을 지도하는 트레이너는 왜 전문직으로 인정받지 못할까? 이러한 이유에 대해 고민을 해보고 극복할 수 있는 방법에 대한 고찰을 해보고자 합니다.

PERSONAL TRAINER

K의예과 교육과정 (의대)

학부/학과/전공/트릭(프로그램명)			졸업학점	단일전공과정			
				전공학점			
학부명/학과명	전공명 (학부인 경우)	트릭명		전공기초	전공필수	전공선택	계
의예과	-	일반	74	0	38	21	59
의학과	-	일반	183	0	183		183

250학점
=
총 3855시간 +@ 인턴1년, 레지던트4년

생명과학 및 실습	의사와사회	비뇨생식학	내분비대사학	분자생물학 및 실습	의공학 및 실습	종양학	정신과학
의학화학 및 실습	인문의학선택	모자학	피부과학	행동과학	기초의학입문 및 실습	혈액학	신경학
융합과학 및 의료인문학	임상약리학	근골격계학	임상의학입문1,2	의학용어	융합과학 및 의료인문학	면역 및 알레르기학	호흡기학
생명과학 및 실습2	의학심화선택	순환기학	해부학	유전학	재활의학실습	감염학	법의학
의학물리학 및 실습	가정의학실습	소화기학2	발생학	융합과학 및 의료인문학	정형외과학실습	영상의학	안과학
융합과학 및 의료인문학	마취통증의학 실습	PBL2	조직학	신체문화활동 및 실습	진단과학실습	의사와사회	감염학실습
유기화학	비뇨기과학실습	이비인후과학	면역학	생활응급처치 및 실습	영상의학실습	졸업논문	내분비학실습
의사학	성형외과학실습	소화기학	생화학	의동물학	피부과학실습	OSCE/CPX	류마티스학실습
생물정보학	신경외과학실습	신장학	기초통합강의	미생물학	흉부외과학실습	임상수기평가	신장학실습
세포생물학 및 실습	신경학실습	이비인후과실습	기초의학실습	예방의학	병리학실습	임상종합평가	산부인과학실습
의학통계학 및 실습	안과학실습	응급의학실습	병리학	약리학	지역사회의학 실습	선택실습	정신과학실습

의사는 6년간의 세월 동안 250학점 총 3,855시간의 수업을 이수하고, 일반의 면허를 취득한 후 인턴 1년, 레지던트 4년 후 전문의 면허를 취득하여야 전문의로 특정 분야에 전문가로서 인정받고 활동을 하게 되는데 과연 그럼 트레이너는 어떠한 분야에 전문가인가? 트레이너는 현재 체육을 전공하지 않아도 국가자격증 생활 스포츠지도사만 취득하여도 트레이너로 일을 할 수 있으며 필기시험과 단 90시간의 연수만 받으면 취득이 가능하기 때문에 4천 시간에 가까운 의사와 비교한다는 것 자체가 단순하게 시간으로만 비교한다면 무리가 있을 수 있습니다. 하지만 이러한 90시간 만으로 그럼 훌륭한 트레이너가 과연 될 수 있을까. 이 책을 쓰는 이유는 훌륭한 트레이너가 되기 위해 가이드를 해드리기 위함이며, 현직에서 일하는 다양한 전문가분들에 의견을 모아 작성되었습니다.

3. 트레이너의 유형은 무엇이 있을까?

몸이 좋은 트레이너 ?
말을 너무 잘하는 트레이너?
본인 운동만 하는 트레이너?
영업 잘하는 트레이너?
공부하고 연구만 하는 트레이너?

수 많은 트레이너 유형이 있지만, 과연 진짜 트레이너가 되려면 어떠한 역량을 키워야 할지 알아보도록 하겠습니다.

4. 보디빌더 vs 트레이너 무슨 차이가 있을까?

혹시 트레이너는 '보디빌더'라고 생각하십니까?
트레이너가 무조건 자신의 몸을 가꾸어 대회에 나가는 '선수'인 보디빌더라고 생각한다면 잘못된 생각입니다. 유명 축구선수가 훌륭한 감독이 되는 게 아니듯 보디빌더는 선수이고 트레이너는 운동을 잘 할 수 있게 도와주는 감독이자 조력자 역할을 하는 지도자입니다. 물론 보디빌더가 좋은 트레이너가 될 수도 있습니다.

하지만 보디빌더 = 트레이너는 아닙니다.

트레이너는 개개인의 특성, 목적에 따라 프로그램을 설계하고 그에 맞는 전공지식을 바탕으로 객관화된 데이터와 운동을 정확하게 알려주는 운동 전문가입니다.

5. 꼭 체육학(관련 유사) 전공만이 트레이너를 할 수 있는가?

앞서 설명했듯이 비전공자도 얼마든지 트레이너를 할 수 있습니다.

특히 현재 근무하는 총 트레이너 비율 중 정확한 통계는 없지만 100명의 트레이너를 대상으로 해본 설문지 결과 전공자의 비중은 약 10% 미만이었으며, 본인 또한 500명의 동기 중 트레이너를 현재까지 하는 경우는 5%가 채 되지 않습니다. 하지만 객관화된 데이터를 전달하고 하려면 인체에 대한 기본적인 이해가 돼야 하므로 전공자가 당연히 유리할 수밖에 없다 K모 대학의 스포츠의학 전공 커리큘럼을 살펴보면 4년 동안 총 160학점 2,400시간 동안 공부를 하게 되며 아래와 같은 세부 항목들을 공부하게 됩니다. 이러한 과목들이 실제 트레이너를 하는 데 과연 필요한 과목들일까요?

교양을 제외하면 실제로 전공과목은 1,200시간 정도지만 퍼스널트레이너 전공이 아니기 때문에 직접적인 연관이 되어 있는 과목이 많이 있지는 않습니다. 물론 요즘에는 재활 퍼스널트레이닝 전공과 같은 학과가 생겨나고 있지만, 아직 극소수의 학교에만 있고, 대학교에서 평생교육원을 운영하며 관련된 공부를 트레이너가 된 이후에도 얼마든지 할 수 있기 때문에 전공자만 할 수 있지 않다고 생각합니다.

학과명	구분	전공기초	전공필수	전공선택	전공과목
스포츠의학	과목수	5	4	22	31
	학점수	7	12	61	80

수상스포츠	운동생리학실험법	운동손상학
스키	심전도	운동손상평가
맨손체조	병태생리학	운동손상관리
육상	응급처치 및 심폐소생법	스포츠의공학
스포츠 와 컴퓨터	스포츠카이로프랙틱	운동영양학
해부생리학	물리치료학	운동생화학
스포츠의학개론	특수체육	성인병과 운동
운동생리학	스포츠카이로프랙틱실습법	운동과 환경생리
운동처방론	임상역학 캡스톤 디자인	임상실습
인체해부학	스포츠마사지 및 테이핑	도핑과에르고제닉스

6. 트레이너 필독서와 공부해야 하는 영역이 무엇인가요?

다음 보이는 세 권의 책이 트레이너라면 가장 많이 보는 필독서입니다.
NSCA, NASM, ACSM 등 트레이너 생활을 하면서 가장 많이 접하게 될 국제 트레이닝 관련 학술 단체들이며 관련 교육들이 이미 국내에 들어와 활발하게 이루어지고 관련 책들도 다 번역이 되어 있기 때문에 이를 기반으로 트레이너들도 공부하고 현장에 적용하고 있는데, 해부학, 운동 역학, 생리학, 영양학, 병리학, 트레이닝 방법론, 측정평가 등 트레이너가 공부해야 할 영역이 매우 광범위하므로 90시간으로 취득한 생활 스포츠지도사만으로는 훌륭한 트레이너가 될 수 없으며 사회적으로 인정받을 수도 없습니다. 예를 하나 들면 운전면허가 있다고 다 운전을 잘하는 것이 아니듯이 트레이너가 이것조차 없다면 문제가 있다고 할 수 있습니다. 시중에 나와 있는 퍼스널 트레이닝 책의 구성 목차를 보면 필수적으로 공부해야 하는 항목들을 기본적으로 알 수 있으며 그 영역이 매우 광범위하다는 것을 알 수 있습니다. 트레이너라면 이 기본서 3권을 먼저 꼭 숙지하고, 그 다음 파트별로 추천 서적들을 공부하는 것을 권장합니다.

> **NSCA 퍼스널 트레이닝의 정수**
> 1부 운동 과학 - 1. 운동 역학 2. 저항운동의 적응 3. 유산소성 훈련에 대한 적응 4. 퍼스널 트레이닝에서의 영양 2부 상담과 평가 - 5. 고객 상담과 건강 평가 6. 체력평가의 선정과 운영 7. 프로토콜과 놈을 활용한 체력검사 3부 운동 기술 - 8. 유연성, 체중지지 및 볼 운동 9. 저항 트레이닝 운동 기법 10. 심혈관 운동 기법 4부 프로그램 설계 - 11. 저항훈련 프로그램 설계 12. 유산소 지구성 트레이닝 프로그램 작성 13. 플라이오메트릭과 스피드 트레이닝 5부 특별한 요구가 있는 고객 -14. 임산부, 노인, 사춘기 아동 15. 영양과 대사적 고려가 필요한 고객 16. 심혈관계와 호흡계 질환을 지닌 고객 17. 부상, 수술 및 재활 관련 고객 18. 척수손상, 다발성 경화증, 간질, 뇌성마비를 가진 고객 19. 운동선수를 위한 저항성 트레이닝 6부 안전과 법적 문제 - 20. 시설 및 장비의 배치와 관리 21. 퍼스널 트레이너와 관련된 법적 문제

위에 한 책의 목차를 살펴보면 트레이너가 공부해야 하는 파트는 생각보다 매우 광범위하고 세분되어 있기 때문에 이 3권에 책을 기본으로 해서 점점 더 전문성을 높이는 것이 필요합니다. 뒤에서 트레이너를 준비할 때 도움이 될 만한 참고 서적들에 대해 논해 보도록 하겠습니다.

7. 트레이너를 위한 실용서 추천도서

해부학, 생리학, 영양학 수많은 과목을 공부해야 하지만, 전공 서적을 하나씩 보면서 공부하려고 한다면 그 방대한 분량과 실제 현장에서 어떠한 부분이 필요한지, 내가 부족한 부분이 어느 파트인지 알기가 어려운데 트레이너들의 궁금증을 모아 답을 알려준 "트레이너가 꼭 알아야 할 99가지 진실과 거짓 " 이라는 책을 먼저 보면 전반적으로 이러한 부분을 현장에서 회원들이 트레이너에게 질문했고, 그 질문을 내가 정확한 답을 하고 있었는지 잘못된 내용을 전달하진 않았는지 이해 할 수 있는데 도움이 되는 책으로 전공 서적보다는 쉽지만, 트레이너에게 필수 상식들을 집대성하고 있습니다. 또한 같은 저자의 "굿 다이어터를 위한 지혜서" 또한 다이어트에 관련된 수많은 영양학적, 생리학적 내용을 이해하기 쉽게 정리가 되어 있기 때문에 전공 서적을 보기 전에 먼저 공부하기를 추천합니다.

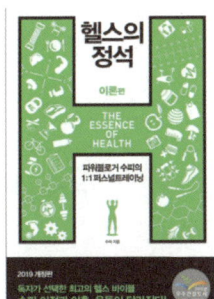

이외에도 수피의 저서인 헬스의 정석 시리즈와 다이어트 정석은 일반 헬스에 관심 있는 마니아라면 한 번쯤 읽어 봤을 만한 책들로 일반인들에 눈높이에 맞춰 궁금증을 해소해 주는 내용으로 이루어져 있는데 이 역할이 바로 현장에서 퍼스널 트레이너들이 해야 할 역할로 기본적으로 이 책들 또한 읽고 숙지해 두면 트레이너를 준비하거나, 초보 트레이너에게 매우 유익합니다.

8. 트레이너를 위한 해부학 추천도서

운동을 가르치기 위해 가장 기본이 해부학과 근육학 입니다. 처음부터 두꺼운 전공 서적보다는 스터디 노트처럼 복습이 가능하게 구성된 『쉽게 공부하기』 시리즈를 먼저 공부하면서 기초를 다지고 난 다음에 전공 서적으로 넘어가면 수월합니다.

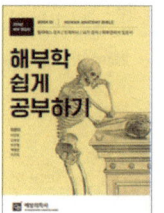 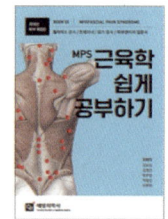

그다음 단계로 이 4권의 시리즈 책은 뼈관절 해부학, 근육 해부학, 근육 뼈대계의 기능과 운동 해부학에 대해 다룬 이론서이며, 『근육 관절 기능 해부학』에서는 일상에서 자주 취하는 동작, 보행, 주행, 그리고 스포츠의 기본적인 동작인 도약 동작, 투구 동작, 차는 동작 등에 관하여 설명해 주고, 또한 대표적인 스포츠 종목의 경기 특성과 발생하기 쉬운 스포츠 손상, 재활에 관해서도 설명해줍니다. 또한 동작 분석에서는 전문적인 용어와 정의 등이 많아 이해하기 어려울 수 있지만, 일러스트를 많이 활용하여 시각적으로 이해할 수 있도록 도와주는 책입니다.

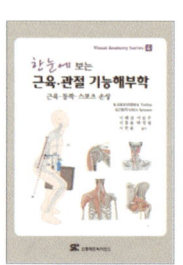 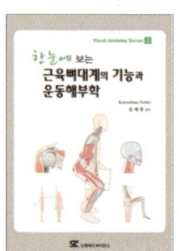 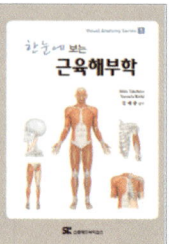 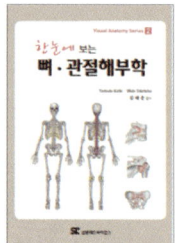

이외에도 추천하는 공부 방법은 해부학 컬러링 북을 활용하는 방법으로 근육의 기시, 정지, 기능을 외우는 것도 중요하겠지만, 그전에 어떻게 모양이 생겼고, 어디쯤에서 시작하고 정지하는지, 어떤 근육이 위에 있고, 아래 있는지, 겹쳐 있는지 등을 공부하기 위해서는 직접 그려보고, 색칠해 보는 것이 가장 좋은 공부 방법입니다.

  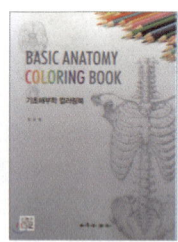

9. 트레이너를 위한 생리학 추천도서

운동 생리학 공부는 트레이너가 고객의 목표를 이해하고, 가장 효율적이고 효과적인 방식의 운동 및 트레이닝을 통해 그 목표를 달성하도록 도와주는 전문가의 역할을 수행해야 합니다. 더불어 고객이 인지 못 하고 있거나 잠정적으로 발생할 수 있는 건강 및 기능상의 문제를 파악하여 예방해주는 것 또한 트레이너의 역할이죠. 이렇듯 트레이너로서의 역량을 발휘하기 위해서는 인체에 대한 이해가 필수적입니다.

운동생리학은 단발적 또는 간헐적인 외부 스트레스에 대한 인체의 반응과 지속적인 자극에 대한 인체의 적응을 다루는 학문입니다. 인체의 최소 단위인 세포부터 조직, 기관과 신경계, 근육·골격계, 내분비계, 순환계, 호흡계 등 각 계통을 배우고, 운동이 인체에 미치는 영향을 통합적으로 이해하기 위한 필수 학문이라고 할 수 있습니다. 일반적으로 자세 및 체형의 평가, 종목을 막론하고 실질적인 근육 사용을 하는 실기 수업은 기능 해부학이 중심이 되는 것 같지만, 근육의 구조 및 수축과 이완의 원리 등 생리학적 지식이 함께 바탕이 되어야 진짜 전문성을 갖추고 있다고 하겠습니다. 특히, 단발적 성격이 강한 '운동', '신체활동'의 개념을 넘어 연속적이고 통합적인 '트레이닝' 단계에서는 운동생리학을 바탕으로 고객의 체력과 건강 상태를 이해해야 목적 및 목표에 적합한 프로그램을 구성하고 지도할 수 있습니다.

더욱이 운동 외에 고객의 관리 및 상담에서는 기능 해부학 및 실기에 관련한 내용보다 운동생리학 및 영양학을 바탕으로 답변과 가이드를 줘야 하는 경우가 대부분입니다.

쉬운 예로 디톡스 다이어트, 케토제닉 다이어트, 다양한 다이어트 보조제 등 유행하는 다이어트 방법에 대해 고객이 질문했을 때, 전문적이고 정확한 답변과 가이드를 주기 위해서는 트레이너 스스로가 생리학적 이해가 바탕이 되어야 합니다. 그렇지 않다면 고객과 다를 바 없이 인터넷에서 찾아본 일반적인 정보, 그나마도 잘못된 가이드를 줄 수도 있습니다. 이렇듯 트레이너가 운동, 트레이닝을 통해 건강과 기능을 향상하게 시키는 전문가로서 활약하기 위해서는 기능 해부학과 더불어 운동생리학에 대한 깊이 있는 학습이 필수적이라고 할 수 있습니다. 생리학은 기능 해부학과 다르게 직접적으로 만질 수 있고, 눈에 보이는 학문이 아니기에 개념을 명확히 이해하고, 실질적인 인체 반응과 변화에 대입해서 해석할 수 있어야 합니다. 이를 위해서는 반복적이고 지속적인 학습 및 이론을 실전에 적용하는 노력이 필요하겠습니다.

운동 생리학은 이처럼 중요하기 때문에 추천 서적으로는 전공 서적의 내용은 어렵기만 하고, 특히 독학하기 매우 힘든 부분 중의 하나이지만 이 고비를 넘지 못한다면 운동 전문가가 되기 어렵습니다. 그렇기 때문에 "과학적인 근력 운동과 보디빌딩 " 이라는 책을 먼저 보면서 우리가 가르치는 웨이트 트레이닝이 어떠한 생리학적인 근거로 이루어지는지 이해할 수 있게 해줍니다.

또한 "현장 적용 운동생리학" 을 통해 현장에서 다이어트나 주기화 프로그램을 구성하는 방법을 알려주고, 좀 더 공부를 하기 원한다면 전통적으로 가장 많이 보는 " 파워 운동생리학 " 이나 "운동과 스포츠 생리학"을 공부하는 것이 좋으며 특히 "휴먼 퍼포먼스와 운동 생리학" 책은 인터넷에 무료로 정일규 교수님에 강의도 볼 수 있기 때문에 혼자 공부하는 것보다 매우 효과적으로 운동생리학을 이해 할 수 있게 도와줍니다.

10. 자세평가 & 동작분석 추천도서

트레이너들은 현장에서 처음 고객을 만났을 때 현대사회의 고객들은 대부분 체형 불균형과 수많은 근골격계 질환으로 문제를 가지고 있기 때문에 일반적인 운동을 수행하는 데 제한이 많이 있습니다. 그러므로 이제는 필수적으로 자세 평가를 기반으로 운동 목적과 자세, 체형에 맞는 올바른 운동 방법을 결정해야 하므로 공부를 해야 하며 이를 기반으로 고객의 문제 이유를 찾고 그 원인을 설명하고, 효과적인 방법을 제시하여 고객이 혼자 운동하는 것보다 효율적이라는 점을 인지 시켜 주고 이에 맞는 운동 프로그램을 지도해 주기 위해서는 위에 두 책을 참고하는 것이 좋습니다.

정적자세평가 이후 동작 분석이 필요한데 이러기 위해서는 기능 해부학에 대한 이해와 적절한 기능성 움직임 분석 방법과 근육 기능 평가 방법을 공부하는 것이 필요하며 위에 보이는 책들이 다소 어렵더라도 지속해서 공부하는 것이 필요합니다.

 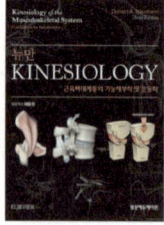 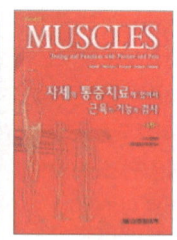 

11. 스포츠 지도자(전문 스포츠 지도사) 자격증은 필수인가?

트레이너를 하는데 필수적인 국가 자격증이지만 실제 사설 업장에서는 무자격자로 근무하는 경우도 많이 있지만, 법적인 분쟁이 발생했을 시 문제가 생길 수 있습니다. 또한 요즘 소비자들 또한 현명해져서 무자격자에 대한 불신이 커져서 사설 자격증까지 협회나 교육단체들에 전화해서 확인해보는 경우까지 많이 있기 때문에 최소한 트레이너를 하려고 마음을 먹었다면 꼭 취득해야 하며, 나중에 창업하거나, 국/공립, 호텔과 대기업 같은 센터에서 일하려면 필수라고 할 수 있습니다.

자격증은 먼저 KSPO 국민체육진흥공단 체육 지도자 자격검정원 (www.insports.or.kr) 에서 관리하며 4월에 필기시험 접수 후 5월에 필기시험을 1차로 통과 후 2차 실기 및 구술시험을 6월에 보고 통과 후 7월 말에서 9월 사이에 66시간의 연수를 통해 취득하는 일반 과정이 있습니다.

이외에도 유소년 스포츠 지도사, 노인 스포츠 지도사, 1급 생활 스포츠 지도사 등이 있으며, 별도로 필기 및 실기를 추가로 봐야 하며, 연수 또한 이수 시간이 다릅니다. 자세한 사항은 홈페이지를 참고하시기 바랍니다.

주로 트레이너를 하려면 생활 스포츠 지도사(보디빌딩) 종목을 취득하며, 면세를 목적으로 (복싱)과 같은 종목을 취득하기도 하며, 다른 종목을 취득하면 그다음부터는 취득이 수월하며 연수는 동일하기 때문에 면제받습니다.

12. 건강 운동관리사 자격은 어떠한 경우 필요한가?

건강 운동관리사는 국민체육진흥공단에서 시행하는 필기, 실기, 구술시험에 합격하고 연수기관에서 시행하는 연수 과정을 이수한 사람으로서 개인의 신체적 특성을 고려해 적합한 운동 형태, 빈도, 강도, 시간, 기간 등 체계적인 운동프로그램 제작, 운동 수행 방법을 지도하며, 의사의 의학적 검진을 통해 건강 증진과 질환 예방 등의 목적으로 운동이 필요로 하는 사람에 대해서 의사의 의뢰를 받아 운동을 지도, 관리할 수 있는 국가자격증을 갖춘 운동전문가를 말하며 건강 운동관리사 자격이란? 국민체육진흥법 시행령 제1장 제 2조(정의)에 따르면 "건강 운동관리사"란 개인의 체력적 특성에 적합한 운동 형태, 강도, 빈도 및 시간 등 운동 수행 방법에 대하여 지도·관리하는 사람을 말하고 있습니다. 자격을 취득하기 위해서는 응시 조건을 만족시켜야 합니다. 제 9조의2에 따라 「고등교육법」 제2조에 따른 학교에서 체육 분야에 관한 학문을 전공하고 졸업한 사람(졸업 예정자를 포함한다)이거나 법령에 따라 이와 같은 수준의 학력이 있다고 인정되는 사람이나 문화체육관광부 장관이 인정하는 외국의 제1호에 해당하는 학교(학제 또는 교육과정으로 보아 제1호에 따른 학교와 같은 수준이거나 그 이상인 학교를 말한다)에서 체육 분야에 관한 학문을 전공하고 졸업한 사람에게 응시 자격을 주어지고 있습니다. 자격 취득 과정으로는 필기시험-실기·구술시험-연수 과정을 통과해야만 합니다(필기:6월, 실기·구술:7월, 연수:8-11월). 필기시험은 각 과목의 40/100점 이상 득점, 전 과목 평균 60/100 이상 득점하여야 합격이며, 실기·구술시험은 70/100 이상 득점해야 합니다. 마지막으로 연수 과정은 3개월간 200시간의 연수 과정을 이수함과 동시에 90% 이상 출석하여야 최종적으로 12월에 건강 운동관리사 자격을 취득할 수 있습니다. 건강 운동관리사는 저 체력자 부터 건강에 문제없는 사람(의학적 검진을 통해 이상이 없는 자)까지 과학적이고 구체적인 운동 프로그램을 제시해주는 운동전문가로서 국민체육진흥법 제 9조의 2에 따라 의사가 의학적 검진을 통하여 건강증진 및 합병증 예방 등을 위하여 치료와 병행하여 운동이 필요하다고 인정하는 사람에 대해서는 의사의 의뢰(「의료기사 등에 관한 법률 시행령」 제2조 제1항 제3호의 신체교정 운동 및 재활 훈련은 제외한다)를 받아 운동 수행 방법을 지도·관리하고 있습니다. 위와 같이 법에 따라 건강한 사람부터 그렇지 않은 사람까지 운동을 지도하는 운동전문가로서 건강과 체력 증진 분야를 운영·관리하는 핵심적인 업무를 담당하고 있습니다. 건강 운동관리사는 자격 취득 후 국민체력 100 체력인증센터, 종합병원의 스포츠의학센터, 보건소, 종합스포츠센터, 스포츠 재활센터 등에서 운동 처방 업무 종사자로 근무합니다. 건강 운동관리사는 이전에 생활 체육 지도사 1급 운동처방사로 불리던 자격증으로 자격제도 개편 후 명칭이 바뀌었고 진입 장벽이 낮아졌습니다. 이전까지는 관련 석사학위 이상 소지자만 취득할 수 있었지만, 이제는 관련 전문학사 이상만 소지하고 있어도 시험을 볼 수 있게 변하였기 때문에 보다 많은 사람이 시험을 볼 수 있는 기회를 얻었지만 진입 장벽이 낮아진 만큼 준비가 제대로 되지 않은 상태에서 시험을 보고 있기 때문에 합격률이 10% 미만으로 나오기도 합니다. 주로 병원이나 보건소에서 근무하려면 필수적으로 요구되는 자격증이기 때문에 일반 휘트니스 센터에서 근무 시에는 필요하지 않습니다.

13. 국민체력 100에서 건강 운동 관리사가 하는 역할은 무엇인가요?

국민체력 100 체력인증센터에서 건강 운동관리사의 업무 및 역할에 대해서 알아보겠습니다. 국민체력 100 은 국민의 체력 및 건강 증진에 목적을 두고 국가에서 무료로 시행하는 대국민 무상 스포츠 복지서비스로 과학적인 체력측정과 전문가의 맞춤형 운동 처방을 통해 체계적인 체력관리 서비스를 제공합니다. 국민체력 100 업무는 과학적인 체력측정 및 평가 → 맞춤형 운동 처방 → 인증서 발급 → 체력관리지원 하는 것을 목적으로 합니다.

전국에는 43곳의 체력인증센터가 운영 중(18년도)이며, 각 센터에는 건강 운동관리사와 체력 측정사가 각 2명씩 근무하고 있습니다. 체력측정사는 각 체력요인을 측정할 수 있는 타당하고 신뢰할 수 있는 체력측정 방법으로 체력측정을 주 업무로 근무하고 있으며, 건강 운동관리사는 고객의 체력평가를 설명해주며 평가를 기반으로 맞춤형 운동 처방과 인증서 발급 그리고 체력관리를 하고 있습니다. 국민체력100 체력인증센터에서의 꽃이라고 하면 건강 운동관리사가 실시하는 맞춤형 운동 처방이라고 할 수 있습니다. 건강 운동관리사는 과학적인 체력측정과 분석을 통해 출력된 평가지와 함께 문진, 설문을 이용해 라이프 스타일, 운동 경험, 가족력 등의 정보를 기반으로 맞춤형 운동 처방을 합니다. 체력측정을 통해 출력된 평가지에는 건강, 운동 체력요인이 본인의 연령대(청소년 13~8세, 성인 19~64세, 노인 65세 이상)의 기준치와 비교분석을 통해 본인의 어떤 체력요인의 체력 수준이 낮고 높은지를 제공되어있으며, 체성분 분석을 통해 현재 본인의 신체 조성에 대해서도 본인 연령대 및 신장과 비교분석 결과도 함께 제공하고 있습니다. 충분한 상담과 평가지를 통해 고객의 체력 수준에 대해 충분한 설명을 한 후 본인의 목표와 부족한 부분에 고려해 맞춤형 운동 처방을 실시합니다. 이때 고객들이 집에서도 꾸준히 실시 할 수 있도록 처방 지도 함께 제공하고 있습니다. 처방지에는 준비운동-본 운동-마무리 운동 순으로 운동 동작을 목적, 강도, 대상별로 나눠 제공하며, 건강 운동관리사와 함께 각 운동 동작을 함으로써 운동 처방지만 보고도 운동을 할 수 있도록 지도합니다. 사후 관리로서 8-10주마다 체력인증 재측정을 권함으로써 운동에 대해 목표설정을 함으로써 지속적인 신체활동 및 운동에 참여할 수 있도록 동기부여를 제공합니다. 국민 체력100 체력인증센터에서는 운동 처방을 통해 일상생활과 집에서 할 수 있는 운동 처방을 하고 있는데, 모두가 알다시피 실제 전문가에게 운동을 지도받았던 경험을 가지고 계신 분은 드뭅니다. 그러한 고객을 위해 체력관리지원 프로그램을 운동하고 있습니다.

체력관리지원 프로그램은 크게 3가지로 나눠 볼 수 있습니다. 스포츠활동 인증 방법, 온라인운동 영상 제공, 체력증진 교실이 있습니다. 스포츠활동 인증 방법과 온라인 운동 영상 제공은 스마트폰 애플리케이션 (닐리리맘보, 워크온) 이나 대표 홈페이지의 운동 처방 동영상을 통해 고객에게 맞춤형 운동과 신체 활동량을 늘릴 수 있도록 관리합니다.

체력증진 교실은 건강 운동관리사가 저체력자, 비만인 등 체력 수준이 낮은 분을 먼저 선별하여 8주 동안 지도, 관리하는 과정으로 바디 웨이트 트레이닝에서부터 다양한 소도구까지 여러 운동프로그램을 활동해 체력측정 참여자의 체력을 향상하고, 증진 교실 기간이 끝난 이후에도 운동 참여를 재고하기

트레이너가 알아야 할 모든 것

위해 함께 노력하는 체력관리지원 프로그램입니다.

이 외 체력인증센터에서는 찾아가는 체력인증센터 서비스를 통해 체력인증센터를 방문하기 어려운 소외계층을 방문하여 체력측정부터 운동 처방 그리고 맞춤형 운동 교육까지 실시하고 있고, 학교, 공기업, 보건소 등과의 협업을 통해 학생들에게 필요한 운동, 직장인에게 필요한 운동, 보건소를 방문해 주시는 고혈압, 고지혈증 등 대사증후군 및 질환자들에게 맞춤형 운동 처방 및 운동 교육 등을 실시하고 있습니다. 단순히 건강 운동관리사라는 직업이 일반적인 운동지도자와 같은 운동을 지도하는 사람이라고 생각 수도 있지만 다른 점으로써 중학교 1학년부터 65세가 넘은 어르신까지 다양한 연령층에 대한 생애주기별 생리적 변화와 심리적 변화에 대해서 파악해야 하며, 저체력자부터 심혈관계 질환자 및 근골격계 질환자 등 다양한 사람들에게 운동 처방 및 운동 교육을 지도 합니다. 그럼 이제 이러한 내용을 정리해보면 국민체력 100 체력인증센터에서 건강 운동관리사는 크게 2가지의 역할을 수행하는데 첫 번째는 체력측정과 운동 처방 상담 및 지도에 관한 부분이고 두 번째는 체력인증센터 운영에 있어 필요한 행정 업무를 담당하고 있습니다. 업무와 관련하여 자세한 사항들은 아래와 같습니다.

○ 체력측정 가능 여부 판단
· 센터에 방문하는 고객분들의 안전상 목적으로 PAR-Q의 설문내용을 토대로 한 체력측정 가능 여부를 판단할 수 있어야 합니다. 근골격계 질환부터 대사성 질환 등 여러 분야의 건강과 관련된 부분을 알고 있어야 판단할 수 있기에 이러한 능력을 갖추어야 합니다.

○ 체력측정 전문가
· 그 누구나 간단하게 숫자만 셀 줄 알면 할 수 있는 측정이 아니라 체성분 검사부터 기초체력검사까지 무엇을 검사하기 위한 측정이고 원리는 무엇이며 정확하게 측정하기 위한 방법은 무엇이 있는지 정확히 알고 체력측정사가 올바른 측정을 할 수 있도록 협력할 수 있어야 합니다.

○ 부상 예방 및 조치
· 체력측정을 하면서 발생할 수 있는 부상을 예방하기 위한 정확한 준비운동 및 주의사항 전달과 사고 발생 시 응급조치할 수 있는 능력을 갖추고 있어야 합니다.

※ 간혹 발생할 수 있는 사고
- 10m 왕복달리기 : 비복근 부분파열, 넘어짐으로 인한 타박상
- 윗몸일으키기 : 목 또는 허리통증
- 20m 왕복 오래 달리기 : 과호흡 및 구토증세
- 제자리멀리뛰기 : 발목 및 무릎부상

PERSONAL TRAINER

○ 정보전달자
· 기본적으로 운동에 관련된 정확한 정보를 전달하는 역할이기에 급변하는 휘트니스 시장 트랜드에 맞춰서 여러 다양한 운동을 습득하고 연구해야 하는 노력이 필요합니다.

○ 의사소통 전문가
· 정확한 정보를 알고 있다고 하더라도 제대로 전달하지 못하고 본인의 정보를 주입하는 데만 급급하다면 올바른 운동 상담이 이뤄질 수 없습니다. 운동 처방을 받기 위한 사람의 여러 가지 이야기를 들어보고 질문하고 소통할 수 있어야 받는 사람이 만족하는 운동 처방이 될 수 있기에 공감과 소통의 마음으로 상담하는 것이 중요합니다.

○ 다양한 운동 경험을 가진 전문가
· 운동 처방에 있어서 체력에 맞는 운동을 추천해줄 수 있는 경험, 단순히 알고 있는 것과 경험해 본 것과는 다르기 때문에 해본 자만이 더 정확하게 제시할 수 있습니다.

체력증진 교실을 조금 더 유익한 프로그램을 제시하고 지도할 수 있는 것은 단순히 지식이 아니라 경험에서 나오기에 다양한 연령대와 대상에게 기초체력을 향상하기 위한 효율적인 동작을 지도할 수 있도록 많은 운동 경험을 갖추어야 합니다. 또한 국내에서는 체육 분야 중 운동 처방 및 Exercise specialist와 관련하여 유일하게 발급해주는 국가공인 자격증이기 때문에 운동을 가르치는 사람들이라면 필히 취득할 것을 권합니다.

14. 대학병원 스포츠의학 센터에서는 건강운동관리사가 어떠한 역할을 하나요?

대학병원의 스포츠의학센터는 치료의학의 한계를 넘어 질병 예방과 건강증진 차원에서 운동의 중요성을 중점으로 환자들의 건강관리를 목표로 하게 됩니다. 여러 다양한 진료과에서 운동이 필요한 환자분들에게 적절한 운동을 처방하고 지도하는 역할이 바로 건강 운동관리사입니다.

대학병원 스포츠의학센터의 건강 운동관리사는 스포츠의학과 운동생리학, 생체역학적 지식을 바탕으로 질병을 예방하고 성인병 예방과 건강증진을 도모할 수 있도록 안정성과 유효성이 증명된 운동을 개인별 맞춤으로 교육하고, 도움을 줍니다. 또한 일반인들뿐만 아니라 프로선수 및 유소년 선수들의 체력향상과 경기력 향상 프로그램도 하며, 부상 이후 빠른 복귀를 위한 운동프로그램도 제공합니다.

건강증진 및 합병증 예방을 위한 전문 체력검사와 체성분 검사, 3D 체형 검사, 운동부하검사, 등속성 근력 검사장비를 활용한 검사 등을 실시할 수 있어야 하며, 최신 의학저널에 근거한 개인별 맞춤 운동을 지도하게 됩니다. 정형외과, 재활의학과, 내과, 가정의학과, 비뇨기과, 노년기 내과, 내분비내과, 소아청소년과, 정신과, 건강검진과 까지 다양한 진료과에서 운동이 필요한 환자분들을 협업하여 올바른 운동을 지도할 수 있도록 노력합니다.

15. 보건소에서 건강운동관리사가 하는 주 역할과 업무가 무엇인가요?

업무

보건소 운동처방사는 지역주민의 건강증진이라는 목적하에 존재합니다. 주 업무는 보건소 내에 있는 체성분 기계를 이용한 개인별 운동 처방입니다. 또한 운동 시설을 보유하고 있는 보건소의 경우라면 회원 관리와 트레이닝도 추가로 담당 및 관리합니다. 운동처방사는 보건소 내에서 진행하는 통합 건강증진 사업에도 참여하게 됩니다. 간호사, 영양사, 치위생사 선생님들과 함께 경로당이나 어린이집, 혹은 지역아동센터 등 공공기관에 방문하여 간단한 운동 교육을 해주거나 간이 보건소를 열어 체성분 측정을 합니다. 운동처방사만 독립적으로 진행하는 사업도 있습니다. 이 경우 해당 기관에 방문하여 1시간 분량의 수업을 진행해야 합니다. 행정적인 일을 처리하는 것도 운동처방사의 업무 중의 하나입니다. 주기적인 업무 보고는 기본이고 주민들 상담내용 기록 및 간단한 보고서 작성을 하게 되며 그에 따른 기본적인 Excel 및 한글파일 활용능력 또한 필요합니다.

지원 방법 및 조건

해당 지역의 보건소 홈페이지에 들어가서 모집공고를 확인하고 기간 내에 지원합니다. 1차로 자기

소개서 및 이력서를 제출하며 2차 면접을 통해 최종 선발하게 됩니다. 지원 조건은 기본적으로 운동처방사 관련 자격증(건강 운동관리사, 생활 스포츠지도자 등) 취득을 필수조건으로 하며 컴퓨터 관련 자격증, 운전면허증 그리고 경력 등을 통해 가산점을 받을 수 있습니다. 경력의 경우 보건소 근무 경력이 있거나 관련 부서에서 일해 본 경험을 높게 쳐주는 편입니다.

급여
운동처방사의 경우 기간제 근로자로 근무하게 되는데 이 경우 기본급을 받습니다. 돈으로 환산하면 약 100만 원 중반에서 후반대가 됩니다. 만약 무기 계약직으로 근무하게 된다면 해마다 소정의 연봉 상승이 있습니다.

장점
보람을 느낄 수 있는 점이 가장 큰 장점입니다. 근무하다 보면 친해지는 주민분도 생기며 때때로 고마운을 표현해 주시곤 하는데 개인적으로 그런 순간이 가장 보람되고 동기부여도 되는 것 같습니다. 또한 정해진 근무시간으로 여가를 보장받을 수 있는 것도 장점입니다.

단점
모든 주민이 친절하진 않습니다. 불친절한 민원을 상대하는 건 쉽지 않습니다. 또한 내가 주체적으로 운동 프로그램을 계획한다기보다는 진행되는 사업에 맞춰야 하는 경향이 있기에 조금 답답한 부분이 있습니다. 마지막으로 급여가 높지 않습니다. 무기 계약직의 경우 연봉상승이 있지만, 확실히 큰 돈은 아닙니다.

근무 기간
보건소 운동처방사는 그동안 기간제 근로자로 고용되었습니다. 이 경우 대부분 1년 내의 기간 동안 근무하게 되며 기간연장의 여부가 불확실했지만, 최근에는 무기 계약직이 증가하는 추세로 그런 부분이 해결되었습니다. 마지막 한마디, 보건소는 직업 특성상 전문적인 트레이너보다는 전인적인 트레이너를 필요로 하는 곳입니다. 그렇기에 트레이너로서 개인적인 성장보다는 다양한 보건 직종과의 협업, 인적 자원 관리 및 국가기관의 운영시스템을 알아볼 수 있습니다. 사람을 좋아하고 관계 속에서 행복을 찾는 사람이라면 적합할 것입니다.

16. 치매안심센터에서 건강운동관리사가 하는 주 역할과 업무가 무엇인가요?

'치매안심센터'란?
서울시는 60세 이상 노인의 치매 예방과 관리를 위해 지역구마다 '치매안심센터'를 운영하고 있습니다. 센터 운영은 보건소와 병원이 협력하여 이루어집니다. 인력배치는 센터장, 팀장, 팀원으로 이루어져 있습니다. 센터장은 의사, 팀장은 간호사가 배치되며 팀원은 사회복지사, 간호사, 치료사 직군으로 나누어집니다. 치료사 직군은 작업치료사, 음악치료사, 미술치료사, 운동치료사로 이루어져 있으며 지역구마다 조금씩 다른 인력편성이 되어 있습니다.

건강 운동관리사의 역할
치료사 직군의 운동치료사로 역할 하게 됩니다. 주 업무는 지역주민의 치매 예방과 관리를 위한 운동프로그램 진행입니다. 운동프로그램을 기획하고, 참가자를 모집하여 분기별로 프로그램을 진행합니다. 규격화되어있는 프로그램이 없어서 건강 운동관리사의 역량이 중요한 부분입니다. 노인과 치매에 대한 이해가 잘 되어있어야 적절한 프로그램을 운영할 수 있습니다. 그 외의 팀원 공통업무로는 치매 선별검사, 사례관리, 홈페이지 게시물 등록, 각종 서류 업무 등이 있습니다.

근무조건
평일 9시~18시 근무이며, 공휴일은 휴무입니다. 한 달에 20시간까지 추가 근무가 가능하며, 야근 수당을 추가로 받을 수 있습니다. 계약 형태는 계약직이나 대부분 직원이 5년 이상 근무 중이며, 최근 정규직으로 전환되는 추세입니다. 급여는 호봉제로 책정되며 1호봉 기준 월 1,766,000원 정도입니다. 1호봉 진급마다 10만 원 정도의 상승률을 보입니다.

개인적 의견
저는 강남구 치매안심센터에서 건강 운동관리사로 근무하였습니다. 일반 휘트니스에서 트레이너로 근무하는 것에 비하여 안정적인 급여와 조건으로 일할 수 있다는 것이 장점입니다. 공공기관 특성상 출퇴근 시간과 휴가사용이 확실하며 급여가 밀릴 위험이 미미합니다. 노인과 치매에 대한 다양한 케이스를 접할 수 있다는 것도 큰 장점입니다. 개인에 따라 급여 수준이 적다고 느낄 수 있으며, 공통업무가 전체 업무의 50% 정도를 차지하기 때문에 트레이닝에 대한 지식과 함께 컴퓨터 활용능력, 고객 응대법 등 다양한 능력이 추가로 요구됩니다.

*자세한 정보는 보건복지부 홈페이지 치매 정책사업안내서를 통해 얻을 수 있습니다.

17. 트레이너는 어떠한 성향을 가진 사람에게 적합한가?

트레이너가 가져야 할 자질
1. 가장 기본인 것은 실력 배양입니다.

중,고,대학생 대상으로 설문조사 결과	성인 대상으로 설문조사 결과
1위 관심을 가져 주는 트레이너 2위 실력이 있는 트레이너 3위 칭찬과 격려 및 재미있는 트레이너	1위 실력이 있는 트레이너 2위 인성과 서비스 마인드 3위 적절한 가격

2. 직업적인 책임감

서비스업으로서 회원을 지도할 수 있는 기본 마인드가 있어야 합니다.

인성이나 성격, 직업에 대한 가치관, 말투 등 기본적인 예의범절은, 서비스업에 종사하는 사람이라면 반드시 가져야 할 기본 덕목입니다. 트레이너의 소양으로 표현을 해보면 회원 입장에서 생각을 할 줄 알아야 하는 것이 우선시 될 것 같습니다.

인사성도 밝아야 하며 표정 관리, 자기 신변관리까지 철저히 해야 하며 시간관념이 정확해야 하며, 시간은 곧 신뢰이면서 트레이너 본인의 이미지가 되기 때문에 입니다.

3. 근면, 성실

이건 무슨 말이 필요할까요! 수업 시간 10분 전에 미리 와서 준비하고, 늘 부지런함이 몸에 베 져 있어야 합니다. 수업 시간에 인스타, 페이스북 하는 트레이너는 수업하면 안 되겠죠.

4. 융합적인 사고방식(통찰력)

고객의 신체적, 심리적, 사회적, 환경적 영향까지 고려해서 최적화된 방법을 함께 고민하고 만들어 줄 수 있어야 하는 통찰력과 통합적 사고방식이 필요합니다.

5. 아프지 않고 늘 건강한 몸

"제가 운동하다가 다쳤거든요, 이런 소리 하지 않는 트레이너가 되어야겠네요" 식스팩보다 건강한 트레이너가 되어야겠습니다.

18. 국내 휘트니스 시장의 흐름

과거
1. 헬스클럽 관장님 세대
2. 캘리포니아 휘트니스
   (초대형 휘트니스 등장, 연간회원권, 프리세일 시작, FC와 PT가 생김)
3. 캘리포니아, 이훈 에너지짐, 머슬팩토리, 스포파크, 월드짐 등 대형센터 체인들의 폐업
4. 댄스학원, 핫요가, PT스튜디오 등 소형센터 다수 생김
5. 10개 지점 이상의 중형센터 체인들의 등장
   스포애니(77호점) ,고투(53호점), 바디스타(10호점), 애플짐(10호점), 바디채널(10호점), 에이블짐(10호점), 헬로우짐(11호점) 등
   # PT샵 체인들의 등장 -BM필라테스 & PT (19호점)

현재
1. 외국처럼 100개 이상의 메이저 체인들의 등장이 예상됨
2. 휘트니스시장 의사, 한의사, 대체의학, 카이로프랙터, 물리치료사, 의사, 운동선수, 마사지사, 댄스강사, 요가강사, 테라피스트 등 다양한 직업군을 끌어들이면서 스포츠산업과 건강산업들을 흡수하면서 성장
3. 유튜버, 파워 블로거나 페이스북, 카카오스토리 채널 등을 통해 1인 기업화된 퍼스널트레이너들의 출현
4. SNS의 발달로 온*오프라인의결합과 아카데미, 쇼핑몰 등의 새로운 사업군과 콜라보레이션 되면서 융*복합화된 새로운 비즈니스모델들의 등장
5. 웨어러블과 사물인터넷의 발달로 기본적인 웨이트 머신 이외에도 다양한 콘텐츠와 프로그램들이 유입
6. 해외처럼 인건비 절감 및 24시간 운영을 위한 무인(Fit Go), 애니타임 피트니스 센터의 등장
7. 필라테스 산업의 확장 (8천 개)
8. 그룹 운동 샵 (Fit Girl, Pavi Gym, Mind & Body)의 강세

19. 트레이너로서의 현실과 미래 (비전)

퍼스널 트레이너의 비전

1. 퍼스널트레이너는 1인 기업입니다.
2. 노력 여하에 따라 20대에도 연봉 5천 이상과 억대 연봉의 고수익이 가능한 업종입니다.
3. 퍼스널트레이닝 이외의 활동으로 사이드 수입(강의, 교육, 책, 모델 등)이 가능합니다.
4. 방송 출연, 잡지 기고, 강사 활동, 책 쓰기, 파워 블로거, 대회 경력 등으로 다양한 경로로 브랜딩을 할 수가 있습니다.
5. PT 스튜디오, 휘트니스, 재활체형교정센터, 체대 입시 학원, 유아체육 등 다양한 경로의 취업과 창업이 가능합니다.
6. 아직 개척되지 않은 온라인 PT와 틈새시장이 무궁무진합니다.
7. 소자본으로 창업 할 수 있습니다. (1인 샵, 공유 센터)

퍼스널 트레이너는 고객의 목표 달성을 위한 가이드 라인을 설정하고, 도달 할 수 있게 이끌어 주는 역할을 하는 중요한 업무를 수행하는 직업으로 지구상에 존재하는 그 어떤 직업보다 최고의 직업이라 생각하는 것이 퍼스널 트레이너 직업이며, 없어지지 않을 직업 순위에 들지도 않을 만큼 좋고 아무리 4차 혁명 시대라고 한들 기계가 인간의 정교한 부분까지는 컨트롤 할 수 없을 거로 생각합니다. 고령화 사회가 되는 건 확실하고 지금부터 준비해야 하는데 실버타운에도 이제 운동전문가는 필수적이며, 고령친화센터에서도 노인 운동지도사는 필수이며, 가족 전담 트레이너도 생기고 있는 현실이고 찾아가는 홈 케어 트레이닝 등 현재도 있지만 좀 더 보급이 될 것으로 보이기 때문에 더욱더 이 직업은 주 받을 거라고 확신합니다. 하지만 그만큼 전문가가 되기 위해 공부도 해야 하고 준비해야 하는 것이 많이 있습니다. 과거처럼 단순한 운동 방법이나, 숫자를 세주거나 하는 업무는 유튜브와 같은 영상이 더 자세한 해부학적 영상을 함께 보여 주기도 하면서 설명해 주기 때문에 이제 운동을 몰라서 못 하는 경우는 점점 더 드물어 지고 있습니다. 또한, 웨어러블 디바이스의 발달로 실시간 심박수 및 운동량, 산소포화도, 운동 횟수 등 까지도 다 카운터를 해주는 장비의 발달이 하였기 때문에 이제는 이러한 단순 업무가 필요가 없어졌고, 트레이너로서 체형을 분석하고 평가하고 그에 맞는 운동 프로그램을 기획하고, 종합적인 플랜을 짜주고 진행하는데 컨설팅을 해주는 조언자 역할이 강조되고 있습니다. 그리고 각자의 특성화된 부분을 갖추어야만 경쟁력 있는 트레이너로서 치열한 경쟁 사회 속에서 트레이너로서 살아남을 수 있습니다.

20. 트레이너가 필요한 덕목과 역량이 무엇이 있을까?

- C.P.R 즉, (Credibility 신뢰성, Professional 전문성, Respect 존중과 존경) 입니다.

이외에도 아래와 같은 덕목과 역량들이 필요하다.	
· 마음을 읽는 눈	· 운동 능력
· 경청할 수 있는 귀	· 교감 & 신뢰 형성 능력
· 따뜻한 손	· 프리젠테이션 스킬
· 건강한 심신	· 직업윤리 및 법적 책임
· 상담 및 세일즈 능력	· 의사소통 & 설득 능력
· 운동학습 및 제어 방법	· 언어적 & 비언어적 표현력
· 리더십 & 동기부여	· 시사 상식 & 전문지식
· 코치 & 멘토링	· 유머 & 위트
· 융합적인 사고방식	· 솔선수범 & 성실
· 위기 & 상황 대처능력	· 지성 & 인성 & 진정성

21. 트레이너의 갖추어야 할 필수 요소가 무엇인가요?

트레이너는 경력이 실력이다? 아닙니다. 노력과 전문성이 있어야만 운동 전문가입니다. 아마추어 (Amateur)는 예술이나 스포츠, 기술 따위를 취미로 삼아 즐겨 하는 사람을 뜻하고, 전문가 (Professional)는 어떠한 일을 전문으로 하거나 전문 지식이나 기술을 가진 사람을 뜻합니다. 그렇다면 트레이너로서 운동 전문가가 되려면 필수적으로 갖추어야 할 요소가 무엇일까요?

Personal Resource	Process (Manual)	Performance (Talent)
- 철 학	- 체 계	- 연출력
- 공 부	- 구 성	- 기획력
- 지 식	- 내 용	- 순발력
- 운 동	- 순 서	- 연기력
- 경 험	- 진 행	- 표현력

22. 트레이너의 사명은 무엇인가?

고객의 롤 모델이 될 수 있도록 철저한 자기관리와 모범이 되어야 하며, 고객이 원하는 목표를 달성할 수 있도록 가장 안전하고, 효과적인 프로그램과 최상의 서비스를 제공하며, 성취감을 느낄 수 있도록 친근한 환경을 만들어 주는 것입니다.

23. 트레이너의 임무는 무엇인가?

- 운동, 영양, 휴식, 생활습관 등 건강 관련 모든 지식과 정보를 제공해야 합니다.
- 올바른 자세, 운동에 대한 기술과 방법뿐만 아니라 다양하고 올바른 전문지식을 알려 줌으로써 고객들의 욕구를 충족시켜줘야 합니다.
- 새로운 지식과 최신정보를 제공함으로써 늘 즐겁게 운동하도록 합니다.
- 회원의 신체뿐만 아니라 마음마저 세밀하게 신경 쓰고 관리해 줘야 합니다.
- 최소의 투자로 최대의 결과를 얻을 수 있게 합니다.

24. 트레이너는 무엇을 해야 하는가?

고객이 쏙쏙 받아들이기 쉬운 눈높이 교육, 고객의 체형, 목표, 니즈에 딱 맞게 제단 된 맞춤형 정장 같은 눈높이 맞춤형 건강관리 서비스를 제공하는 것이 퍼스널 트레이닝입니다. 여기서 가장 중요한 것은 '식자(아는 자)의저주'를 주의해야 한다는 것입니다. 예를 들어 트레이너에게는 그냥 이렇게 하시면 돼요. 한 3개 정도 시범 보여주고 바로 하라고 한 후 못하면 이걸 왜 못해요?, 이게 안 돼요? 라고 말하면 고객들이 멍한 것처럼 이해 못 하고 혼란스러워하는 모습을 보이는데, 가끔 보면 공부 좀 했다고 하는 트레이너들이 가장 많이 실수하는 것이 고객들은 알아듣지도 못하는 전문 용어를 남발하면서 고객의 눈높이에 맞춤형 서비스가 가장 중요하다는 것을 잊어버리는 경우가 있기 때문에 꼭 주의해야만 합니다.

25. PT의 장점은 무엇인가요?

효율적이고, 안전하고, 효과적이며, 재미있고, 맞춤형 프로그램으로 체계적인 트레이닝을 받을 수 있습니다. (말은 쉽지만 가장 어려운 부분이다.) 이렇게 짧게만 말한다면 과연 고객이 믿고 비싼 비용과 시간을 투자하면서 몸을 맡길 수 있을까요? 더 전문적으로 자신을 어필할 수 있어야만 합니다.

26. 퍼스널 트레이너의 이미지 메이킹은 왜 중요한가요?

전문가라면 내뿐만 아니라 외적으로도 전문가 같아야 합니다.

크게 3가지로 분류를 할 수 있는데 이 모든 것들이 다 중요하며 전문가를 완성해 주는 요소들입니다.

1) 외적 이미지 : 용모, 복장
2) 내적 이미지 : 표정, 자세, 태도, 말투
3) 기타 : 계절별 또는 유행에 따른 의상, 헤어, 코디법 적용

가끔 보면 이게 회원인지 트레이너인지 구분 안 되는 복장과 양아치 취급받는 이유가 불량한 용모와 복장이 문제가 되는 경우가 많습니다. 특히 고객이 부담스러워할 정도로 딱 붙는 스포츠 웨어나 남자 트레이너가 레깅스만 입고 돌아다녀 눈살을 찌푸리게 하는 경우도 있습니다.

또한 내적 이미지도 중요한데 특히 너무 강압적이거나, 개인의 컨디션에 따라 외적으로까지 표시를 너무 과하게 내는 경우가 많다. 특히 시합을 준비하는 경우 식이 제한과 고강도 운동으로 힘든 것은 이 하지만, 그건 동료로서 이해하는 것이지 회원 입장에서는 회원이 트레이너가 시합을 띈다고 해서 도움이 되는 것도 없고, 정당한 대가를 지불하고 수업을 듣는데 트레이너의 개인적인 이벤트에 영향을 받아서는 안 된다. 이처럼 트레이너로서 고객의 소비심리를 자극하기 이전에 반드시 형성되어 있어야 하는 것이 "이미지 메이킹"을 통해 자신을 특성을 살리고, 나아가 고급스러운 서비스의 발판이 될 수 있습니다. 격 있는 자신 고유의 브랜드를 가진 트레이너가 되어야 살아남을 수 있습니다.

27. 트레이너로 생존하기 위해 퍼스널 브랜드화가 필요한가요?

10년 전만 해도 퍼스널 트레이너라는 직업이 뭔지도 모르는 사람도 많았고 PT라는 말조차 낯설고, 동네에 헬스장은 있었지만, PT 전문샵은 많이 있지 않았습니다. 그때는 고객이 트레이너를 선택했다기보다는 등록하면 배정이 되는 단순한 구조였지만, 이제는 한 건물에도 동종 업장만 8개가 넘는 경우도 있고, 마주 보고 있는 건 애교 수준일 정도로 센터나, 샵이 많아졌고 그만큼 트레이너라는 직업을 종사하는 인구가 포화라 부를 만큼 많아졌고 생존을 위한 치열한 경쟁 사회 속에서 살아남기 위해서는 퍼스널 브랜딩이 필수적입니다. 그럼 이러한 퍼스널 브랜딩이 무엇인가 이해하는 것이 필요하고, 핵심은 바로 수많은 트레이너 중 경쟁력을 가진 특별한 "자신" 이 되기 위하는 과정이라고 생각하면 됩니다. 과거에는 단순히 몸이 좋고, 시합에서 우승만 해도 유명해질 수 있었지만, 이제는 매년 열리는 시합이 수십 개를 넘어 수백 개가 되었고, 한 시합에 종목도 수십 개가 있어, 1등이 아닌 트레이너가 없고, 그랑프리도 흔해진 시대가 되었습니다.

그러므로 첫 번째. 자신을 냉철하게 파악하고, 분석해야 합니다. 자신의 장점이 무엇인 강점과 단점이 무엇인지를 파악해야만 운동을 더 열심히 해서 몸을 키워 롤모델이 될지, 공부를 더 열심히 해서 전문지식을 강화할지 등을 결정 할 수 있습니다.

이 단계가 끝나면 두 번째. 목적, 컨셉, 이미지에 맞게 훈련하고, 개발해야 합니다. 예를 들면 시합을 뛰는 이유가 그저 개인의 만족인지 마케팅을 위해서인지에 따라 그저 내 운동만 열심히 하는 것이 아니라 준비하는 과정부터 결과까지 기록하고 스토리를 만들어 자신만의 컨셉을 정해야 합니다. 그래서 요즘 나온 컨셉 중 하나가 휘트니스 모델 양성 전문, 비키니 선수 양성 이런 것들도 이러한 목적과 컨셉을 가지고 스토리와 프로그램을 계발한 사례라고 볼 수 있습니다.

세 번째, 자신과 고객에게 진심을 더 하고 최선을 다해 실행해야 합니다. 어떠한 일에 몰두하다 보면 주객이 전도되는 경우도 많습니다. 특히 시합을 준비하면 시합에 집착해서 트레이너라는 직무를 망각하고 프로 선수로 빙의하여 기본적인 업무조차 등한시하거나, 회원에게 무관심해지고, 성의가 없어지거나, 전문지식을 공부하는 것은 좋은 점이 분명하지만, 어설피 공부한 상태에서 허준으로 빙의하여 트레이너의 업무 영역을 벗어나 문제가 되는 경우도 많기 때문입니다.

네 번째, 과거와 달리 이제 자신을 멋지게 포장하고 널리 알려야만 하는데 제야의 고수가 되면 되지 않냐고 생각할 수도 있지만, 그 고독함과 고수임을 알아주고, 관심을 두는 이는 매우 드문 시대가 되었습니다. 20~30대 젊은 강사들은 SNS 마케팅에 능숙하고, SNS를 자신의 강력한 무기로 삼아 실

트레이너가 알아야 할 모든 것

질적인 퍼스널 브랜딩에 적극적으로 활용합니다. SNS 마케팅 수단에는 블로그, 페이스북, 인스타그램, 카카오 스토리, 유튜브, 밴드 등 다양한 채널이 있습니다. 자신이 대상으로 하고자 하는 연령과 성별, 직업군, 사용 목적에 따라 SNS 채널을 선택하는 것이 좋습니다. 가령 내 주 고객층이 주로 20~30대라면 페이스북이나 인스타그램을, 30대 젊은 주부들이라면 카카오스토리를 이용하면 좋습니다. 검색 결과에 노출되기를 원하면 블로그를 권장하고, 커뮤니티를 만들어 소통하도록 하고 싶다면 카페를 선택하는 것이 효과적일 수 있으며 이제 영상의 시대기 때문에 적극적인 유튜브를 활용하여 구독자들과 소통을 이어 나가는 것이 필요합니다.

다섯 번째. 개인의 역량만 키우는 것이 답이 아닙니다. 개인이 혼자서 하는 것은 한계가 있기 때문에 뜻이 맞는 팀을 꾸리고 스터디를 하기도 하고, 팀원 전체의 역량을 함께 키워나가야 하며, 워크샵이나 세미나를 통해 자기 계발을 하기도 하고, 평생교육원이나, 학점은행제, 대학원 진학 등을 통해 끝없이 노력해야 생존할 수 있습니다.

28. 퍼스널 트레이너의 성장통 무엇이 문제일까?

휘트니스시장의 성장통 (체육인들이 함께 해결해나가야 할 미션)

1. 먹튀 업체 등장
- 시장의 불신이 쌓여가면서 연간회원권 등록이 예전보다 힘들어지고, PT 회원들도 초기 등록 및 장기 세션을 불안해하는 문제점이 생겼습니다.

2. 높은 폐업률
- 산업이 포화하고, 센터 수의 증가뿐만 아니라 1인 창업, 공동 창업 등 준비되지 않은 상태에서 과도한 경쟁으로 생존에 실패한 업체들의 늘어나고 이로 인한 높은 폐업률 때문에, 급여를 못 받는 트레이너들이 생기면서 시장에 전문가들이 이탈하고 이로 인해 초보자들만 남게 되고 급여 및 근무 조건이 안 좋아 지면서 인력 수급도 예전보다 힘들어하고 있는 문제가 있습니다.

3. 소비자 보호센터 환불 소송 문제
위약금과 해약 시 정상가격 책정과 환불 딜레이에 따른 문제로 분쟁 증가로 신뢰와 이미지에 금이 가고 있습니다.

4. 구청의 홍보 민원문제
- 전단지, 현수막, 에어라이트 등 홍보물 벌금과 환경 미화 문제 증가로 홍보 마케팅에 어려움으로 매출을 하기가 어려워지고 있습니다.

5. 낮은 진입장벽으로 인한 정체성 문제
- 자격증 미보유자뿐만 아니라, 물리 치료사, 의사, 한의사들도 휘트니스 시장에 참가하게 되면서 전문성을 무기로 한 더 치열한 경쟁이 이루어지고 있습니다.

6. 지자체의 구민센터 운동 시설과, 아파트 단지 내 휘트니스와의 저가 경쟁해서 살아남아야만 합니다.

7. 업종 내 프로모션과 과다한 마케팅 경쟁에서 살아남아야 하며 이로 인한 비용 지출도 증가하고, 점점 운영 수익은 감소하는 문제에 직면해 있습니다.

29. 헬스케어 건강산업 시장의 트렌드

건강 산업의 흐름을 읽는 통찰력을 통해 시장 기회 창출해야만 합니다. 건강에 문제가 생기면 과거 병원으로 가서 시술이나 물리치료 및 약을 받았다면 현재는 규칙적인 운동과 식생활을 유지하라고 처방과 뿐만 아니라, 의사로부터 운동 처방의 진단을 받고 휘트니스 시장으로 유입되기도 하고, 병원에서 부설 스포츠 재활센터나, 휘트니스한의원 같은 모델이 탄생하였고, 뷰티와 결합하여 병원에서도 안티에이징과 다이어트에 대한 시장이 커지면서 비만 클리닉, 성형외과, 뷰디즈한의원 같은 모델들이 운동센터와 뷰티샵을 병*의원과 함께 운영하는 것 또한 시장의 트랜드가 되고 있습니다. 이외에도 현대인들의 만성 피로로 근골격계 질환율이 날이 갈수록 높아만 지고 이로 인해 단순히 다이어트만 원하는 것이 아니라 근골격계 질환 예방을 위한 맞춤 PT 프로그램을 원하는 그룹이 증가하고, 생활체육인구가 증가하면서 자기가 좋아하는 골프나, 철인 3종 경기와 같은 스포츠를 잘하기 위한 기능성 트레이닝이나, 시합 참여를 위한 컨디셔닝 트레이닝에 대한 수요 또한 증가하는 것이 트랜드입니다. 이외에도 통증 해소와 질병 치료를 위해 병원에서 약으로 해결이 안 되는 부분들을 민간요법처럼 맞춤 PT로 주치의처럼 운동과 식단을 통해 대체의학의 한 분야로 자가치료를 해 나아가는 것 또한 트랜드이며 일반인들의 관련 지식수준 또한 날이 갈수록 높아지는 시대가 되었으며 과학적 근거기반의 트레이닝과 측정과 평가 및 데이터 기반을 위한 웨어러블 디바이스나, 장비를 활용하는 분야의 시장 트랜드로 변하고 있어서 매년 바뀌는 트랜드에 민감하게 반응할 필요성이 있습니다.

30. 휘트니스 시장의 성장 가능성과 장점

긍정적이고 적극적인 태도를 갖추기 위해 비전이 있어야 합니다. 건강산업은 인체를 다루기 때문에 의식주 산업처럼 없어지는 직업군이 아닙니다. 금융산업 처럼 환율 변동의 영향이나, 무역업처럼 국제 경기의 영향도 덜 받는 편에 속하며, 외식업과 달리 광우병, 조류독감, 일본 방사능, 중금속 낙지 등의 해결할 수 없는 타격은 거의 받지 않습니다. 휘트니스 시장은 스포츠산업과 건강산업의 교집합 카테고리 안에서 가장 큰 성장 가능성을 가진 매력적인 시장 중 하나이며 그중에서도 퍼스널트레이너와 회원과의 교감과 맞춤형 서비스를 로봇이 대체할 수는 없음으로 점점 전문화가 되면서 발전하며 실력 있고 검증이 된 트레이너가 인정받게 될 것입니다. 또한 제과점이나 편의점과 같은 대기업이 진출하기가 굉장히 어려운 업종으로 현재까지도 호텔이나 기업 체내의 휘트니스도 위탁운영이 되고 있습니다. 그리고 IT산업이 미국의 페이스북 출현으로 국내를 독점하던 싸이월드 미니홈피가 폐업했지만, 휘트니스는 해외 브랜드들이 다 생존하지 못하고 토종 브랜드들이 강세를 이루고 있습니다. 이미 선진국의 플레닛 휘트니스, 애니타임 휘트니스, 퓨어 휘트니스 등처럼 한국에도 휘트니스 메이저 브랜드들이 생겨날 것입니다. 미래의 불확실성에 대한 두려움을 극복할 경쟁우위에 대한 이해가 필요합니다. 휘트니스 시장은 스포츠 산업이면서 동시에 건강산업이고, 트레이너를 양성하는 교육산업이기도 하며, 회원들을 위한 서비스업이기 때문에 이러한 4가지 산업 분야로도 확장 가능성이 매우 높으며 이 분야 중 나는 어떠한 산업 분야에서 강점을 가질 수 있을지 고민하고, 준비하는 것이 필요합니다.

31. 당신 자신을 1인 기업화 하라.

자신의 분야에서 최고가 되려면 무조건 열심히 하는 것 이상의 그 무엇이 필요한데, 퍼스널 트레이너에게 그것은 바로 자신을 1인 기업화 하는 전략입니다. 퍼스널 트레이너라는 업의 재정의가 필요 한 시점으로 현대 사회는 자신의 1인 기업화는 선택이 아닌 필수조건이 되고 있습니다. 특히 수 많은 트레이너 중 퍼스널 트레이너로서 자신의 이름과 하는 일이 1인 기업화 되지 않는다면 성공할 수도 없는 시대가 되었기 때문에 스스로 1인 기업화를 통해 가치를 높여야 합니다. 먼저 그렇게 되기 위해서는 1인 기업의 퍼스널트레이너 단계별 전략이 필요합니다. 그렇게 하기 위해서는 먼저 동기부여가 필요한데 피터드러커의 책 <경영의 실제>에서는 사람은 자신이 왜 일을 하는지 알아야 동기부여 메커니즘이 작동한다는 중세 유럽 석공의 일화가 나옵니다. 똑같은 일을 하면서 첫 번째 석공은 먹고 살기 위해 일하고, 두 번째 석공은 최고가 되기 위해 노력하고, 세 번째 석공은 교회를 짓고 있다고 했습니다. <무엇이 성과를 이끄는가>라는 책에서는 재미와 즐거움과 의미가 직접적인 동기를 부여하고 성과를 창출한다고 합니다. 누가 봐도 석공이 의미를 부여해서 재미있게 즐기면서 일하고 성과를 창출할 것인지 알 수 있을 것 입니다. 왜 일을 하는지를 알면 스스로 동기를 부여하지만 더 근본적인 물음은 '나는 누구인가' 입니다. 내가 누구인지 알면 내가 무엇을 해야 되는 사람인지 깨닫게 되고 같은 일을 하더라도 목적 자체가 달라집니다. 같은 일을 하더라도 보다 가치 있게 하기 위해서는 새로운 관점에서 의미를 부여하고 업을 재정의 해야 합니다. 자신의 업을 재정의 하기 위해서는 먼저 자신이 무슨 일을 하고 있는지 알고 업의 본질까지 깊이 있게 탐구해 봐야합니다. 어떤 직업에 종사하든지 간에 업의 개념을 모르고서는 일을 제대로 수행할 수 없습니다. 업의 개념을 어떻게 파악하느냐에 따라 실제 업무 방식이나 전략이 달라질 수 있습니다. 업의 개념이란 자신이 제공하고 있는 서비스가 무엇인지에 대한 명확한 정의이고, 자신이 하고 있는 일이 무엇인지에 대한 깊은 성찰이 필요합니다. 회사 내에서 일을 하고 있지만 고객과의 접점에서 영업과 관리까지 원스톱으로 직접 경영하기 때문에 사실상 지시를 받고 시키는 대로만 일을 하는 근로자라고 보기는 힘들고, 오히려 파트너십을 갖고 있는 프랜차이즈의 가맹점주나 택시 기사 같은 도급 계약을 한 자영업자라고 인지하는게 더 현실적일 것 같습니다. 퍼스널 트레이너로서 보다 나은 발전을 위해서라도 업의 개념과 본질을 깊이 있게 탐구하고 변화하는 시대에 발맞춰 새로운 관점으로 각자의 업을 진지하게 재정의할 필요성이 있다고 생각합니다.

첫 번째 퍼스널 트레이너는 '지식근로자'입니다. 지식 근로자는 단순한 육체노동자가 아니라 업무에 대한 고도의 전문지식을 갖춰야 합니다. 지식 근로자는 스스로 생각하고 행동해야 합니다. 그리고 그 행동에는 성과가 따라야 합니다. 두 번째 퍼스널 트레이너는 '성과 경영자'입니다. 고객의 목적 달성을 위해 부족한 시간과 에너지를 전문 지식과 노하우로 낭비를 제거하고 효율성을 높여주는 역할을 합니다. 성과 경영자의 일은 제 삼자가 관리하고 감독할 수 있는 방법에 한계가 있습니다. 스스로 자신을 관리하고 감독하는 수 밖에 없습니다. 세 번째 퍼스널 트레이너는 '1인 기업가' 입니다. 자기 관리와 계발을 통해서 스스로 역량을 향상시키고 차별화된 컨셉과 전략으로 퍼스널 브랜딩을 하며 성과를 창출합니다. 업계의 발전과 성과 창출을 위해서 퍼스널 트레이너는 그냥 퍼스널트레이너가 아니라 새로운 관점에서 의미를 부여하고 가치를 높여서 지식근로자이며 성과 경영자이며 1인 기업가라고 재정의 했으면 합니다. 어떤 관점으로 업의 개념을 정의하느냐에 따라서 자신의 경영 철학과 업무에 임하는 태도와 방식이 완전히 달라질 것이며 아마 고객에게 자신을 소개하는 전략부터가 달라질 것입니다. 그러면 고객이 퍼스널 트레이너를 바라보는 관점도 달라질 것이고 당연히 성과도 달라질 수 밖에 없습니다. 이제 퍼스널 트레이너의 업의 개념은 무엇이고 어떻게 업의 재정의를 다시 한번 정리해보면 단순히 1대1로 개인레슨만 하는 강사가 퍼스널 트레이너에 업의 개념이 아니라 기본적으로 퍼스널트레이너는 스스로 고객을 창출해야 하는 영업자이며 영업한 서비스까지 직접 제공하고 책임져야 하는 고객관리자 이며, 직장이 아니라 1인 기업으로 일에 대한 관점을 바꿔야 하며, 회원을 티칭하는 것만이 아닌 사이드 프로젝트로 최소 수입을 창출하며 시뮬레이션해 보는 것이 필요합니다. 그리고 나만의 파이프라인을 만들고, 수입원을 다각화하거나 또는 집중화해야 합니다. 예를 들면 휘트니스 모델로 각종 스포츠용품에 대한 모델이나, 관련 용품을 회원 대상 또는 온라인으로 판매를 하는 유통업을 부업으로 하거나, 강의를 통해 교육 강사를 겸하거나, 온라인 PT 나 유튜브나 각종 건강 방송을 하는 방법 등이 있습니다. 이러한 1인 기업의 퍼스널 트레이너가 되면 생기는 매력은 자기 시간을 의지대로 조절할 수 있어야 하며, 처음에는 어렵겠지만 점점 자유로는 생활이 가능해지며 하고 싶은 일을 하는 결정권을 가질 수 있게 되며 남의 지시가 아니라 자신의 로드맵에 따라 삶을 디자인 할 수 있게 되며 은퇴나 정년을 스스로 결정이 가능해집니다. 자신의 지식과 경험을 바탕으로 한 노하우가 자본이 되고, 업무 관련된 지식이나 취미활동이 수입원이 될 수 있으며 지금 하는 일에서 전문가 소리를 듣게 되면 그게 바로 1인 기업화이며 브랜딩 된 것으로 생각하면 됩니다.

32. 1인 기업의 퍼스널 트레이너가 극복해야할 문제

1인 기업가는 생산부터 영업까지 모든 것을 해야 합니다. 사람들이 저지르는 가장 큰 실수는 그들이 자기 자신을 위해서가 아니라 다른 누군가를 위해서 일하고 있다고 생각하는 것인데, 당신에게 첫 직업이 생기는 바로 그 순간부터 은퇴하게 되는 그 순간까지 본질적으로 자영업자로서 스스로 결정하고, 준비하며 만들어 나아가야 하기 때문인데 사람에게는 시간과 비용에 한계가 있기 때문에 특히 전문분야가 아닌 곳에 역량을 집중하면 오히려 잃을 것이 많을 수 있습니다. 그러므로 자신의 실력이 부족한 부분은 전문가에게 일정한 수수료를 지불하고 아웃소싱하는 방법도 효과적이며, 자신은 오직 핵심, 즉 개념에만 집중하는 것이 필요합니다. 1인 기업가 정신의 강력한 마인드를 개발해야 하며, 자신의 삶에 대한 책임을 지고, 자신을 고용하며, 자영업자로, 사장으로 생각하고 자신을 만들어 가야 하는데 전문가가 되기 위해서는 넘어야 할 산들이 있는데 첫 번째가 바로 '자격증 '의 산으로 고객에게 신뢰를 줄 수 있도록 국가공인자격증은 필수이며, 이외에도 자신의 주특기 개발을 위한 교육을 통해 수료증과 자격증으로 전문성을 강화해야 합니다. 그리고 두 번째 산은 나이, 학벌, 스펙의 산을 넘어야 합니다. 과거에는 나이가 많은 것이 경험이 많아 전문가로 취급이 되었지만 새롭게 생겨나는 영역이 많고, 정보를 받아들이는 속도와 투자를 얼마나 했냐가 더 중요한 사회가 되었기 때문에 나이가 어리기 때문에 교육 강사가 될 수 없거나, 나이가 어리기 때문에 전문가로 존중받지 못하는 것이 아닙니다. 또한, 학벌 또한 요즘은 관련 전공을 나오지 않아도 평생교육원이나, 학점은행제, 사이버대 등을 통해 관련 학사를 취득하고, 얼마든지 대학원에 진학해서 학벌을 극복할 수 있으며, 스펙 또한 노력하기에 따라 얼마든지 바꾸어 갈 수 있습니다. 이외에도 수많은 고비의 산을 넘어야만 1인 기업이 될 수 있습니다.

33. 퍼스널 브랜딩으로 나를 알려라.

처음부터 1인 기업이 되기 위해 험한 사회에 홀로 싸우지 말고 팀이나, 회사와 같은 조직 안에서 1인 기업이 되는 것이 필요합니다. 1인 기업은 무자본, 무점포, 무직원으로 창업할 수 있어 3무 창업으로 불리기도 하는데 퇴근 후 시작하는 최소 수입의 창출이 필요하며 강연이나 출판으로 1인 기업을 운영하는 사람들은 소호 (small office, home office) 기업개념으로 사업을 합니다. 이렇게 하기 위해서는 먼저 나만의 매력적인 컨텐츠 구성이 필요합니다. 내 안의 재료로 컨텐츠를 만들어야 하는 데 내가 가진 강점이 무엇인지 파악하는 것과 경쟁자들을 분석하는 것이 필요한데 이러한 분석을 통한 벤치마킹과 남과 다른 차별화된 포지셔닝을 만들어야 하며 스스로 플러스를 지속해서 만들어 가는 것이 필요합니다. 그리고 자신의 캐릭터를 만들어 가야 하는데 한 줄로 표현하는 것부터 시작하는 것이 필요합니다. 나는 무엇을 하는 사람인가? 부터 시작해서 이렇게 된 에피소드가 있는지 스토리텔링을 통해 자신만의 메시지를 전달 할 수 있어야 합니다. 예를 들면 나는 다이어트 전문가입니다. 그 이유는 과거 고도비만으로 고생했지만, 운동을 통해 지금은 이렇게 좋은 몸을 가지게 된 트레이너입니다. 라는 이러한 스토리는 너무 흔하고 매력적이지 않습니다. 다른 예시를 하나 더 보면 저는 다이어트 전문가 자격증을 가지고 있기 때문에 다이어트 전문가 입니다 라고 한다면 이미 현장에는 수십, 수백 명이 이미 이 자격증을 가지고 있다면 매력적일 수 없습니다. 그럼 매력적이려면 어떻게 해야 할까요? 자격증은 기본에, 다이어트 경험도 필수이며, 본인만이 아닌 고객들의 몸을 변화시킨 기록이 수십, 수백 명이 있다면 이것 자체가 하나의 신뢰도와 다이어트 전문가로서 신뢰를 얻을 수 있지 않을까요.

34. 퍼스널 브랜딩으로 마케팅하는 노하우

나를 각인시킬 수 있는 멘트를 만들어 보는 것이 필요합니다. 예를 들면 신인 가수들을 보면 구호를 외치며 인사를 하는 모습을 많이 볼 수 있는데 이러한 메시지를 통해 나를 각인하는 효과를 얻을 수 있는데 단순하면서도 강한 인상을 심어줄 수 있어야 하며, 메시지 만큼은 구체적이어야 합니다. 또한 이러한 감성이 담긴 메시지는 행동을 하게 만들어 주며 스토리가 쌓이면 행동을 끌어냅니다.

기본적인 브랜딩이 되었다면 목적에 맞는 플랫폼을 선택해야 합니다. 인스타, 페이스북, 카카오스토리, 블로그, 유튜브 등 연령별 선호하는 것이 다르기 때문에 선택과 집중을 하는 것이 필요한 데 가장 중요한 것은 꾸준히 실제 본인이 할 수 있는 것부터 하나씩 시작하는 것이 필요합니다. 컨셉이 필요합니다. 예를 들면 저는 대학생 때는 성실하고 공부하고, 노력하는 트레이너였습니다. 그래서 시합을 뛰는 모습이나, 워크샵이나 세미나, 자격연수 등을 듣고 후기를 계속 남기거나, 스포츠 행사 참여 등을 기록하고 어필하는 방법을 활용했었고 하다 보니 그 나이 또래들보다 많은 교육을 들었고 동급 최강이 되자는 목표를 설정하게 되었고, 그러다 보니 국내 최다 자격 보유자라고 불리기도 했었는데 단순하게 막연히 공부한 것이 아니라 점이 모여 선이 되고, 선이 모여 면이 되는 것처럼 하나씩 영역을 넓혀 가고 전문성을 키워가는 과정을 어필했던 것이 노하우입니다. 만약 제가 이때 SNS를 전혀 하지 않았다면 아무도 내가 전문가인지 알지 못했을 것이고 교육 강사의 기회를 얻지도 못했을 것 같습니다. 물론 이러한 방법만 있는 것은 아닙니다. 처음부터 모든 컨텐츠를 자체 생산하기가 어려우므로 컨셉을 정하고 처음에는 타인에게 도움이 될만한 유용한 정보를 공유하거나, 좋은 인상을 남기는 이야기, 흡입력이 강하고 흥미진진한 이야기, 마음을 움직이는 감성적 주제를 공유하는 방법이 있는데 주제와 범위를 정하고 그 안에서 이러한 포인트를 유의하며 하는 것이 필요합니다.

35. 퍼스널 브랜딩을 위한 SNS 활용 사례.

인스타그램과 페이스북이 요즘 가장 빠른 확장성을 가지고 #해시태그를 통해 관심 있는 사람들에게 검색을 용이하도록 할 수 있기 때문에 적절한 게시물과 함께 지속적인 사진과 영상 포스팅을 하는 것이 좋습니다. 누적된 포스팅들과 팔로워 들이 곧 내 수강생이나 회원으로 연결될 가능성이 크기 때문인데 그렇기 때문에 직업적으로 SNS를 활용하게 되면 대신 일정 부분 사적인 부분의 감정적인 부분이나, 민감한 사안에 대한 개인적인 의견이나, 전문가로서 비전문가적인 잘못된 의견이나 정보를 전달하지 않도록 주의해서 신중하게 글을 올리는 것 또한 중요합니다. 그래서 개인적으로 하는 SNS와 목적을 가지고 하는 SNS를 분리해서 따로 하는 것이 더 효과적일 수 있습니다. 그리고 저 또한 아직 많이 부족하지만 지난 10년간 꾸준히 다양한 SNS를 활용하고 있습니다.

트레이너가 알아야 할 모든 것

실제 제가 운영하고 있는 개인 블로그와, 바디메카닉 팀 블로그, 대한예방운동협회 수강생을 위한 재활.예방운동연구소 카페와, 필라테스 강사님들을 위한 당신의 필라테스 라이프 코치 카페입니다.

36. 트레이너에게 서비스 마인드가 왜 중요한가요?

우리가 일하는 곳은 어디인가? 휘트니스 센터, 피티샵, 스포츠 구단, 국민체력센터, 병원, 크로스핏, 보건소 등 다양하지만 결국 사업자를 내보면 업종은 체력단련장업이며, 업태는 서비스업이다. 그렇기 때문에 트레이너에게 서비스 마인드는 필수적이다.

우리가 제공하는 서비스는 무엇인가?
서비스란 다른 사람을 위해 도움을 주거나 배려를 해주는 행위 또는 기술, 즉 고객을 안내하거나 트레이닝을 시키는 모든 행위를 말합니다. 물론 고객뿐만 아니라 직장 동료에게 제공하는 서비스도 포함된다. 퍼스널 트레이너로서 고객 만족 서비스 (Client & Customer Service)를 위해서는 먼저 고객에 대한 이해가 필수적이다. 그럼 우리의 고객은 누구인가?, 다이어트를 원하는 회원님만 고객일까? 고객은 센터에 방문하는 모두를 총칭하며 다양한 목적을 가지고 방문합니다. 그에 맞춰 내가 얼마나 준비되어 있는가에 따라서 실제 내 고객이 될지, 말지가 결정된다. 그렇다면 고객이 원하는 트레이너는 무엇일까? 고객은 내 목표를 이루어 줄 사람을 원합니다. 고객은 다양한 목적을 가지고 있습니다. 연령에 따른 분류 (노인, 중/장년층, 여성, 청년, 어린이), 목적에 따른 분류 (다이어트, 근육 증가, 체형교정, 건강증진), 질환에 따른 분류 (근골격계질환, 대사질환 등), 선수트레이닝 종목에 따른 분류 (수영, 마라톤, 골프 등) 이처럼 매우 다양하기 때문에 퍼스널 트레이너는 만능이어야 하며, 또한 주특기가 있어야 합니다.

37. 트레이너의 외적 이미지의 중요성

퍼스널 트레이너는 외모 관리와 복장도 실력이기 때문에 신체 / 복장 / 외모에 신경을 써야만 합니다.

"메라비안의 법칙 " 이라는 것을 들어 보신 적이 있나요? 첫인상에서는 시각적 요소의 비중이 가장 크다고 합니다. 고객이 처음 트레이너를 만날 때 그 사람의 학력이나, 실력은 보이지 않고 외적인 모습인 외모, 용모, 표정, 제스처가 첫 이미지를 만들어 내며, 트레이너로서 건강한 신체와 올바른 복장을 갖춰야만 신뢰도를 바탕으로 고객을 유치할 수 있습니다.

그렇기 때문에 호텔이나, 대형 센터 같은 경우는 근무복을 지정해 놓으며, 주로 트레이닝시 시범도 보여야 하므로 활동성도 있으면서, 깔끔해야 하므로 골프의류를 권장합니다. 카라가 있어 단정하며, 면바지는 동작이 불편하지만, 신축성이 어느 정도 있는 골프 바지는 웬만한 동작을 다 시범 보이는데도 지장이 없기 때문인데, 일반적으로 트레이너들이 반바지나, 츄리닝, 남자 트레이너가 레깅스 같아 보이는 컴프레션웨어만 입고 다니거나, 과도한 노출의 나시만 입고 근무를 하는 경우는 전문가라고 신뢰를 주기에는 다소 문제가 있습니다.

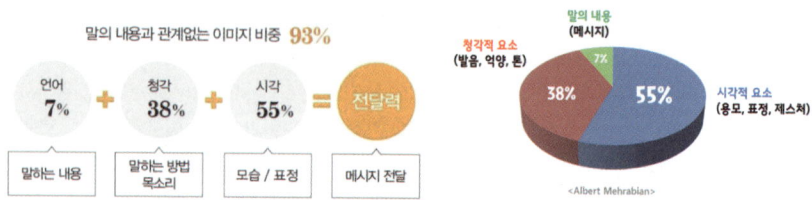

복장은 종류도 중요하지만, 색상도 중요합니다. 물론 흰색 옷이 좋아 보이지만 근무 시 각종 오염물질이 묻을 수도 있고, 관리가 쉽지 않기 때문에 약간은 어두운 색상 계열을 선택하는 것이 단정하며, 차분해 보입니다. 그리고 또한 최대한 패턴이나, 문양이 없는 것을 선택하는 것이 중요한데, 우리는 근무를 하러 온 것이지 패션쇼를 하러 온 것이 아니기 때문입니다. 가끔 보면 그런데 설마 이러고 근무하려고 그러는 건 아니지? 라는 질문을 하게 될 정도로 독특하고, 이런 옷은 어디서 살까 싶을 정도로 유니크한 복장으로 출근하는 직원도 있는데 근무복 또는 제복이라고 하는 복장들이 가지고 있는 의미와 중요성에 대해 다시 한번 생각을 해볼 필요성이 있습니다.

38. 트레이너의 트레이닝 심리학과 동기부여 방법

트레이너의 역할이 매우 방대하고, 모두가 만족할 만한 결과를 만들어내기가 얼마나 힘든 일인지 미리 안다면, 그저 진입 장벽이 낮고, 운동을 좋아하고, 내 몸을 만들어봤다는 자신감으로 시작하기에는 트레이너라는 직업이 얼마나 무모한 도전인지 알아야 한다. 그리고 알게 된 이상, 항상 배운다는 자세로 겸손하게 임해야 할 것이다. 또 몸은 물론이고 그 사람의 인격과 정신을 일대일로 마주하게 될 때 신뢰를 얻어내기란 쉬운 일이 아니다. 그래서 때로는 회원에게 운동을 가르쳐 주지만 오히려 반대로 그들에게 많은 삶의 교훈과 깨달음을 얻기도 하는 것이다.

50분이라는 시간이 단순히 움직임과 땀으로 끝나는 것이 아닌 정서적 교감과 함께 서로의 믿음을 쌓는 시간이기도 하다. 그리고 결국에는 회원의 마음 깊은 곳에서부터 신뢰를 끌어낼 수 있다면 서로가 만족할 수 있는 목표에 빠르게 도달할 것이다.

우리는 회원이 운동을 시작하게 만들 때, 먼저 몸을 움직이게 하는 것이 아니라, 마음이 먼저 움직여야 할 수 있다는 것을 알게 된다. 회원의 결심은 잠깐이다. 명확한 목표와 동기가 없다면 끝까지 해내기란 쉽지 않은 일이다. 목표를 세운 만큼 끝까지 마음가짐을 붙들어 주는 것이 트레이너의 역할이다. 정신을 집중하지 못하고 동작만 흉내 내는 것은 오히려 부상의 위험과 함께 동기부여가 떨어져 회원이 중도포기에 쉽게 이르기 때문이다. 외적 동기와 내적 동기가 있지만 시작하게 만드는 동기는 무엇이든 좋다. 강력한 동기, 하지만 현실적인 동기를 회원에게 만들어주고 시작하자.

회원에게 동기부여가 주어졌다면 이제 남은 것은 신뢰를 쌓는 일이다. 이미 수십 번의 운동을 함께 한 회원이라면 모를까 처음 시작하는 회원과 신뢰관계를 맺기란 힘든 일이다. 따라서 트레이너는 편안한 목소리, 마주 대하는 얼굴의 표정, 자신감 있는 눈 맞춤, 깔끔한 복장, 좋은 향기 등으로 첫인상부터 회원의 호감을 얻어야 한다. 첫 수업에서 직업은 물론 생활패턴과 취미, 성격까지 최대한 많은 정보를 얻어야 한다. 여기서 중요한 것은 정보의 일방적인 습득이 아니라 교환이다. 트레이너의 상황 등 인적정보도 물론 제공해야 한다. 하지만 이런 많은 정보를 교환하기 꺼려 하는 회원도 있다. 이렇듯 트레이너란 직업은 개인의 운동능력과는 별개로 코칭 능력과 함께 심리상담사처럼 상대의 의중을 파악하는 정서적인 능력까지 있어야 한다.

A) 운동 전 동기부여

종종 연이은 수업에 지친 트레이너들은 다음 타임의 회원이 오게 되면 별다른 전환 없이 정해진 루틴의 스트레칭을 시키는 경우가 있다. 하지만 트레이너는 운동 시작 전 반드시 3~5분 정도 대화와 자극을 통해 회원에게 매일 새로운 동기부여를 해 주어야 한다. 운동이 일상이 아닌 회원은 매시간마다 가져오는 마음의 에너지가 매번 다르기 때문이다. 트레이너의 역할은 그 마음의 에너지를 할 수 있는 한 최대한의 크기로 늘려야 하는 임무를 갖고 있다. 처음 시작한 그 동기를 다시 떠올리게 만들어주며, 저번보다 더 나아지고 있다는 격려가 필요하다. 또한 각 회원의 심리적 동기유발을 어느 방식으로 이끌어낼 때 강력하게 작용을 하는지도 알아야 한다. 운동 동작 습득의 재미, 게으름을 이기고 온 보람, 목표 성취에 대한 기대감, 바디프로필과 시합 등의 정해진 날짜, 운동 시간의 즐거움, 동료와의 경쟁심 등 개인마다 부여된 목표가 다르기 때문이다.

B) 운동 중 동기부여

매 순간마다 트레이너들이 회원에게 얼마나 집중해야 하는지 알면 놀랄 것이다. 그저 한 걸음 옆에 떨어져 서서 자신의 마음속에 정답이라고 적어둔 동작의 범위에 맞는지 지켜보면서 숫자만 세고 있을 뿐이라면, 당신도 회원도 매우 위험한 상태다.
단지 자세뿐만 아니라 호흡과 눈 맞춤, 또는 질문을 통해 현재의 마음과 정신 상태를 끊임없이 파악하고 잡아주어야 한다. 물 마시는 타이밍과 휴식 등 회원의 입장이 되어 역지사지의 자세로 바라보는 시선도 매우 중요하다. 또한 운동 중에는 칭찬을 통해 자존감과 자신감을 높여주고 끊임없는 격려와 외침으로 운동에 더욱 집중할 수 있게 만들어야 한다.

C) 운동 후 동기부여

운동 후에는 오늘 이뤄낸 성취를 축하해주고 다음 단계를 제시해주어야 한다. 목표치로 해낸 운동의 보람과 만족감 그리고 다음 수업에 대한 기대감으로 채워야 한다. 이렇게 작은 성공을 맛보게 한 뒤 체육관 문을 나가야 회원 스스로도 행복감에 고무되어 다음 수업에 즐겁게 찾아오게 된다. 또 수업이 끝나고 개인이 해야 하는 운동을 지시할 때에는 과도한 동기로 인해 오버트레이닝이 되지 않도록 적절한 시간과 양을 구체적으로 알려 주어야 한다.
회원의 성향을 파악한 후, 어느 정도 생활패턴에 관여하는 것이 괜찮다고 느껴졌을 때 회원에게 개입의 동의를 구한다. 식습관과 휴식, 수면 시간에 대해서도 지도가 필요한 이유를 충분히 사전에 숙지시켜주고 생활패턴이 자리 잡았을 때에는 서서히 개입의 양을 줄이는 것이 좋다. 회원의 사생활과 운동 시간은 '연결'되는 것이 아니라 단순한 '연계'라는 것이라는 것을 알아야 한다.

D) 트레이너의 동기부여

트레이너의 역할은 정해져 있다. 직업적으로도 구분되어 있는 의사와 물리치료사의 영역에 도전하기보다는 서로를 인정하고 양보하는 자세가 필요하다. 오랜 경력과 많은 교육 세미나 그리고 자격증을 가지고 있다 하더라도 사람의 몸은 매우 신묘막측하다. 매년 변하는 운동학적 근거와 국제적인 논문들로 인해 어제까지도 진리처럼 믿고 있던 많은 이론들이 하루아침에 바뀌는 경우가 많다. 때문에 사람의 신체에 대한 과한 자신은 어느 정도 내려놓는 것이 좋다. 상담하는 회원의 상태를 파악 후 운동으로 해결할 것인지 병원에 보낼 것인지 스스로의 역량에 미치지 못한다고 판단이 되면 양심껏 행동하는 것이 서로에게 좋은 결과를 가져온다.

 사람의 몸과 마음을 대하는 직업인 만큼 트레이너도 '히포크라테스 선서문'을 읽어 보아야 한다. 언제나 제자리에 머물러 있지 않고 겸손한 마음과 자세로 평생 배우려는 마음을 가져야 한다. 한 치의 거짓도 없는 진심으로 회원을 내 몸처럼 대했을 때에 이심전심이 된다. 그 뒤에 돌아오는 회원의 감사 인사와 결과 그리고 보람감은 트레이너의 생명을 지속시켜주는 원동력이 될 것이다.

39. 동기 부여를 위한 스포츠 심리학 추천도서

퍼스널트레이너의 역할은 과연 몇가지 인지 생각해 본적이 있나요?
퍼스널 트레이닝이란 고객관리, 홍보운영, 회원과의 의사소통 및 상담, 지도법, 트레이닝, 생리학, 역학 그리고 심리학 등 많은 요인들이 혼합되어 있는 분야입니다.
따라서 퍼스널 트레이너가 갖춰야할 역량과 덕목도 많아지기 마련입니다. 퍼스널트레이너는 고객의 의학적 건강 및 기능적 능력을 평가할 수 있는 생리학, 운동역학 등의 전문적인 지식을 기본적으로 갖추고 있어야합니다. 하지만 그 중에서도 중요한 것은 모든 것을 바탕으로 고객의 운동 목표를 설정해주고, 그에 대한 피드백을 제공함으로써 고객에게 동기부여를 할 수 있는 심리학의 영역이라 생각됩니다.
NSCA에서는 트레이너의 역할과 책임을 "MATER로 표현하기도 하였습니다. 그 내용은 Motivate '운동 참가 수행에 대해 동기를 유발시키기', Assess '건강상태 평가하기', Train '고객 개인의 목표를 안전하고 효과적으로 달성시키기 위해 운동시키기', Educate '고객을 정보를 가진 수요자로 교육시키기', Refer '필요시에는 고객을 건강관리 전문가에게 의뢰하기'입니다. NACA에서도 트레이너의 역할과 책임 중 가장먼저 강조하는 것은 Motivate입니다.
동기부여는 고객에게 목표하는 기간 동안 지속적으로 운동을 할 수 있도록 도와주는 일을 의미합니다. 퍼스널 트레이너는 고객에게 평소의 생활습관에서 벗어나 운동을 실천에 옮기게 하는 일입니다. 따라서 고객에게는 트레이너의 지속적인 격려와 동기부여인 코칭이 운동을 지속하는데 상당히 중요한 요인으로 작용할 것입니다.
이처럼 피트니스 현장에서 심리학은 생리학, 역학만큼이나 중요한 역할을 하는 학문입니다. 동기부여적 측면뿐만 아니라 고객을 처음만나 상담하는 방법, 고객과 라포를 형성하는 방법, 운동수행 시 올바르게 코칭 하는 방법, 트레이너에게 가장 중요한 재등록을 유지하는 방법 등 현장에서 실질적으로 고민했던 많은 부분들이 스포츠심리학을 통해서 해결할 수 있을 거라 판단됩니다. 또한 기능해부학이나 생리학, 운동역학등과 같은 전문지식을 너무나 잘 쌓고 있는데 현장에서 고객에게 전달하는데 어려움이 있는 경우, 고객과의 의사소통이 힘든 경우, 고객에게 신뢰를 쌓기 힘든 경우, 퍼스널 트레이너라면 모두 한번쯤 겪어본 경험이 있으시죠?
이러한 경우 스포츠심리학 서적을 한번 읽어보는 것이 많은 도움이 될 것이라 생각됩니다.
그 동안 현장에서 트레이닝을 하면서 스포츠심리학이라는 분야를 접할 기회가 많지 않을 거라고 생각됩니다. 간단히 스포츠심리는 크게 두 가지로 나뉩니다.

PERSONAL TRAINER

엘리트 선수들의 최고의 수행을 연구하는 학문인 스포츠심리학, 일반적인 운동참여자 및 비활동적인 사람들로 하여금 운동참여를 할 수 있도록 격려하기 위한 전략을 개발하거나 운동 효과를 연구하는 학문인 운동심리학으로 나뉩니다. 그동안 여러분들이 생활체육지도자 연수원에서 배웠던 역U자 이론이나 빙산프로파일 이론 등과 같은 심리학이론들은 운동선수들의 수행력을 높이는 이론에 가깝다고 볼 수 있습니다.

Carron, Albert V의 "운동심리학" 서적을 읽어보면 평소 여러분 들이 어렵고, 지루했던 심리학 내용보다는 피트니스현장에서 실용 적으로 사용할 수 있는 내용들을 포함하고 있습니다. 이 책의 저자 들은 신체활동의 중요성을 인식하고 신체활동에 참여하는 사람의 동기는 무엇인지, 신체활동에 참여하지 않는 이유는 무엇인지에 관 한 문제들에 관심을 갖고 책을 서술해 나가고 있습니다. 미국의 좋은 사례들이 많이 수록되어 있어 현장에서도 적용될 내용들이 많이 수록되어 있습니다.

Weinberg 와 Gould는 스포츠 심리학자입니다. 그들이 쓴 Foundations of sport psychology 는 2015년에 6판까지 출간 되었으며, 스포츠 및 운동심리학을 심도 있게 다룬 서적입니다. 운동 선수를 지도하는 트레이너 분들을 포함하여 피트니스 현장에 계시는 트레이너 분들까지 필요로 하는 심리학적 지식들은 모두 얻을 수 있는 서적이라 생각됩니다. 퍼포먼스 측면, 그룹 코칭에 관한 측면, 선수의 부상 심리에 관한측면, 건강증진과 웰빙 등 선수와 일반 인에 대한 포괄적인 내용을 담고 있는 서적입니다. 원어로 되어있기 때문에 한글판으로 번역된 서적을 보셔도 도움이 될 거라 생각됩니다.

트레이너가 알아야 할 모든것

Chapter 2.
휘트니스 시스템의 이해

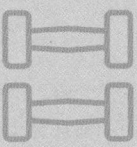

Chapter 2. 휘트니스 시스템의 이해

1. 휘트니스 근무전 실무 기본 용어부터 숙지하자.

OT (Orientation): 휘트니스 센터에서 회원이 등록 시, 건강기록 설문지 작성부터, 체성분 검사, 영양 상담 및 자세체형 평가 간단한 운동 지도 등 센터에 잘 적응 할 수 있도록 도와주는 과정을 말하며, 과거에는 기구 사용법조차 낯설어하는 고객이 많이 있었지만, 요즘은 PT를 안 받아 본 사람이 드물 정도이며 OT는 이미 수백 번 받아 보았기 때문에 OT 시 PT 영업을 할 것을 알고 있기 때문에 OT 자체를 거부하는 회원 또한 많이 있기 때문에 OT를 잡는 전화상담 노하우부터 성공적 OT와 PT까지 연결하는 방법까지 다양한 역량이 필요한 가장 중요한 단계 중 하나입니다.

건강기록설문지(Profile Card) : 고객의 정보 및 건강 상태와 운동 경험 등을 문진하는 과정에 작성하는 문서로 병원으로 치면 환자의 의무기록과 같기 때문에 고객이 센터를 다니는 동안 문제가 없도록 잘 기록하고, 보관해야만 합니다. 그리고 건강기록 설문지의 양식 구성을 잘해 놓아야지만 고객의 정보를 더 효과적으로 얻어 그에 맞는 프로그램도 구성할 수 있고, 고객의 병력이나 통증 유무, 동작 제한 등을 파악하는데 단서를 얻을 수 있기 때문에 이 과정 또한 매우 중요하다고 할 수 있습니다.

세션(Session): 세션이라고 부르는 말은 1회 수업을 지칭하며, 보통 8회 16회 24회 또는 10회 20회 30회 50회 100회 등. 개인레슨은 회수로 등록을 하고 수업을 받을 때마다 차감하는 시스템을 말합니다.

가격 (Price): 가격은 센터의 프로모션마다 물론 다르지만, 회당 단가로 1회 단가는 높고 10회, 20회, 30회, 50회, 100회처럼 점점 횟수가 늘어날수록 1회당 단가는 낮아지게 측정이 되고, 장기 고객 유치 목적이다.

계약서 (Contract): 회원이 PT 등록 시 계약 금액을 세션에 맞추어 결제하고 관련된 조항 및 주의 사항 등의 안내를 받은 후 법적 효력이 있는 계약서를 작성하는 과정으로 계약서가 없다면 실제 고객이 말로는 운동을 배우겠다고 해도 의미가 없고, 계약서는 있지만, 실제 결제가 되지 않았다면 이 또한 의미 없는 계약서가 될 수 있기 때문에 꼭 결제까지 이루어져야 합니다.

S 카드: 세션과 프로그램이 나와 있는 파일로 과거에는 단순 횟수와 날짜 서명만 들어갔지만, 요즘은 패키지 프로그램이 많아 서비스 항목이 무엇이 들어가 있는지 잘 체크를 해주어야만 합니다.

플로팅 (Floating): 플로팅이란 퍼스널 트레이너가 센터에 근무하면서 수업이 없는 이외의 시간에 레슨을 받지 않는 센터의 회원들을 지도하고 관리하는 과정을 말하며, 센터와 피티 샵에 가장 큰 업무에 차이가 바로 이부분이며 이외에도 업장의 시설관리를 위한 샤워장이나, 탈의실, 운동 도구 정리와 같은 업장의 모든 공간 관리 등, 도 포함된다.

스케쥴 북(Schedule Book): 트레이너가 일과를 각 시간에 따라 업무를 기재하는 표로 근무하는 관리자 및 동료들과 공유를 해야 하며 과거에는 칠판이나, 개인 차트에 했지만, 요즘은 관리하는 앱이나 프로그램을 통해 실시간 변경 및 외부에서 모니터링 또한 가능해졌고, 이 스케쥴 관리 하는 노하우 또한 트레이너의 필수 능력 중 하나이다.

워크아웃 카드(Work Out Card): 운동 기록지라고 부르기도 하며, 트레이너의 가장 중요한 역할 중 하나가 기록이나 어떠한 운동을 왜 했는지, 중량과 세트 횟수뿐만 아니라 운동 동작의 제한은 없었는지, 부상이나 컨디션 또한 체크해 두어야 하며 다음 수업뿐만 아니라 레슨의 시작 목적을 위해 계속해서 관리해야 합니다.

2. 월급 체계 및 정산과 이해

트레이너의 수익은 기본적으로 : 기본급, 인센티브(커미션), 수업료이다.

기본급
: 트레이너가 센터에 근무함으로써 지급되는 기본 월급을 말하며, 정직원과 비정규직인 파트 타임과 프리랜서의 경우 기본급이 적거나, 기본급 없이 수업료만 받는 경우도 많다. 월급을 받는 경우 퍼블릭 트레이너라고 부르기도 하고 급여를 받는 만큼 센터에 관련된 직무를 수행해야 합니다.

인센티브(커미션)
: 1달 기준으로 총 매출에서 % 단위로 트레이너에게 지급이 되며, 센터마다 다르지만, 매출 금액에 따라 %가 대부분 다르게 정해져 있고, 매출이 높을수록 물론 %가 높아진다.

수업료
: 트레이너가 수업을 1회 진행할 경우 지급받는 금액으로 1회 수업료에서 % 단위로 지급을 하는 예도 있고, 1회당 얼마 고정된 예도 있습니다. 각각의 장단점이 있기 때문에 세일즈와 매출에 자신이 있다면 %가 유리하고 수업은 자신 있지만 세일즈가 약하다면 고정된 수업료를 받는 게 안정적일 수 있습니다.

프로모션
: 일종의 포상으로 트레이너가 매출을 많이 해서 목표를 달성했거나, 팀으로 돌아가는 경우 팀의 목표달성이 되는 등 트레이너에게 지급되는 상금이나 상품 등에 대한 혜택이 있습니다.

비율에 관한 월급 체계
: 센터와 PT 샵이 많이 생기면서, 고객의 수요도 늘고 그만큼 트레이너의 숫자도 늘어나 운영에 고정비 증가를 느끼거나 인력 공급이 부족해서 기본급 없이 프리랜서로 계약을 하고 수업을 받아서 하거나, 대관의 개념으로 오히려 회원을 데리고 들어와 수업료를 지불하고 수업을 하는 경우도 생겨나고 있습니다. 이러한 월급 체계는 이미 대부분 시행하고 있으며, 외국 같은 경우 대관을 하는 일은 이미 흔하며, 공유 하우스처럼, 공동 사업장을 운영하는 케이스 또한 많이 볼 수 있습니다.

3. 직급 체계의 이해

Owner, CEO(Chief Executive Officer): 소유주, 사장, 최고경영자, 대표를 말합니다.
GM(General Manger): 센터의 총 관리 책임자
CSO(Chief Signal Officer): 경리로써 센터의 금전적 관리 및 월급 관련 업무를 수행합니다.

FC(Fitness Counselor): 센터 홍보 및 센터 소개 등 처음 센터를 이용하고자 하는 사람들을 회원으로 유치하여 회원권을 판매하는 업무 및 시설 관리 등을 합니다.
FS 부장: FC 총괄 업무 관리자 역할을 수행합니다.
G.X(Group Exercise Instructer) : 그룹 트레이닝 수업을 지도하는 강사.
Golf Pro : 골프 프로를 말하며 스크린 골프와 같은 시설이 함께 있는 대형 센터에서 같이 근무하는 경우가 있습니다.
Supervisor : PT TEAM의 팀장으로서 팀의 전체적인 업무를 관리하고 교육 및 시설관리 등에 관여합니다.
Senior PT : PT 중 경력이 많은 트레이너로 PT 매출 및 스케줄 관리 등 팀장을 보조해 수행합니다.
PT(Personal Trainner): OT 및 PT를 주 업무로 하는 직급으로 (정규직과 프리랜서로 분류된다.)
Junior PT or Assist PT : 수습 또는 견습 트레이너로 경험이 부족하거나 배우는 단계의 직급으로 주로 보조적인 업무 수행을 많이 합니다.
이외에도 휘트니스 센터에는 여러 직급이 존재하며, 취직한다면 직급 체계부터 익히는 것이 필요합니다.

4.구직 과정은 어떻게 진행되나요?

구인 구직 광고를 통해 취직하고 싶은 곳을 검색합니다. 주로 대부분 구인 광고는 다음 카페 '스포드림'을 가장 많이 이용합니다. 주의점은 검색을 통한 여러 가지 조건 파악 구인 공고는 어느 정도 포장이 되어 있기 마련이니 주의해야 하며, 조건이 좋다는 것에 혹하지 말아야 합니다. 구인 구직 광고를 통해 검색한 곳과 전화 통화를 통해 간단한 자기소개 및 위치를 파악한 후 서류를 보내고 면접 일정을 약속을 잡고 방문을 합니다. 이때 전화상으로 월급 체계 등을 묻는 오류를 범하지 말아야 합니다. 너무 계산적인 이미지를 줄 수 있기 때문에 선입견을 심어줄 위험이 있습니다. 직접 두 발로 뛰는 열정을 보인다면 이력서가 다소 미흡하더라도 얼마든지 만회 할 수 있습니다. 또한 면접을 통해 구인*구직 광고와 상이한지 파악하는 것 또한 중요합니다.
근무시간이 다르거나, 급여 조건이 너무 다른 경우, 당직근무가 많거나, 견습이나 인턴 의무 기간이 있는 경우도 있고, 계약서를 써주지 않거나 한다면 신뢰할 수 없기 때문에 거르는 것이 필요하다. 또한 면접 시 깔끔한 복장과 자기 브랜드 및 어필할 자료를 준비하는 것이 필요하면 면접을 한두 군데만 보지 말고 여러 군데를 보고 비교하면서 경험을 쌓는 것 또한 필요하며, 본인이 성장하고 발전할 수 있는 직장을 찾는 것 또한 중요합니다. 본인의 성격과 실력 및 특성에 맞춰 구인 구직을 시작할 때부터 일반 퍼블릭 센터를 입사할 것인지 PT 샵에 입사할 것인지 호텔 내 휘트니스에 입사할 것인지 정하는 것이 매우 중요합니다. 그럼 각 특성에 차이에 대해 먼저 알아보도록 하겠습니다.

5. Pt 샵 근무 특성

PT 샵의 경우 일반 퍼블릭 센터 와는 다르게 센터 내 기본 업무의 비중이 많이 없고 신규 회원에 대한 의무적인 OT 진행 비율이 거의 없으며 OT를 통한 세일즈 부담이 없는 곳이 대부분이다. 신규 회원 대부분을 샵의 대표 혹은 매니저급 직급에서 방문 시 직접 상담, 세일즈, 체험 수업까지 도맡아서 진행 후 결재까지 진행이 된 다음 선생님들에게 근무시간과 회원 특성에 맞춰 배분하는 시스템이기 때문에 직접 신규 회원 세일즈 활동을 할 필요가 없으며 신규 회원 매출에 대한 압박을 전혀 느끼지 않아도 됩니다. 배정받은 회원 특성에 맞춰 본인 수업 커리큘럼대로 수업과 회원 관리에 모든 업무가 초점이 맞춰 있기 때문에 샵 내 정리와 수업을 통해 회원 만족 그리고 리뷰 관리만 신경을 쓴다면 PT 샵 내에서 생활에서 문제가 될 부분이 거의 없을 것입니다. 일반 퍼블릭에서는 헬스 시설을 이용하러 왔다가 OT 후 만족스러워 개인 수업을 받는 경우가 있지만, PT 샵 같은 경우는 오로지 PT 수업이 주목적을 가지고 방문하시기 때문에 높은 퀄리티의 수업이 제공되지 않으면 회원 클레임이 잦을 수 있거나 환불이 되는 경우가 많을 수 있기 때문에 하나의 컨셉만 잡고 공부하기보다는 다양한 방면으로 공부를 지속해서 회원의 만족을 최대한으로 끌어내는 것이 중요 할 수 있습니다.

6. 센터 근무의 특성

동네 퍼블릭센터 대형 퍼블릭센터 프랜차이즈 퍼블릭 센터마다 조금씩 차이점은 있을 수 있지만, 어딜 가나 퍼블릭 센터에서 하는 근무에 기본적인 부분은 일맥상통하는 부분이 있습니다. 보통 오전 근무 / 오후 근무 조로 나뉘어 근무 배치를 받게 되며 오전 근무자 같은 경우 센터의 오픈을 도맡아 진행해야 하며 기본적인 오픈 청소와 기구나 시설의 정리를 오전 근무자가 도맡아 진행을 해줘야 합니다. 기본적인 정리와 오픈/오픈 청소가 마무리되었다면 수업이 없는 경우 플로팅을 시간별로 같이 일하는 근무자와 순번대로 진행하게 되어 있습니다. 운동 공간 내에서 수업을 받지 않는 회원님들 대상으로 운동 지도와 안전을 책임지는 역할로 예측할 수 없는 상황에 대한 대비를 플로팅 근무자가 항상 예의 주시하며 주변을 살펴 주어야 합니다. 신규 회원이 등록하였을 경우 보통 OT 수업을 2회~4회 정도 진행을 해주며, 30분 내외에서 수업을 진행해 주며 센터 내의 기구에 대한 사용법과 기본적인 머신이나, 프리웨이트 위주의 운동 방법을 설명해 주는 시간 입니다. OT 타임을 통해서 회원님과 유대관계도 가질 수 있으며 본인의 실력을 이 시간을 통해 발휘해서 개인레슨 수업을 받으러 오신 회원님이시면 조금 더 많은 횟수를 등록 할 수 있게 유도를 할 수 있을 것이며 그저 시설 이용만 하시러 오신 분이시면 시설 이용만 할 것이 아니라 제대로 되고 효과적인 운동을 하실 수 있도록 개인 수업을 받을 수 있도록 유도 할 수 있을 것입니다. OT 수업이 잘 이루어져야 개인 매출을 목표에 맞춰 달성 할 수 있어서 그저 시간 보내는 형식으로 임하지 않고 최선을 다해 사랑하는 사람에게 구애한다는 마음가짐으로 임하는 것이 효과적일 수 있습니다. 저녁근무자 같은 경우는 퍼블릭센터의 메인 타임이라고 할 수 있는 6-11시 타임 근무기 때문에 오전 근무자에게 인수*인계받은 사항에 대해 확실하게 숙지를 해야 하고 시설 점검과 플로팅 근무에 조금 더 많은 부분을 할애해야 합니다. 마감한 뒤 오후, 저녁 근무자들과 마감 청소와 시설점검을 한 뒤에 퇴근하면 하루가 마무리됩니다.

7. 호텔 근무의 특성

호텔 내 휘트니스 센터 근무에서는 다른 어느 센터, 샵에서의 근무보다 서비스적인 부분에 대한 비중이 훨씬 더 크다고 볼 수 있습니다. 어딜 가나 근무복이 존재하고 있지만, 호텔 같은 경우는 대개 근무복에서부터 일반 운동복이 아닌 정장 바지에, 각 잡힌 PK 티셔츠, 검은 계통에 운동화 혹은 단화, 정돈된 머리 이런 부분이 호텔 휘트니스의 기본 서비스를 대변한다고 봐도 무방할 것입니다. 대부분의 회원이 값비싼 연간 회원권을 구매하고 이용하시는 분들이 대부분이기 때문에 이런 기본 용모에서부터 서비스적인 부분에 많은 시간과 노력을 투자해야 하는 부분입니다. 근무시간 내에 수업을 진행하기보다는 시설 이용하고 계시는 회원들의 편의 사항에 대해 항상 대기하고 있고 플로팅 근무가 대부분이라고 생각하면 될 것입니다. 기본급 + 수업료 + 인센티브가 익숙한 일반 트레이너들의 생각과 다르게 기본급이 보통 퍼블릭센터보다 훨씬 높지만, 수업료가 거의 없는 것과 마찬가지기 때문에 많은 돈을 받고 싶다면 호텔 휘트니스와는 맞지 않을 수 있습니다. 요즘은 그래서 호텔에서 정직원과 개인레슨만 하는 프리랜서 PT를 분리해서 운영하는 경우 또한 많이 있기 때문에 이것도 호텔마다 차이가 있을 수 있습니다. 또한 요즘 멤버십으로만 운영하던 호텔들도 운영난에 시달려 회원권을 판매하는 경우도 생기고 있으며, 호텔이라고 꼭 근무 조건이 좋다고 생각해서는 안 됩니다.

8. 구직 시 꼭 조심해야 할 사항들이 있나요?

구직 시 본인이 근무하는 시간 대비 기본급이 적정하게 배정이 되었는지 확인하는 것이 좋습니다. 특히 일반 퍼블릭센터 근무 시 수업 외적으로도 많은 부분을 플로팅과 OT 수업에 할애해야 하는 부분이 있어서 최저임금에 맞춰 기본급이 제대로 설정이 되었는지 확인하셔야 합니다. 수업료는 기본 세션 가격에서 최대 몇 퍼센트로 설정이 되어 있는지 경력에 따른 인상률이 있는지 확인하셔야 하고 구직 글에 나와 있는 내용과 다름이 없는지 확인하셔야 합니다. 대형 센터 같은 경우 근무자들이 많기 때문에 팀별로 활동을 하는 경우가 있습니다. 그렇게 되면 팀별 총 매출에 따른 인센티브 개인 매출에 따른 이센팁 등이 존재 할 수 있기 때문에 이 부분에 대해 확실하게 짚고 넘어가셔야 하며 이런 부분이 터무니없이 높게 설정이 되어 있어 그저 현혹되게 하기 위한 속임인지 확인하셔야 합니다. 주말 근무가 있는 경우 근무자들끼리 순번제로 당직 근무를 하게 되는데 몇 번에 한 번인지 몇 주에 한 번인지 한 달에 휴무가 총 몇 회 보장이 되는지 확실하게 짚어 주셔야 합니다. 입사 후 이런 부분에 있어 말이 달라지는 경우가 매우 많기 때문에 본인 스스로 잘 확인 해주셔야 합니다. 그리고 꼭 계약서를 작성하시고, 문서화해 두셔야 추후 분쟁에 소지가 없습니다.

9. 면접은 어떤 식으로 진행되며 어떤 걸 준비하는 것이 좋을까요?

면접은 구직 글 게시 후 모집되는 이력서를 바탕으로 진행이 됩니다.

기본적으로 첫인상이 90%를 좌우 할 수 있습니다. 복장은 꼭 정장은 아니더라도 깔끔하고 너무 튀지 않는 색상의 복장을 착용해 주시면 좋습니다. 간혹 보면 방금 막 운동하고 온 듯한 복장에 운동화 구겨 신고 모자를 눌러쓰고 면접 보러 오셨다는 분들이 참 많습니다. 이런 경우 아무리 실력이 좋고 외모가 뛰어나고 몸이 좋아도 그다지 전혀 함께 일하고 싶은 마음이 안 들 수 있습니다. 이력서를 제출하실 때는 기본적인 신상을 적어 주시고 필히 얼굴이 제대로 보이는 증명사진을 첨부해 주셔야 합니다. 간혹 핸드폰으로 찍은 셀카 혹은 전신사진을 이력서 사진란에 첨부해서 제출하시는 분들이 많은 거 같습니다. 동네 작은 pt 샵이든 대형 퍼블릭센터든 유명 일반 회사든 면접을 위한 본인을 처음 소개하는 이력서에서부터 기본이 안 되어 있는 모습이 보이시면 어느 업체의 대표도 면접을 위해 연락을 하지 않을 수 있습니다. 본인 소개란은 가족이 어떻고 어디서 자랐고 이런 구구절절한 소개보다는 본인이 생각하는 트레이닝에 대한 부분과 어떤 공부를 하게 되었고 이런 공부를 왜 하게 되었는지 지금까지 해온 공부를 통해 앞으로 어떤 것들을 계획하고 해나갈 것인지에 대한 간략한 자기 브랜딩 하는 부분으로 진행해 주시면 많은 점수를 플러스 할 수 있을 거 같습니다. 함께 일할 가치가 있는 분인지 우리 샵 혹은 우리 센터의 컨셉과 가치관이 같은 사람인지 이런 부분을 통해 판단들 할 수 있기 때문에 여기서 제대로 된 포토폴리오와 설명이 추가된다면 훨씬 더 채용될 수 있는 가능성이 높아질 수 있습니다. 결국 면접은 사람과 사람이 만나 대화를 하며 진행하는 부분이기 때문에 본인이 하려고 하는 의지와 열정이 있다면 그것을 진실하게 면접자에게 어필한다면 원하시는 결과에 도달 할 수 있을 겁니다.

10. 경력이 없어도 트레이너로 취직할 수 있나요?

결론부터 드리자면 할 수는 있습니다. 하지만 시작점의 차이가 있습니다. 트레이너로서 일하기 위해선 스포츠 지도사 보디빌딩 자격증이 필수로 필요하지만, 자격증이 없이 수습생으로 예비 트레이너로서 일을 지원할 수 있습니다. 처음부터 PT 수업을 하는 경우는 드물며, 3~6개월이라는 시간 동안 전반적인 센터 시스템, 수업 운영, OT 등을 배우며 이를 통해 트레이너를 목표로 성장할 수 있습니다. 이 시기에 가장 바람직하게 시간을 보내는 방법은 근무지 헬스장 시스템에 대한 이해를 빨리 습득하여 수업 이외에 일들에 대해 숙지를 하고, 동료 선생님들 혹은 팀장급의 수업을 관찰하여 수업 계획서를 써보며 기초 트레이너로서의 운동 순서, 방법, 종류에 대해 충분히 숙지해 놓는 것이 필요합니다. 또한 여러 OT를 통해 나만의 상담 기법에 대한 시스템을 잡아가고, 주로 회원들이 무엇을 원하는지, 운동을 왜 하려고 하는지에 대해 파악을 하며 수업을 하게 되었을 경우 이러한 부분을 참고해 운동을 지도할 수 있도록 합니다. 그리고 열심히 공부하고, 운동하는 것이다. 첫 번째가 외적으로 트레이너 같아야 하며, 두 번째가 전문가로서 지식을 쌓아야만 제대로 된 트레이너가 될 수 있습니다. 특히 퍼스널 트레이너가 되고자 하면서 PT를 한 번도 받아보지 않은 경우 또한 있는데 다양한 잘하는 트레이너들에게 개인레슨을 받아 보는 것을 권장합니다. 단순히 회원이 입장이 아니라 상담은 어떻게 차별화해서 하는지 같은 운동도 어떻게 티칭 하는지 등을 하나씩 배운다면 더 빠르게 현장에서 트레이너가 될 수 있으며 본인에 운동 또한 꾸준히 해서 누가 봐도 트레이너 같은 몸을 만드는 것 또한 매우 중요합니다.

11. 견습 트레이너 과정이 꼭 필요한가?

좀 구식이지만 전 이 견습 과정이야말로 트레이너 인생이 최고의 시간이라고 봅니다. 나의 방향성을 잡을 수 있고 내가 임상을 그만큼 많이 해볼 수 있는 시간입니다. 최전방에서 고객님들과 가장 많은 이야기를 주고받으면서 전투에 임할 수 있기에 매니저보다 수석 트레이너보다 해당 센터에 최고의 키스톤 같은 역할을 한다고 봅니다. 그래서 견습 과정은 어떤 곳에서 누구한테 받느냐가 가장 중요합니다. 유명해서도 아니고 실력이 좋아서도 아니고 교육시스템과 커리큘럼이 잘되어 있고 그대로 진행이 되는 곳인지를 확인해서 배우는 과정을 거쳤으면 합니다. 전공 학생들은 반드시 현장 실습을 나가는 걸 추천하며 트레이너 1~2년 차도 다양한 곳에서 경험을 많이 했으면 합니다. 그리고 먼저 근무는 많은 회원을 만날 수 있는 퍼블릭 헬스장에서 근무하는 것을 추천하며 그래야 개인 레슨은 아니더라도 많은 회원을 직간접적으로 지도를 해볼 수 있기 때문입니다. 그리고 요즘 피티 샵들은 대부분 본인 수업만 하고 가는 프리랜서가 많아져서 다 든 선생님께 질문하기도 어렵고 딱히 교육을 받기도 매우 어렵습니다. 그렇기 때문에 전문 교육기관에서 교육을 이수하면서 다소 한가한 오전 파트나, 주말 파트로 시작해서, 오후 피크 타임 파트 등 다양한 시간과 로드샵, 호텔, 사내 휘트니스, 피티샵, AT 센터, 병원 부설 운동재활실 등을 다양한 견습 과정을 거치면서 얻는 그 소중한 시간이 다 자산이 돼서 앞으로 트레이너 생활을 하는데 원동력이 될 것이기 때문에 중요하리라 생각합니다.

12. 트레이너의 근무 현실

어디서 근무를 하든 트레이너는 센터 대표를 잘 만나야 트레이너의 인생과 방향이 달라집니다. 근무 현실은 복지가 좋은 곳도 있지만, 극소수이고요. 갈수록 좋아지고는 있지만, 전국에 있는 휘트니스 센터를 놓고 본다면 아직은 열악한 곳이 많습니다. 아직 4대 보험, 퇴직금, 유급휴가, 주 5일 근무가 적용되지 않는 곳이기도 합니다. 서비스업종이기에 제한적인 것도 많지만 그만큼 열악합니다. 대한민국에서 트레이너로 일한다는 것은 정말 이 직업을 사랑하지 않고는 할 수가 없을 것입니다.

트레이너 1~3년 차에는 힘들 수 있지만, 본인 노력 여부에 따라 근무 여건이나 처우개선이 달라질 수 있습니다. 막연히 운동을 좋아해서가 아니고 누군가에서 필요하고 도움을 줄 수 있는 트레이너가 되겠다는 마음으로 이 직업을 택해야 합니다. 개인 레슨이 없던 시절에는 월급으로 생활했는데 지금은 레슨이 없으면 생활을 못 하는 실정입니다. 휘트니스 시설이 매년 매달 증가하고 물가도 매년 증가를 하는 것도 큰 역할을 하는 것 같습니다. 근무환경의 시설은 좋아졌지만, 그에 반해 급여나 복지는 많이 떨어집니다. 트레이너들이 급여를 가지고 가려면 수업을 많이 해야 하는 구조이고 트레이너들은 자기 계발을 열심히 해서 수업을 질에 높여야 하고 소비자들은 원하는 게 많아진 게 현실입니다. 전에는 다이어트와 운동만 잘 가르치면 되었는데 이젠 운동만 하고는 안되는 것 같습니다. 공부하고 고민하는 트레이너가 많아져서 수준이 높아져서 다행인 것 같습니다. 근무환경을 탓하기보다는 자기 역량 개발에 좀 더 집중하고 노력하는 것이 스스로 개선하는 것이라 봅니다. 대표가 갑질을 하는 것만 생각하지 말고 본인에 역량을 한번 뒤돌아보면서 스스로 경영을 한다고 생각하고 노력을 통해 근무 환경에 관해서 이야기할 필요가 있습니다.

13. 센터에서 근로계약서를 써주지 않을 때 어떻게 해야 할까요?

그 센터장이 아무리 좋은 사람이라도 사람 관계는 돈에 있어서 철저히 해야 합니다. 특히 운동을 통해 알게 된 경우 형, 동생으로 시작해서 계약서 없이 프랜드십으로 시작해서 힘들 때 서로 양보하고, 이해해 주고 하면 참 보기도 좋고, 아름다운 모습이겠지만, "내 새끼, 저 새끼, 개새끼"라는 다소 과격한 표현이지만 환경과 상황에 따라 조건들이 바뀌게 되면 오해가 생기기도 하고, 결국 분쟁으로 이어지게 돼서 서로 마음도 상하고 안 좋게 마무리가 되는 경우가 매우 많이 있기 때문에 전문가라면 그 전문성을 인정해 주는 곳에서 일하는 것이 마땅하기 때문에 당연히 계약서를 써주어야 하며 독소 조항은 없는지 본인이 노동법에 대한 기초 상식 또 한 가지고 있어야 하며, 과연 이러한 근무 조건이 업계 평균과 통상적으로 허용 범위인지를 꼭 고려해서 선택해야 하며 자세한 사항은 선택할 때 고려사항에서 자세하게 논하고 있으니 참고하길 바라며, 그 어떠한 이유든 계약서를 써주지 않는다면 그 센터에서 근무하지 않는 게 바람직합니다. 또한, 계약서를 확인하는 방법 또한 중요합니다. 정확한 근무시간, 급여, 달마다 총 근무 일수, 급여날짜 등 꼼꼼히 살펴보고 결정해야 합니다. 결론은 사람의 입으로 나온 이야기는 언제든지 바꿀 수 있으니 꼭 계약서를 써야 하고, 계약서를 써주지 않는다면 과감히 그 센터에서 근무하지 않는 게 좋습니다.

14. 어떤 휘트니스 센터가 좋은 센터인가? (구직 Tip)

1. 인재를 육성하는 엘리트를 고용 내 동료들과 동반 성장 할 수 있는 센터
- 아무나 막 뽑는 센터는 내가 아무리 잘났어도 동반 성장할 수 없고 오히려 후퇴되는 느낌의 센터라면 일하기 수월하지 못할 것이다.

2. 타당성 있는 월급 시스템
- 누구나 인정할 수 있는 월급 시스템을 갖췄다면 나의 수고가 아깝지 않을 것입니다.

3. 탄탄한 자본력을 갖춘 센터
- 막상 일을 시작했는데 센터 총 매출이 바닥을 치고 있다면 내 미래를 맡기기는 힘들 것입니다.

4. 복지가 잘되어있는 센터
- 나이가 들어도 내가 이 일을 할 수 있을까? 라는 의문 혹은 결혼을 하고 자녀를 낳고 기르면서도 일할 수 있는 회사가 좋은 회사입니다. 정년퇴직하고도 공무원에 비교할 수 없겠지만 미래가 보장된 회사를 선택 하시기 바랍니다.

5. 보스가 아닌 리더가 모인 집단
- 명령하는 군대 시스템이 아닌 함께 일하고 먼저 나서서 하는 상사와 직원이 모인 센터 분위기가 중요합니다.

6. 공부하는 사람들이 모인 센터
- 내 상사, 내 사장님이 변화를 두려워하지 않고 도전하고 발전적이라면 그 환경에 맞춰 나 또한 발전할 수 있습니다.

15. 트레이너의 근속년수가 짧고 이직율이 높은 이유는 무엇인가?

가장 정확한 이유는 아마 자기 자신의 삶이 항상 똑같고 지루하기 때문에 이직을 결심하는 것 같습니다. 트레이너라는 직업은 정말 해야할 것도 많고, 신경써야할 부분도 많은 직업입니다. 외모, 지력, 센스 이 모든 것이 필요하며 이 모든 걸 관리를 해야 하는 직업이기 때문입니다. 하지만 항상 트레이너들의 삶은 똑같습니다.

운동 - 출근 - 공부(휴식) 대부분의 이 패턴으로 살아가게 됩니다. 이렇게 1~2년을 진행하게 되다보면 지루해지고, 정말 단조로운 삶이 되어 삶의 무료함을 느끼게 되고 이 직업을 떠날 생각을 하게 되는것 같습니다. 물론 근무 환경 열악하고 또한 치열한 반복되는 경쟁 문제도 있겠지만 항상 모든 패턴이 똑같고, 새로운 사건이나 회사원들 같이 프로젝트라는 새로운 목표가 없기 때문에 우리의 직업은 이렇게 이직율이 높은게 아닐까 생각되지만 이건 결국 본인의 잘못이라고 생각합니다.

내가 만약 휴무날이나 주말을 이용해 내 회원들을 위해 더 좋은 운동프로그램이나, 더 좋은 효과를 만들기 위해 세미나 혹은 공부를 하게 된다면 매 수업 시간마다 내가 어떤 운동을 시켜 더 좋은 효과를 만들 것인지에 대한 기분 좋은 생각만으로도 사실 매일 하루하루가 지루하기보단 부족하다고 느껴질 것입니다. 그러면서 자연스럽게 더 많은 공부를 하고 싶어 할 것이고 이 직업에 대한 미래는 더 크게 그려질 것입니다.

센터 시스템, 물가상승, 늘어난 헬스장의 수 이러한 외부적인 요인이 아닌 트레이너를 하고 있는 자기 자신들의 안일한 모습 때문에 결국은 높은 이직율과 짧은 근속년수를 만들어내고 있습니다.

16. FC 업무의 이해

휘트니스에서 매출에 가장 중요한 요소는 센터의 분위기라고 생각하며 PT와 PT팀장간의 유대관계를 넘어서, 이제는 FC부서와의 유대관계도 반드시 고려해야 합니다. 팀원들간의 호흡이 업무효율성과 생산성에 비례한다는 것은 상식입니다. PT와 FC가 맡은 역할은 다르지만 센터에서는 분명히 한 팀입니다. 내부적인 문제가 해결되고, 단합이 되어야만 외부 경쟁사와의 대응에 힘을 집중할 수 있습니다. 더군다나 귀한 고객님들께서는 우리들의 내부적인 사정에는 전혀 관심이 없다. 오로지 본전이 생각나지 않게, 지불한 비용 그 이상의 서비스를 제공받길 원합니다. 고객님을 위해서라도 PT와 FC는 진정한 파트너십을 가지고, 윈윈하기 위해 노력해야 합니다. 휘트니스 사업은 이미지 사업이고 리뉴 사업이다. FC가 신규고객을 유치하는 영업을 맡고, 트레이너가 고객들을 관리합니다. 관리가 되지 않는 영업은 한계에 부딪힐 수밖에 없습니다. 영업이 되지 않으면 관리할 회원들이 없게 되겠죠, PT의 경쟁력을 높이기 위해서는 FC의 업무도 이해해야 합니다. 체험을 해볼 수 있다면 가장 좋겠지만, 현실적인 대안으로는 FC의 업무를 지원하면서 이해도를 높이는 게 바람직하며 휘트니스 센터의 매출은 기본적으로 1차적으로 회원권 (운동복, 라카 포함) 매출이 이루어지고, 2차적으로는 OT를 통해 VIP고객의 PT 추가 매출로 구성됩니다. 그러므로 PT의 매출은 FC의 신규고객 유치 능력을 통한 신규 OT와 재등록을 통한 리턴 OT의 질과 양에 영향을 받게 됩니다.

휘트니스는 PT와 FC의 협력도에 따라서 매출과 분위기가 조성됩니다. 하지만, 단순한 친밀함만으로 업무의 효율성을 끌어올리는 데에는 분명히 한계에 부딪히게 되며 FC의 업무를 이해하지 못하고, FC와 공감대를 가지긴 쉽지 않습니다. 전투적인 FC들은 춥고 비오는 날씨에도 매일같이 수천장의 전단지배포를 하고, 경쟁사에서 때가고, 할머니들이 때가고, 구청에서 신고가 들어옴에도 불구하고 홍보를 합니다. 3차 4차 문전박대의 대우를 받는 아웃바운드 티엠을 하고, 미쓰 세일난 고객들과 문의전화 온 고객들에게도 다시 몇 번이고 전화를 합니다.

이제는 PT도 FC의 업무를 깊이 있게 이해해서, 보다 넓은 관점을 가져야 합니다. 지금 당장 업무효율성과 성과를 높이기 위해서 FC의 업무를 공부하고 함께하는 파트너에 대해 인지도를 높이자. FC를 이해하지 못한 센터 오픈은 장미 빛 환상일 가능성이 높습니다.

17. FC의 정체성 확립 및 존재 이유

휘트니스에 FC가 필요한 이유는 곧 매출이 나오게 하기 위해서 이며, 여기서 핵심은 팀플레이다. 이는 PT와 협력이 중요하며 서로 이해하고, 끈적끈적한 정신력의 유대관계가 있어야만 합니다. FC의 휘트니스의 꽃으로 FC는 팀플레이가 가장 중요하며, FC는 인포가 아니라 세일즈맨으로 상품기획부터 마케팅해서 판매 후 관리까지 모든 고객관리를 책임져야 합니다. FC는 내부프로모션 외부프로모션을 상황에 맞게 전략적으로 대응 해야 하고 FC의 영업은 발품뿐만 아니라 손품 머리품 가슴품까지 팔아야 합니다. FC에게는 매출이 인격이고 자존심이며 FC는 전단지의 달인이 되어야 하고, FC는 텔레마케터의 달인이 되어야 합니다. 매출은 (상품력 X 영업력 X 관리력)입니다. 성과물이 나오면 친밀해지고, 친해지면 성과물이 나올 수 있습니다. FC와 PT와의 협력과 오픈과 마감의 협력이 필요하며 일방적인 지시가 아닌 대표와 사원과의 협력 또한 필요합니다. 이것은 근본적인 파트너십을 기반으로 하는 사업이기 때문이며 대표가 사원을 사랑하고 사원이 회사를 사랑하는 마음이 있어야 사원도 고객들에게 진심으로 서비스를 해줄 수가 있습니다.

18. FC의 5가지 기본자세

첫 번째, FC는 시간이 돈이라는 마인드가 필요합니다. FC로 성공하려면 시간을 얼마나 효율적으로 계획하고 사용하냐에 따라 결정됩니다. 전날 업무기획을 해 두어야 당일 요청을 통해 PT, 디자이너, 경리, 대표 등 해당 업무를 신속하게 수행 및 지속이 될 수 있도록 낭비되는 시간이 없어야 합니다. 그리고 두 번째, 기본에 충실해야 합니다. 아무리 새로운 휘트니스 트랜드가 생겨나고, 마케팅 방법이 많아지고 있다고 하지만, 이러한 모든 방법은 전통적으로 검증된 기본적인 방법을 시행 후 추가적인 매출을 위해서 실기하는 것이지 절 때 기본이 필요 없는 것이 아니라는 것을 명심해야 합니다. FC의 기본은 영업력과 홍보 기존, 신규, 리턴 TM 및 센터의 전반적인 인사와 청소와 같은 관리력이 기본이라는 것을 다시 한번 생각해보도록 해야 합니다. 세 번째, FC는 회원의 편이어야 합니다. 컴플레인이 들어오면 수긍하고, 항상 소비자 입장에서 무엇일 필요할지 생각하고 회원의 입장에서 회사에 지원을 요청하고 그에 맞춰 미리 준비해야만 합니다. 네 번째, FC는 대표의 대리인으로 전반적인 운영관리의 중요한 역할을 수행하기 때문에 회원들을 내 집에 온 손님을 대하듯이 주인의식을 가지고 소중히 대해야 합니다. 그리고 마지막으로 다섯 번째, FC가 무너지면 신규 유입도 없고 기존 퍼블릭 회원 재등록도 되지 않기 때문에 PT에게도 치명적이며 곧 센터 운영에도 문제가 생기기 때문에 매출을 이월시키면 안 됩니다. 끝까지 최선을 다하고, 분석한 후 다음 전략을 기획합니다. 절대 포기하면 안 됩니다. 항상 가슴속에 포기하지 말자라는 말을 새기시기 바랍니다.

19. FC들의 고민과 미션

"무엇으로 대결해서 어떻게 지역 상권의 매출 점유율을 높여 나갈 것인가?"를 고민해야 하며 FC의 미션은 첫 번째 상품기획 및 마케팅/세일즈를 어떻게 하고 센터 관리를 해서 워크인 문의와 전화 문의를 창출해 낼 것인지이며, 두 번째는 매출을 높이고 비용 절감해서 지출을 줄여 순익을 많이 내는 것이며, 세 번째는 센터 특성과 규모와 지역 상권과 입지/ 경쟁사 고려해서 전략을 수립하는 것입니다. 그렇다면 어떻게 하면 매출을 올릴 수 있을까요? 계획은 초/중/장 10가지씩 기획을 해서 변화를 주는 것이 필요하며, 동시다발적으로 비전 공유하고 대표부터 막내 사원까지 모두가 참여하고 소통하는 것이 필요합니다. 이러한 기획은 초-1주, 중-3주, 장-6주 및 초-1달, 중-3달, 장-6달로 분류해서 주간과 월간 단위로 중복으로 기획하면 보다 효율적입니다.

예를 들면
* 초1. 전단지 디자인 / 타겟 전단지 / A3 / 현수막 / 족자 / 배포 / TM을 기획하고, 실천하며 PT와 FC 단합, 오픈 - 마감 단합, 대표 1:1 소통이 필요합니다.
* 중2. 스터디 모임, 네이버 평점, 인스타, 유튜브, 카카오스토리, 블로그 상위 노출, 페이스북, 홈페이지 유도
* 장3. 사회적 기업, 업계 발전, 착한 성장, 지역사회건강와 복지 시설에 기여, 인더스트리 리더

그리고 휘트니스는 아직 오프라인이 매우 중요한데 80%의 비율이 주로 오프라인 홍보 (전단지 배포, 부착, 현수막, 족자, 픽업, 판촉, 오다) 기 때문에 게을리해선 안 됩니다. 그리고 내부프로모션 이벤트. (11월 수험생, 빼빼로데이, 12월 크리스마스, 겨울방학, 연말, 1월 신년맞이, 설날, 새 학기 등)을 계속 기획해야 합니다. 또한 온라인 SNS의 유입경로를 다각화 (네이버 회사설명, 평점 리뷰, 키워드, 블로그, 카카오 스토리, 카카오 채널, 페이스북, 카페, 홈페이지, 유튜브, 인스타) 해야 합니다. 그리고 기존 고객 관리 (신규, 홀딩, 재 등록자)는 당연히 필수입니다. 또한 잠재 고객 관리 (만료회원)을 해야 됩니다. 가망 고객의 DB 관리 (워크인 미쓰 세일과 문의 전화 TM 또는 카카오톡, 문자 등)을 해야 되며 시간대별 업무 매뉴얼과 체크리스트를 계속 개선하여서 시스템을 트레이닝합니다. 생산성을 모니터링해서 분석해 효율성을 추구해야 합니다. 중장기적인 전략으로 차별화된 구성요소의 프로젝트를 기획해야 합니다.

20. FC의 주요 업무 정리

1. 오프라인 마케팅
- 전단지 제작, 전단지, A3 부착, 전단지 배포, 픽업, 좌판, 방문 판매, 알바생 관리

2. 온라인마케팅
- 네이버 회사설명, 평점 리뷰, 키워드, 홈페이지, 카페

3. SNS 모바일 마케팅
- 카카오 스토리, 카카오 채널, 페이스북 – 포스팅

4. 온*오프라인 프로모션기획

5. TM – 신규 TM / 미 방문자 TM / 안부 TM / 재등록 TM / 라카 TM / 만기 TM

6. 환경 미화 및 점검

7. 라카 관리, 라카 TM, 신발 수거 등

8. 회원 관리 서류 (홀딩, 환불, 유형 변경), 전산 입력 처리 (스포피아)

9. 총 매출장 작성, 페이롤 작성, 비품 주문 및 지출 결의서, 현금 입금 정산

10. 그 외 각종 보고서 작성

11. 회원 컴플레인 및 각종 운영관리에서 예기치 못한 상황이 발생 시 대응 및 책임자 역할 수행 등이 있습니다.

21. FC의 세일즈 노하우

고객들이 등록하기까지는 크게 6단계 과정을 거치게 됩니다. 처음에는 [인지 - 호기심 - 정보습득 - 의심 - 망설임 - 결제] 과정을 거치게 되는데 먼저 고객에게 집이나 회사 근처에 있었지만, 센터나 스튜디오의 존재 자체를 알지 못하는 고객들에게 인지를 시켜야 하는 단계가 있습니다. 가장 흔한 방법이 간판, 전단지, 포스터, 현수막 등이며 단순 노출 효과라고 해서 지속해서 노출하게 되면 무의식중에 하루에 보는 광고들이 수십 또는 수백 개가 넘을 것입니다. 하지만 대부분은 머릿속에 남아 있지 않게 되는데 그 이유는 사람의 뇌는 호기심이 생겨야 인식을 하게 되기 때문이며 기존에 패턴들은 이미 익숙해졌기 때문에 호기심을 불러일으키지 못하기 때문에 새로운 참신한 디자인과 마케팅이 필요합니다. 사람들의 호기심을 극대화 할 수 있는 문구나, 디자인이 필요하며 나도 한번 운동해볼까? 라는 긍정적인 고민을 하게 만들어야지만 합니다. 그다음은 정보를 습득하려고 하는데 정말 이 센터나 스튜디오가 괜찮은지 자료 수집을 하기 시작하는데 SNS의 발달로 공식 사이트, 블로그 또는 후기 등을 통해 자료를 수집하게 되는데 아직도 사이트도 없고, 블로그, 카페 등도 없이 운영하는 곳이 많으며 있어도 관리가 전혀 안 되어 있으면 신뢰도가 떨어지게 됩니다. 기본적으로 사이트에 시설 소개, 스태프 소개, 운동 프로그램 및 전문성을 어필할 방법들을 세팅해 놓고, "블로그 체험단 리뷰 마케팅" 도 이제는 기본이라고 할 수 있습니다. 잘되는 센터나 스튜디오들은 이미 모두 하는 방법입니다. 이렇게 기본 정보를 획득하면 고객은 이전 센터를 다닌 경험이 있기 때문에 한 번에 결정하지 않고 전화 문의나 방문 상담을 받게 되는데 이때가 가장 중요한 것은 FC는 이미 이 상황에 대한 모든 준비가 되어 있어야 합니다. 첫 번째는 복장 근태 + 오감 만족 세팅 멘트 + 경쟁 우위 분석 멘트 준비하는 것이며, 고객이 방문하면 먼저 (센터투어 → 상품설명 → 가격상담) 순서로 진행을 하게 되는데 이때 활용되는 세일즈의 기법이 첫 번째. 아이스 브레이킹 원리를 활용하는 것으로 보통 앉아서 세일즈를 진행하기 전 시설에 전반적인 모든 부분을 투어 시켜드리며, 그 과정에서 고객의 기본 정보와 성향을 파악하고 자연스럽게 우리 센터를 어필하고, 고객이 여기서 운동을 하면 이 모든 것을 이용할 수 있다는 것을 부각하는 단계로 투어를 진행하며 단순 설명이 아니라 여러 가지 질문을 던져 보며 정보를 얻어 내고 이를 분석 하며 세일즈할 때 방향성을 결정 할 수 있으며 다른 곳은 가보지 않았는지, 다른 곳과 차별성을 설명 할 수 있어야 합니다. 그리고 두 번째. 자신만의 레파토리를 만들어서 자연스럽게 말을 이어나가는 게 매우 중요하며 고객의 유형 분석을 해두어야 가장 매끄럽고 확률 높은 레파토리를 만들어 갈 수 있습니다. 마지막으로 세 번째. 우리 센터만에 상품에 대한 정확한 이해를 바탕으로 한 매력발산 및 상품에 대한 Q & A를 통해 고객의 니즈를 파악하고 해결해 주는 것이 필요합니다. 하지만 대부분 한 번에 결제하는 경우가 없고 대부분 구매 저항을 하게 됩니다.

특히 정말 의외로 많은 고객이 결제가 조금 복잡하거나 카드 할부 문제로 등록을 포기하는 때도 발생합니다. 쿠팡이나 위메프 같은 오픈 마켓도 보면 간편 결제를 유도하는 이유와 같은데 결제가 딜레이

트레이너가 알아야 할 모든 것

되면 고민하게 되고 결국 구매 저항으로 이어지게 될 수 있어서 회원권과 피티 금액은 소액이 아니라 일반인들에게 상당히 큰 금액이라는 점을 명심하고, 계약서에 불필요한 내용은 빼고 최대한 심플하게 핵심 내용을 담도록 해야 하며, 이를 극복하는 클로징 멘트 노하우를 몇 가지 공유하고자 하는데 아래 몇 가지 예시가 있으니 초보 FC라면 한번 이러한 노하우를 활용해 보기를 권합니다.

클로징 멘트
- **조건 맞춰주기** "이렇게 혜택 드리면 괜찮으시죠?"
- **선택권 넘기기** "선택제안 6개월로 하실래요. 12개월로 하실래요?"
- **넘겨짚기** "라카도 같이 하실거에요?"
- **미안하게 만들기** "일단 저 믿고 한번 시작해보세요. 회원님 조르기"
- **지금 조건** "지금 결제해주시면 지금 하시는 조건에 이렇게 맞춰드릴게요"
- **이벤트 마감** "이벤트가 선착순 10명 마감인데 TO가 2명밖에 안 남아서 오늘 결제 "해주셔야 가능 하십니다. "
- **조건 넘기기** "제가 어떻게 해드리면 오늘 결제할 수 있으십니까?"
- **믿고 해보세요** "계약서 펜 들이밀기"

22. FC의 컴플레인(Complain) 대처 방법

우선 컴플레인이 왜 일어났는지에 대한 이유를 명확히 알고 대처하는 것이 필요한데 트레이너의 잘못인지 아니면 회사 측의 시스템적인 부분의 컴플레인인지 구분을 하고, 일단 팀장급 혹은 소유주에게 먼저 알리고 같이 방안을 모색하는 걸 추천합니다. 그 다음 회원의 요구가 무엇인지를 들어주고, 그 부분에 대해 당장 트레이너가 할 수 있는 영역과 아닌 영역을 구별한 후 대책을 마련해야 합니다. 만약 트레이너 선에서 해결 할 수 있는 부분이라면 혹은 트레이너의 잘못이라면 정중히 사과를 드린 후 앞으로의 해결 대책에 관해 이야기해주며 고객의 흥분된 감정을 가라앉히는 게 급선무입니다. 우리는 서비스업종이기 때문에 고객들의 입맛에 모두 만족시키는 것이 목표이지만, 다 그럴 수 없는 건 당연합니다. 그렇기에 컴플레인을 막기 위해서는 한 달에 한 번 고객들과의 소통을 통해 줄일 수 있는 문제들을 색출하여 피드백을 꼭 해주어야 합니다. 가장 좋은 소통은 설문지를 만들어 센터 내에 우리 회원들에게 참여를 유도하고, 그 결과에 대한 피드백으로 문제점의 대안을 센터 게시판이라든지, 개개인에게 전달해주는 것이 가장 이상적인데 이러한 것은 불이 났을 때 불을 끄는 것보다, 불이 나기 전에 예방하는 것이 훨씬 쉬운 이치와 같습니다.

23. FC의 마케팅 종류와 방법

수많은 마케팅 중에 현재 어떠한 마케팅을 하고 있는지 놓치고 있는 부분은 없는지 체크해 보시기 바랍니다.

마케팅 종류와 방법

수많은 마케팅 중에 현재 어떠한 마케팅을 하고 있는지 놓치고 있는 부분은 없는지 체크해 보시기 바랍니다.

NAVER 파워링크

네이버의 파워 링크는 다양한 온라인 마케팅 중 정기적인 지출이 많지만, 필수 마케팅 수단이며 누구나 손쉽게 진행 할 수 있다는 장점이 있고, 지리적 위치상 비교적 저비용으로 노출이 쉬운 업장은 검색 마케팅만으로도 효율을 높일 수 있습니다. 하지만, 쉽게 접근할 수 있다는 점만 생각하여 전략 없이 진행할 경우에는 잘못된 노출 순위 설정과 의미 없는 키워드 설정으로 전혀 마케팅 효과를 보실 수 없을 수도 있기 때문에 지역별 데이터베이스(D.B)를 통해 키워드를 확인 후 매출과 연관된 효율적인 순위 설정을 하는 것이 필요합니다.

Google 애드워즈

구글 애드워즈 키워드 마케팅은 다소 생소할 수 있지만, 단순히 검색창에 노출만 도와주는 것이 아닌 키워드와 리 타겟팅 마케팅으로 클릭당 비용이 네이버 파워링크의 10% 수준으로 저렴하지만, 파워링크와 동일한 기능을 하며 추가로 텍스트형 배너 광고까지 가능한 방법으로 기본적으로 구글 검색창에 키워드를 검색하면 노출이 되며 텍스트형 배너 광고의 경우 노출 필요 타깃의 연령층, 지역, 관심사, 성별 등으로 세분화하여 다음, 네이버, 구글 등 여러 포털 사이트에서 키워드의 검색 시 2차 노출까지 가능합니다. 처음 세팅만 잘해 놓으면 효과적인 방법이며 점점 진행하는 업장이 많아지고 있습니다.

YouTube 배너

크리에이터의 증가와 함께 유튜브 마케팅은 배너를 이용한 마케팅과 유튜버를 통한 동영상 노출 마케팅으로 유튜브를 접속하고 영상을 볼 때 앞이나 중간에 삽입되거나, 유튜브 검색창의 주변에 게시되는 것으로 유튜브의 배너는 상대의 위치, 검색 키워드, 소득, 성별 등 디테일한 부분까지 모두 고려하여 노출 시킬 수 있는 장점이 있기 때문에 무차별적으로 노출하는 광고에 비해 효율을 낼 수 있습니다.

웹사이트 배너

크리에이터의 증가와 함께 유튜브 마케팅은 배너를 이용한 마케팅과 유튜버를 통한 동영상 노출 마케팅으로 유튜브를 접속하고 영상을 볼 때 앞이나 중간에 삽입되거나, 유튜브 검색창의 주변에 게시되는 것으로 유튜브의 배너는 상대의 위치, 검색 키워드, 소득, 성별 등 디테일한 부분까지 모두 고려하여 노출 시킬 수 있는 장점이 있기 때문에 무차별적으로 노출하는 광고에 비해 효율을 낼 수 있습니다.

kakao 모바일

카카오 모바일 마케팅은 카카오 계열 어플리케이션인 다음, 카카오톡, 카카오스토리, 페이지 등에 노출이 되며 스마트폰 사용량이 높은 젊은층의 고객들이 접하기 쉬운 방법입니다.

blog 체험단 리뷰

네이버 블로그 체험단 리뷰는 수많은 업체에서 현재 진행 중인 마케팅이지만, 마케팅 업체에 금액을 지불하거나, 모집 과정에서 실수로 벌금을 내게 되는 경우도 있고, 특정 키워드 검색 시 상단에 노출 돼야 되는데 이렇게 상단에 노출되기 위해서는 블로그의 일일 방문자 수가 어느 정도 보장되어야만 하고, 블로그 지수가 높아야 하는데 체험단 모집 시 이러한 부분까지 확인하지 않으면 무의미한 비용과 시간만 지출 할 수도 있습니다.

각종 커뮤니티 (게시글)

커뮤니티 게시글 마케팅 방법은 아무나 가입 할 수 있는 커뮤니티보다는 가입이 다소 까다로운 맘 카페나, 교내, 사내 커뮤니티 사이트 등에서 활발하게 활동 중인 사람을 섭외해서 간접적으로 경험담이나 긍정적 댓글을 쓰거나 하는 입소문이 될 수 있도록 하는 마케팅 방법입니다.

디스플레이

SNS 디스플레이 마케팅 방법은 패션, 뷰티, 휘트니스에서 많이 활용하는 방법으로 잠재 고객 유입률이 높은 방법으로 매출로 이어질 확률이 높은 타깃층에게만 노출 시키는 방법으로 타깃 설정과 운동에 관심을 가질 수 있는 카피라이팅이 중요한 방법입니다.

파워 페이지

SNS 디스플레이 마케팅 방법은 패션, 뷰티, 휘트니스에서 많이 활용하는 방법으로 잠재 고객 유입률이 높은 방법으로 매출로 이어질 확률이 높은 타깃층에게만 노출 시키는 방법으로 타깃 설정과 운동에 관심을 가질 수 있는 카피라이팅이 중요한 방법입니다.

인플루언서 마케팅

인플루언서 마케팅은 유명 셀럽들을 통하여 광고를 진행하는 것으로 셀럽을 통하여 시각적인 자극을 줄 수 있는 사진이나 영상의 게시물에 해시태그를 통해 많은 SNS 이용자들에게 노출할 수 있다는 장점이 있고, 마케팅을 통해 유입된 대상자에게 지속적인 만족도를 줄 방법을 만드는 것이 중요합니다.

아파트 게시판

아파트 게시판 마케팅 방법은 거주지가 밀집한 레지던스 상권이나 사무실이 밀집한 오피스 상권 중에 거주지 밀집 지역에 유리한 마케팅 방법으로 광고 포스터가 아파트 거주민들 눈에 잘 보이는 외부 게시판이나 로비 및 엘리베이터에 게시되므로 초기 마케팅 효과가 높습니다.

트레이너가 알아야 할 모든 것

현수막

현수막 홍보 마케팅 방법은 가장 기본적인 방법이며, 불법 현수막 방법만 있는 것이 아니라 지역마다 있는 공식 현수막 게시대들을 일정 비용을 지불하고 합법적으로 하는 방법을 권장하며 불법으로 하는 경우 요즘 과태료가 점점 올라가기 때문에 심한 경우 몇백만 원의 벌금을 맞을 수도 있기 때문에 주의해야 합니다.

전단지 직투

전단지 직투 마케팅 방법은 흔히 투 봉이라고 하는 아파트 우편함에 전단지를 꼽는 방법을 떠올릴 수 있지만, 공공기관인 우정사업 본부와 업무협약을 통해서 가능한 마케팅 서비스가 있으며, 신축 아파트 단지나 신도시에 적용 시 효과적인 방법으로 우체부를 통하여 직접 배포하는 방법을 말합니다.

제휴 컨텐츠

지역 제휴 마케팅은 가장 기본적인 방법으로 유효 상권 내 유동인구의 동선을 파악 후 주변 업장의 점주들과 업무협약 하여 쿠폰이나, 미니 배너 등이 커피숍이나, 헤어 샵, 스포츠 매장 등에 비치된 모습 등이 예시라고 할 수 있으며, 고객들에게 자연스러운 노출이 가능한 방법입니다.

연예인 섭외

가수, 모델, 개그맨, MC, 크리에이터 등 다양한 연예인을 섭외하는 방법으로 비용이 많이 들기 때문에 규모가 어느 정도 큰 프랜차이즈에서나 진행하는 것이 좋은 방법이며, 신뢰성 있는 기업 이미지를 만드는 데 사용합니다.

언론보도

언론 보도 마케팅 방법은 인터넷 기사를 대형 포털사이트에 뉴스 페이지를 통한 노출 방법으로 고객이 브랜드의 신뢰성과 공신력을 상승시킬 수 있는 방법으로 고객의 의사 결정에 긍정적 작용을 만들 방법 입니다.

버스 광고 (내부/외부)

버스 내부나 외부 광고 방법은 버스의 노선이 센터 주변을 지나가는 경우 유리한 마케팅 방법으로 광고 포스터가 승객들 눈에 잘 보이는 외부나 앉는 좌석 등받이 또는 손잡이, 버스 상단 등에 위치 함으로 마케팅 효과가 있다.

지하철 광고

지하철 광고는 주로 센터가 지하철 근처에 있다면 출입구 쪽에 내부 게시물로 일정 비용을 지불하고 하는 방법으로 오픈 초기 센터가 있다는 것을 인지 시키기 위해 유동인구가 많은 장소라면 마케팅 효과가 있다.

24. GX 강사는 무엇인가?

GX 프로그램 (스피닝, 줌바, 필라테스, 플라잉 요가 등등) 퍼스널 트레이닝과 반대의 의미로 그룹 운동 지도를 말합니다. G.X 종류에는 유산소 운동으로 스피닝, 줌바 댄스. 스탭, 태보, 에어로빅, 힙합/방송 댄스 등이 있으며 무산소 / 무+유산소 운동으로는 TRX, 짐볼 운동, 덤벨 운동, 바벨 운동, 짐스틱 운동, 바디 펌프(서킷트레이닝) 등이 있고 유연성 운동으로는 요가, 스트레칭 같은 수업이 있습니다. G.X 수업은 기본적으로 음악을 사용하는 수업 들이 많기 때문에 리듬감이 있으신 분들이면 상당히 유리하고 대부분 지루하지 않고 즐겁게 일을 할 수 있다는 장점이 있습니다.

25. GX 강사 급여

GX 강사의 평균 급여는 경력에 따라 타임당 3~5만 원 정도가 평균적인 급여이며, 페이와 타임 수에 따라 월 급여는 최저 100 ~ 200에서 많게는 600~700 그 이상까지 다양합니다. 보통은 월수금, 화목 구분 지어서 구인을 많이 하고 있고 프리 강사가 대부분이며 사대보험은 적용하지 않고 원천징수 (3.3%)만을 공제합니다.

26. GX 구인 구직

GX 강사를 구인, 구직하기 전에 앞서서 어떤 형태의 근무가 나에게 맞는지, 내가 원하는 근무 형태가 무엇인지를 아는 것이 우선되어야 합니다. 구인하려면 지금 운영하는 휘트니스에 어떤 근무 형태의 사람이 필요한지 생각해보고 구직을 하려면 내가 어떤 근무 형태를 찾고 있는지가 명확해야 합니다. 현재 GX 강사들에 근무 형태는 크게 3가지로 나누어져 있습니다.

첫 번째, 트레이너 + GX 강사 (대형 휘트니스에서 많이 볼 수 있습니다.)
G.X 수업 이외에 시간에는 헬스 트레이너 업무를 수행합니다.
G.X 수업은 매일 하루 한 타임 내지 두 타임 정도 하는 경우도 있고,
일주일에 한두 타임만 들어가는 경우도 있습니다.
총 근무시간은 하루 9시간으로 시간대는 센터마다 달라서 협의해야 합니다.
보통 근무 시간대는 06:00~15:00 오전 타임 15:00 ~ 24:00 오후 타임이 보편적으로 쓰입니다.

두 번째, GX 직원 (GX 샵에서 많이 볼 수 있습니다)
G.X 직원은 근무시간이나 형태 또한 센터마다 조금씩 차이가 있지만, 보편적으로 5~6시간 혹은 9

시간 근무이며, 하루에 2~4타임 정도 소화하는 곳이 많습니다. GX 수업 외에 직원의 업무는 센터 전체적인 GX 스케줄 관리나 외부 파트 강사 관리도 맡아서 하는 경우가 많고, 회원들의 의견을 수렴하거나 GX관련 complain을 해결하기도 합니다. 물론 업무의 범위는 센터마다 조금씩 다릅니다

3) GX 파트 강사
현재 GX 강사로 활동하는 사람 중에 가장 많은 근무 형태입니다. 센터에 정직원은 아니고 외부 파트 강사 개념으로 한 센터에서 일주일에 2~12타임 정도 하는 분들이 대부분이며, 혹은 하루에 한 타임씩 매일 하는 경우도 있습니다. 타임 수는 센터에 현재 상황과 시간표 배정에 따라 편차가 심하지만, 어느 정도 조정이 가능하고 보통 파트강사들은 1~8개 정도의 휘트니스센터에서 수업합니다. 한 달에 최소 4타임에서 많게는 100타임 이상의 수업을 소화하시는 분들도 계십니다. 파트강사는 수업시간 외에 시간은 FREE 하다는 장점이 있습니다.

어떤 근무 형태로 일을 하든 각기 장단점이 있기 때문에 뭐가 좋다 나쁘다란 없습니다. 한 군데에 소속되어 직장의 개념을 원하는 사람도 있고 또한, 수업 시간 외에 시간은 FREE 하게 쓰면서 본인 나름대로 시간 활용하는 분도 계십니다. 본인이 원하는 근무형태에 준하여 구인 및 구직을 하시면 좋을 것 같습니다.

27. GX 프로그램 구성 방법

보통 많은 휘트니스센터에서는 GX프로그램 구성 시에 메인프로그램 서브프로그램으로 나누어져 있습니다. 시대, 지역 특성, 트렌드를 읽어내고 메인프로그램을 구성하고 메인프로그램에서 부족한 특징을 보조프로그램을 통하여 보충해가는 방식으로 편성을 많이 합니다. 예를 들어 현재 2019년 서울 기준 트렌드 운동으로 필라테스가 꼽히고 있습니다. (지역별로 트렌드 운동 차이가 있으니 유의하시길 바랍니다.) 트렌드 운동이자 수요가 가장 많은 필라테스를 메인프로그램으로 지정하고 수업 횟수에 절반 이상 프로그램을 구상해놓고 필라테스가 정적인 운동에 속하기 때문에 나머지 서브프로그램에서 줌바 댄스, 스피닝, 태보, 스탭댄스 등등 필라테스에서는 볼 수 없는 특징에 운동을 가져오게 되면 회원님들 입장에서는 운동을 다양하게 즐길 수 있고 여러 성향에 사람들까지 관심을 보일 수 있습니다.

28. GX 강사 관리의 중요 포인트

강사 관리의 중요 포인트를 말씀드리기에 앞서서 GX 강사 관리가 힘든 이유는 대부분에 타임 강사들이 직업의식이 현저하게 낮기 때문입니다. 그래서 수업을 펑크 내 거나 수업에 질이 낮아지는 경우를 흔하게 볼 수 있는데 이점을 극복하는 게 강사 관리의 중요 포인트 중 가장 중요하다고 생각합니다. 이러한 문제를 개선시키려면 첫 번째, 센터에 구성원이라는 인식을 심어줘야 합니다. 수업만 하고 가는 강사다. 물론 잘못되었지만 관리해야 하는 입장에서 본다면 관리자도 잘못되었다고 생각합니다. 낯선 환경에서 우리가(관리자) 먼저 다가가야 마음을 여는 게 당연합니다. 우리가 먼저 강사님들을 진심으로 대하고 변해야 강사님들도 변할 것입니다.

두 번째, 현재 가장 많은 근무 형태인 타임 강사들이 일하면서 걱정이 많은 부분은 급여 문제입니다. 생각보다 많은 타임 강사님들이 급여를 제 날짜에 받지 못하는 사례가 매우 많습니다. 아마 이 글을 읽는 독자분들이 휘트니스업계 종사자이시거나 주변에 GX 강사 지인이 있다면 공감하시는 부분도 있으실 거로 생각합니다. 급여에 대한 불안감을 없애주는 것도 많은 영향이 있을 것입니다.

트레이너가
알아야 할
모든것

Chapter 3.

트레이너 실무 (회원관리)

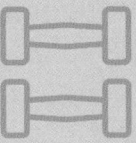

Chapter 3. 트레이너 실무 (회원관리)

1. 휘트니스 오리엔테이션(OT) 이란?

센터에 회원이 등록하게 되면 운동 전 건강 및 몸 상태를 평가하고, 운동 목적에 맞는 운동 방법을 제시하는 과정입니다. 간단한 센터 소개 뿐만 아니라, 기구 사용법 및 운동 목적에 따른 식단 관리 방법 등을 제시해 주는 과정으로 센터에 등록하면 누구나 O.T를 진행해 주어야 하는데 트레이너에게 가장 중요한 부분입니다.

Fitness Orientation 전 주의 사항!

OT가 왜 중요할까? PT를 고객이 없으면 할 수 있을까? OT는 바로 고객을 만나는 첫 번째 관문이며, OT 과정이 없다면 PT 고객도 있을 수 없습니다. 그렇기 때문에 전략적으로 OT를 준비해야지만 OT 성공률이 높아지며 이는 곧 PT 고객이 된다는 사실을 잊으면 안 됩니다.

업장(센터, PT 샵)에 따라 OT 방법 및 진행되는 횟수가 다르며 OT1, OT2, OT3으로 1회만 진행되거나, 3회씩 들어가는 경우, 매달 1회씩 진행을 하는 경우 등 다양하지만. 첫 번째 OT가 성공적이어야 두 번째, 세 번째 시도를 통해 성공률이 높아질 수 있습니다.

1). TM 진행 전 전화 통화를 통해 스케줄 약속 잡기.

회원의 신상정보를 확인 후 전화를 하는데 나이/성별/직업을 파악하여 전화할 때도 근무 여건을 고려하여 통화가 어려운 너무 이른 시간이나 늦은 시간은 피하며, 점심시간이나 퇴근 후 여유 있는 시간에 전화를 거는 센스가 필요합니다. 그리고 먼저 센터 상호를 밝힌 후 고객의 성함을 확인 후 전화 통화 가능 여부를 확인해야 합니다.

2). 담당 고객의 방문 후 절차.

OT 진행을 위해 고객이 센터를 방문하게 되는데, 담당 트레이너는 고객의 성함을 확인 후 자기소개 후 진행을 합니다. (미리 인포에서 얼굴을 확인하고 고객의 응대에 들어가는 것이 중요합니다.) 담당 트레이너(PT)는 건강기록설문지(Profile card)와 체성분 측정(Inbody) 실시 후 상담 테이블에서 1:1 상담합니다.

3.) 체성분 측정과 건강기록 설문지 작성.

1:1 개인 상담을 통해 고객의 정확한 정보와 건강 상태 여부를 파악합니다. 문항 중 고객이 작성할 부분과 이해가 힘든 부분은 설명해 주고, 작성하는 동안 체성분 검사지를 분석하고 설명할 준비를 해야 합니다.

2. 휘트니스에서 OT 배정 기준이 무엇인가요?

Fitness Orientation 진행 과정 및 배정 기준.

센터에 등록은 Info와 FC를 통해 회원권이 등록되거나 PT 샵의 경우 매니저를 통해 등록됩니다. 관리자가 이후 직접 배정을 하거나, 요즘은 블로그나 SNS를 통해 트레이너를 미리 보고 지명해서 찾아오는 경우 또한 있습니다.

OT 배정기준

순차적 배정기준 : 트레이너들의 순번을 정해 배정해 주는 기준으로 회원의 운동 가능 시간에 맞는 근무시간에 일하는 트레이너를 먼저 배정해 주거나, 순번에 따라 워크 인(Work In)을 배정하는 방법입니다.

실력(특기)에 의한 배정 기준: PT 팀장이나, 세일즈 능력이 뛰어나거나, 회원에 특정 목적에 특화된 실력이 있는 경우 우선순위로 OT를 배정받게 되는데 주로 재활이나, 교정, 임산부나, 대사 질환자 같은 경우까지 트레이닝 가능 여부에 따라 우선권으로 배정을 하게 됩니다.

플로팅(FT) 근무로 발생한 배정 기준: 센터 같은 경우 플로팅 근무를 하는 도중에 회원의 요청으로 인해 OT가 진행되기도 하는데, PT 매니저 또는 관리자에게 보고 후 허락을 얻은 후 배정되거나 직접 진행합니다.

이외에도 서비스 나 교육목적으로 초급자에게 OT를 배정해 주기도 하지만 실재 등록 확률이 낮은 경우가 주로 배정되기 때문에 실력을 키워야 PT로 연결될 수 있는 좋은 OT 배정 또한 받을 수 있습니다.

3. OT를 배정 후 트레이너의 계획

트레이너는 OT를 배정받은 후 회원에 신상정보를 파악한 후 연락을 취해야 합니다. 이때 도 전화상담 응대가 매우 중요한데, 회원이 기다리고 있기 때문에 연락을 빠르게 해줘야 하며, 요즘 회원들은 OT를 거부하는 경우가 많이 있습니다. 왜냐하면 PT 영업을 하리라는 것을 알기 때문인데, 전화 상담을 통해 회원이 OT를 받고 싶게끔 유도하는 것 또한 트레이너의 중요한 부분입니다. OT의 50분은 너무 짧은 시간이지만 고객에게 우리에 실력을 확실하게 보여 주어 신뢰를 얻어야만 하는 중요한 시간입니다.

1). 일반적인 OT 방법

'OT'는 무엇보다 퍼블릭 휘트니스 센터에서 차지하는 비중이 높고, 가장 기본적으로 PT 매출을 창출할 수 있는 구조입니다. 개인 트레이닝을 체험하게 할 수 있는 좋은 기회이기 때문에, OT를 통한 피티 계약률은 해당 트레이너의 역량과 능력을 나타내기도 합니다. 많은 트레이너가 OT 성공을 통해 월별 혹은 주 차별로 개인의 매출을 달성하지만, 연이은 실패로 인하여 슬럼프에 빠지거나 트레이너로서 자신감을 잃기도 합니다. 그렇다면 왜 OT에 성공하지 못하는 것이며 어떠한 효과적인 방법들이 존재할까요. 먼저 OT의 특수성에 대해 알아보면, OT는 시간이 굉장히 제한적이며 명확한 장소나 구체적인 팸플랫과 같은 자료를 갖추기가 어렵습니다. 일반적으로 센터에서 진행하는 OT의 경우 일반적으로 기구 사용법을 알려주거나, 체력 테스트를 하거나, 문진이나 외모를 보고 운동 경험이 없어 보이면 프리웨이트를 시키며 잘못된 자세를 지적하거나 운동을 배워야 하는 필요성을 계속 세뇌하듯이 얘기하는 방법이 기본적인 방법이지만 과거에는 이러한 방법이 통했지만, 요즘은 회원들도 운동 경험이 이미 많고, 레슨도 많이 받아 본 경우가 많기 때문에 레슨을 필요치 않아 하는 경우가 많습니다. 그렇다면 어떻게 해야 할까요. 짧은 시간 동안 회원의 가장 우선시 되는 운동 목적을 파악하는 것을 가장 우선시해야만 하고 그 부분에 대한 전략을 수립해 나가는 것이 효과적일 수 있습니다. 약 20~30분이라는 시간 동안 실질적인 몸의 변화를 일으켜 회원님의 마음을 사려고 노력하기보다는 운동 방향성과 함께 자세하게 운동 플랜을 함께 만들고 일정을 잡아주는 것이 오히려 더 매력적인 어필 방법이 될 수도 있습니다. 또한 예를 들어서 어깨가 넓어지고 싶다는 회원의 니즈에 어깨가 넓어 보이기 위해서는 어깨 운동만 해서는 안 됩니다. 실질적으로 골반에서부터 시작하여 등의 4/3 이상을 감싸고 있는 광배근의 사이즈를 증가시킬 수 있는 운동을 해야 하고, 광배근을 타깃으로 하는 렛풀다운의 그립 법과 같이 운동 오류점들을 명확하고 자신 있게 짚어줄 수 있는 능력이 필요합니다. 하지만 너무 성급하게 피티를 제안한다든지, 회원이 원하는 목적과 일치하지 않은 내용을 더 강조한다든지, 트레이너로서 전문성을 충분히 보여주지 못한다면 연이은 실패의 늪에 빠질 가능성이 높습니다.

2). 특별한 OT 방법

몇 번의 오리엔테이션을 진행하던지 결국 성공 여부는 클로징이라고 하는 결제가 되었느냐 아니냐로 결정됩니다. 이럴 때 무리하게 시간에 쫓겨 욕심을 부리다 실패하는 경우가 많기 때문에 OT는 가급적 뒤에 수업이 여유로운 시간에 잡거나 기존 50분보다는 더 시간을 빼놓거나 첫 번째 OT에 고객이 관심은 있으나 고민을 한다면 무리한 피티 유도는 거부감을 줄 수 있기 때문에 OT2를 진행해 보는 것 또한 필요합니다. 강요나 강매가 아닌 컨설팅을 해줘야 하는데 특별한 OT는 고객이 진정 원하는 문제가 무엇일지를 파악하고 그 솔루션을 제시하는 것입니다. 아무리 좋은 물건이 있어도 나에게 필요가 없다면 의미가 없듯이 아무리 내가 좋은 트레이닝 스킬과 몸이 좋아도 고객이 원하는 것을 충족 시켜 주지 못한다면 퍼스널 트레이닝을 받을 이유가 없습니다. PT는 꼭 주 3회, 최소 주 2회, 3달, 6달 이상은 해야 할까요, 왜 이러한 방법을 기존에 사용했을까요? 다이어트의 경우 절대적으로 식단조절과 운동 강도와 빈도가 중요하기 때문에 이러한 컨설팅이 필요했을 수 있습니다. 하지만 요즘 방문하는 고객들은 이러한 문제보다는 체형 적 문제 개선을 목표로 하거나, 운동을 오랫동안 해왔지만, 오히려 건강을 해친 경우가 많습니다. 이러한 문제를 개선하는데 어떠한 방법을 사용할 건지, 어떻게 접근하고, 얼마나 기간이 필요한지에 대해 컨설팅해 줌으로써 자연스레 고객에게 필요한 세션을 컨설팅해주어야 구매 요청을 자연스럽게 할 수 있습니다. 그러기 위해서는 자료와 데이터가 필요하고 기록이 중요하고, 고객이 그동안 스스로 해결하지 못했던 문제를 해결해 줄 수 있는 역량을 키우는 전문성이 필요하기 때문에 단순히 다이어트만 근육증가만 해주는 것이 아니라 이제 체형교정이나, 재활 운동, 엘리트 선수트레이닝, 스포츠 퍼포먼스나 컨디셔닝, 노인, 임산부, 암 환자, 대사 질환자 등 특수한 운동 목적을 가진 사람들을 위한 전문성 있는 프로그램을 제시해 줄 수 있어야 합니다.

4. 만약 OT가 없으면 어떻게 해야 할까요?

트레이너는 스스로 고객을 유치 할 수 있도록 개인의 브랜딩과 SNS를 적극적으로 활용해서 홍보하고 마케팅을 해야만 합니다. 먹이를 물어다 주기만을 기다리다 굶어 죽을 것인지, 스스로 사냥을 할 것인지 결정해야 합니다. 그리고 기존 적인 방법은 플로팅 (Floating)을 열심히 하는 것입니다. 플로팅이란 센터에서 기구나 소도구를 정리하면서 PT를 등록하지 않은 일반 회원들을 대상으로 운동 종류, 동작을 알려주는 것이 목적이며 휘트니스에는 무수히 많은 세일즈 방법들이 존재합니다. 그 중 우리의 근무시간을 활용하면서 잠재 고객들을 향한 세일즈 방법이 될 수 있는 것이 플로팅 이며 대형 퍼블릭 센터에는 필드 근무가 존재하기 때문에 수업이 없는 시간에 필드를 돌아다니면서 운동하고 있는 고객들에게 간단하게 운동 지식을 어필하고 알려주면서 OT, 무료체험 등을 끌어내어 PT 등록을 유도 할 수 있습니다.

5. 수업 시간 전 무엇을 준비해야 할까요?

트레이너가 수업 전에 무엇을 준비해야 성공적으로 수업을 할 수 있을까? 이것은 PT의 성공 여부를 결정하는 가장 중요한 단계이다. 고객의 몸을 지도하기 전에 내 컨디션과 내 복장부터 점검해보자.

개인의 건강관리도 못 하는 트레이너가 과연 고객의 건강을 관리해 줄 수 있을까? 이 일을 하면서 가장 많이 놓치는 부분이 바로 이 부분이 아닌가 생각된다.
그다음 고객의 몸 상태를 체크하는 것이 중요하다.

 스트레스와 만성질환 일에 찌들러 몸 상태가 안 좋은 고객이 과연 운동이 가능한 상태인가?, 고객의 복장은 운동하기에 적당한지, 서비스적인 부분이겠지만 고객이 마실 물이나, 물통의 준비 여부부터, 땀수건의 준비 여부, 다이어트로 식이 제한 중이라면 식단을 챙겨 준다든지, 보충제나 비타민제와 같은 보조제 또한 챙겨 준다면 더욱 고객의 만족을 끌어낼 수 있습니다.

그리고 트레이닝은 기록과 데이터 싸움이라고 해도 관건이 아닌데 어떠한 운동을 했고 그 운동의 제한은 없었는지 체크 할 수 있는 운동 기록지를 항상 준비해 두고, 세션이 진행되는 중간마다 이를 고객에게 확인시켜주어야 신뢰를 얻을 수 있습니다.

만약 병원에 가서 진료를 받았는데 아무런 검사 기록지 하나도 없이 수술하세요. 라던지 암이라고 하면 당신은 과연 그 말을 믿을 수 있을까? 병원비만큼 비싼 트레이닝을 받는데 이러한 전문적인 기록과 데이터를 보여줘야지 그냥 말로 살 빠진 것 같죠, 좋아졌죠. 이런 건 립서비스일 뿐이라고 생각합니다.

6. 고객 관리방법

스케줄(Schedule) 관리 즉 시간 관리는 트레이너의 가장 중요한 부분입니다.
트레이너가 스케줄을 어떻게 조절하는지에 따라서 시간을 효율적으로 사용할지 무의미하게 사용될지 결정되는데 특히 PT는 고객과의 약속을 철저하게 지켜야만 합니다.

<Training schedule>

팀장	본부장	대표

월 주	MON ( )	TUE ( )	WED ( )	THURS ( )	FRI ( )	SAT ( )	SUN ( )
AM 6시	1. ex 18 명	18	18	18	18		
7시	2. ex 20 명	20	20	20	20		
8시	3. ex 20 명 +3 (지난주까지 진행 중 수업수)	23+1	24+2	26+1	27+1		
9시	4. ex 4/20 +2 (20명 중 4명 진행)	6/20+1	7/20+1	8/20+2	10/20		
10시							
11시							
12시							
PM 1시							
2시							
3시							
4시		ex 이한율 pt					
5시			ex 도상성 pt				
6시	ex 이한율 pt		ex 선미이 OT				
7시	ex 이지승	ex 이미선 OT	ex 이한율	ex 운미지 OT			
8시	ex 도상성			ex 김유경 OT			
9시	ex 이선미 OT			ex 이한율 pt			
10시	ex 함윤지 OT				ex 이한율 pt		
11시							

1. PT 총인원   2. OT 배정수   3. PT 수업수   4. OT 수업수

이 스케줄 표는 무엇이 문제 일까요?

월 주	MON ( )	TUE ( )	WED ( )	THURS ( )	FRI ( )	SAT ( )	SUN ( )
1시							
2시							
3시							
4시							
5시							
6시							
7시	박주형OT1	박주형OT2	박주형OT3	김보성OT1			
8시	김아삭OT1	김미영 OT 1	김아삭OT2	김미영OT2	김아삭OT3	김미영OT3	
9시							
10시							
11시							

트레이너가 알아야 할 모든 것

문제 1. 각자 다른 OT가 연속된 시간에 진행 돼서는 안됩니다.

만약 50분 안에 성공을 한다면 상관없겠지만 시간이 더 걸리는 경우도 있기 때문에 OT 두개를 연속으로 예약 잡아서는 안 됩니다. 만약 시간이 부족하다면 무리하게 강요하기보다는 OT2를 잡아주는 것이 현명한 방법입니다.

문제 2. Peak Time에 OT를 잡는 것보단 여유로운 시간에 잡는 게 필요합니다.

수업이 몰리는 7~11시 사이는 회원들도 많이 몰리기 때문에 OT에 공간적 시간적 제약이 많이 생기기 때문에 가급적이면 여유로운 시간대에 잡는 것이 심리적, 환경적으로 더 효과적입니다. 아래 예시처럼 시간적 여유를 가지고 해야 더 집중할 수 있고 성공률도 높아집니다.

월 주	MON ( )	TUE ( )	WED ( )	THURS ( )	FRI ( )	SAT ( )	SUN ( )
1시							
2시							
3시							
4시	박주형OT1		박주형OT2	김보성OT1	박주형OT3		
5시		김미영 OT 1				김미영OT3	
6시	김아삭OT1		김아삭OT2		김아삭OT3		
7시							

Peak Time의 PT의 과부하 문제 어떻게 해결해야 하는지 또한 새로운 OT는 어떻게 할 것인가?

월 주	MON ( )	TUE ( )	WED ( )	THURS ( )	FRI ( )	SAT ( )	SUN ( )
6시							
7시	이근호 2/50	소영 10/30	이근호 3/50	소영 11/30	이근호 4/50	소영 11/30	
8시	서다운 30/100	유미 12/40	서다운 31/100	유미 13/40	서다운 32/100	유미 14/40	
9시	수지 3/50	지훈 15/20	수지 4/50	지훈 16/20	수지 5/50	지훈 17/20	
10시	연준 12/36	현기 8/30	연준 13/36	현기 9/30	연준 14/36	현기 10/30	
11시							

7. 스케줄 관리는 어떻게 하나요?

PT와 OT 무엇을 우선시해야 할까요? 가장 의미 없는 질문이지만 항상 고민하는 문제입니다. 둘 다 중요하다 하지만, 이를 얼마나 현명하게 진행하는지가 중요한데, OT를 진행해야 PT를 창출할 수 있고, 매출 목표를 맞춰야만 수업료가 좋아지는 현 시스템에서 안 중요할 수 없고, PT를 그렇다고 소홀히 한다면 재등록이 이루어지지 않기 때문에 소탐대실하는 우를 범하는 것과 같습니다. 그렇기 때문에 적절한 스케줄 관리가 필요합니다. OT는 3일 이내 무조건 잡아 줄 수 있도록 하는 것이 필요합니다. 너무 오래 기다리게 하면 회원이 PT를 등록할 확률도 떨어지고 센터 이용에도 불만을 가지게 될 수 있기 때문입니다. 그렇다면 PT는 어떻게 해야 할까요, PT 또한 최소 주 1~2회씩은 진행을 해주어야 운동 효과를 볼 수 있는데 회원이 꽉 차거나, 피크타임에 몰리면 어떻게 해야 하는지 알아보도록 하겠습니다.

회원이 꽉 찬 경우

특정 시간대에 수용할 수 있는 회원이 꽉 찬 경우 크게 두 가지 방법이 있습니다. 보통 수업 1회는 50분으로 구성됩니다. 10분은 트레이너의 수업 준비 및 휴식 시간으로 활용하는데, 이 10분 간의 텀을 없애 수업을 늘리는 것입니다. 고객의 만족도를 떨어뜨리지 않기 위해서는 수업 시작 15~20분 전에 미리 도착해서 준비운동을 할 수 있게 철저한 개인 운동 관리가 필요합니다. 두 번째 방법은 주말 수업을 활용하는 것입니다. 저녁 시간대의 고객은 주로 직장인으로 퇴근 후 19시 이후의 스케줄 주 2회 잡는 데 어려움이 있다면 평일 1회, 주말 1회 수업을 권하는 것도 효과적인 방법입니다.

피크타임

휘트니스의 주 고객은 20~30대 직장인 여성으로 이들은 퇴근 후 19시 이후 수업을 희망하며 이 피크타임에 고객이 몰리는 경향이 많습니다. 센터 입장에서는 트레이너가 모든 고객의 스케줄을 소화하는 것을 희망합니다. 하지만 피크타임에 무리해서 고객을 수용하는 것은 자칫 환불이나 컴플레인이 발생할 수 있습니다. 트레이너 자체적으로 한 타임당 최대 3명의 고객만 받는 것이 좋습니다. 주먹구구식이 아닌, 체계적인 시스템 속에서의 고객 관리가 재등록으로 이어지는 지름길입니다.

8. 트레이너의 시간약속 주의사항

내 시간이 소중하고, 내 돈이 귀한 것처럼 고객의 돈과 시간 또한 매우 중요합니다. 퍼스널 트레이너가 시간 약속을 어기는 경우가 의외로 많이 있습니다. 특히 시합을 준비하게 되면 컨디션이 나빠지는 건 개인적으로 이해를 할 수 있지만 고객에 처지에서는 이해를 해줘야 하는 것이 아니라는 점을 인지해야 하며, 또한 휘트니스 모델 시장이 커지면서 남/여선수들이 방송 출현이나, 촬영 기회가 많아지면서 개인적인 협찬이나 촬영으로 수업 시간을 계속 변경하거나, 취소해서는 안 됩니다. 아무리 사소한 약속도 소중한 것처럼 고객과의 약속을 지키는 것은 트레이너의 가장 기본 자질이며, 또한 중요한 것이 수업의 질을 높이기 위한 고민을 들 수 있는데 이러한 부분이 깨지게 된다면 트레이너의 자질을 상실한 경우라고 볼 수 있습니다. 기본 자질이 부족한 트레이너에게서 고객들에게 좋은 피드백, 좋은 결과는 절대 나올 수 없습니다. 큰일부터 하려고 하지 말고, 작은 일부터 하고 인정받아야 합니다. 그래야 점차 내가 할 수 있어지는 영역이 늘어날 것입니다.

9. OT 취소 시 어떻게 하나요?

취소되어버린 OT에 너무 크게 실망할 필요가 없습니다. 많은 회원님도 OT의 목적성을 대부분 알고 있어서 꺼리거나 일부러 기피하는 사람들도 상당하기 때문입니다. 그렇다면 좀 더 구체적으로 OT가 취소되는 사유에 대해서 알아보면, 첫째로 트레이너와 시간 맞지 않거나 정말 시간을 내기가 어려운 경우에는 편하게 다음 약속을 잡으면 됩니다. 이러한 경우는 가능하다면 트레이너 자신이 선호하는 시간보다는 OT 회원님이 원하는 시간대에 최대한 맞춰주는 것이 좋습니다. OT 시간도 못 잡을 정도로 시간이 어려운 회원이 PT로 이어졌을 때도 스케줄링의 어려움을 겪을 확률이 높다.
예를 들어 주중에 정말 바쁘신 분이라면 주말에 약속을 잡는다든지 혹은 아침 일찍과 같이 회원의 요구하는 시간대에 맞춰서 노력하는 모습을 보여주는 것이 중요합니다. 두 번째로 2회 이상 OT를 취소하시는 분들의 경우는 절대 성급한 약속을 잡아서는 안 됩니다. 조금 더 인내심을 갖고 충분한 기간을 두고 약속을 잡는 것이 필요합니다. 오히려 그 회원님에 대한 정보를 꾸준히 수집할 기회라고 생각하면 되고 평소 그 회원님의 운동 형태나 운동 시간대를 꾸준히 체크해 두는 것이 다음 OT 때 성공률을 높이는 방법일 수 있습니다. OT 성공이 어려운 걸 떠나서 약속 시간을 잡는 것조차 어려울 수 있기 때문에 우리는 스케줄링 하는 방법과 요령을 먼저 숙지하고 있는 것이 중요합니다.

10. PT 취소 시 어떻게 해야 하나요?

PT 수업의 취소에 대한 대처는 트레이너에게 가장 빈번하게 일어나는 과제이기도 합니다. PT 취소가 있을 때마다 계약서상에 명시되어 있는 대로 수업을 차감하기도 어렵고, 또한 반대로 차감이 제대로 이루어지지 않았을 경우에는 개인과 센터 전체의 매출에 적지 않은 타격을 입히기도 합니다. 반면에 PT 취소 문자나 전화가 올 때마다 정말 현명하게 대처하는 트레이너들도 존재하는데 과연 어떠한 방법이 가장 효과적일 수 있을까요. 먼저 회원 개개인의 직업적 시간적 특성을 고려한 수업 스케줄링이 우선시 되어야 합니다. 매년 초, 매월 초, 그리고 일주일 중에서도 월요일과 화요일의 같은 경우에는 다른 날보다 PT 시간표가 더 빡빡하고 바쁠 경우가 많다. 평소 수업 취소율이 낮은 회원님들을 최대한 배치하여 수업이 펑크 날 확률 자체를 줄이는 것이 가장 기본이 되어야 합니다. 혹은 PT 취소 시 요일 때 별로 사유에 상관없이 차감되어야만 하는 이유를 회원에게 미리 공지하는 방법도 좋습니다.

두 번째는 운동의 연속성, 즉 운동이 꾸준히 이루어지지 않을 경우 PT 비용을 투자한 만큼의 빠른 몸의 변화를 이루기가 어려움을 설명하는 것이 좋다. '미국 ACSM의 주장처럼 주 2회 이상 운동적 움직임을 가져가야 가장 건강하게 운동 목적을 이룰 수 있다'와 같이 과학적인 원리에 의한 설명은 그 회원의 운동에 대한 동기부여를 증가시켜주기 때문입니다.

세 번째는 너무나 관대한 트레이너가 될 필요가 없습니다. 장기 회원의 경우 개인적인 친분으로 인하여 수업 직전 취소와 같은 상황에서도 차감을 감행하지 못하는 일명 '마음이 약한' 트레이너들이 많습니다. 차감은 어쩌면 트레이너 개인의 가치를 높이고 낮출 수 있는 부분이 될 수도 있고, 나 자신도 취소된 시간으로 인하여 날 찾는 다른 회원님들을 받지 못한다는 생각을 가져야 합니다. 차감하면서 전체 PT 프로그램 종료 후에 만약 재등록을 한다면 추가 수업을 진행하는 방법도 장기적으로 봤을 때 좋을 수 있습니다.

11. 결제 관련(현금, 카드, 분납, 할부 문제)

트레이너가 담당해야 할 결제는 크게 신규 회원의 레슨비용, 재등록 회원의 레슨비용이 있습니다. 대부분의 센터는 현금결제 시 카드보다 비용할인을 해주는 경우가 많은데, 이는 엄밀히 말하면 위법입니다. 부가세를 적게 지불하기 위해 매출에서 누락시키는 방법인데, 현금결제를 받았을 때도 항상 현금영수증을 발행해 주어야 합니다. 따라서 현금과 카드 결제 시 금액 차이를 두는 것은 불필요합니다. 분납 결제의 경우 신용카드 할부와는 다른데, 총금액의 n 등분하여 매월 재가를 받는 방식을 말합니다. 한 번에 큰 금액을 결제하는 데 부담을 느끼는 고객에게 주는 혜택인데, 신용카드 할부로 했을 때 발생하는 할부 이자나 한도 초과 등을 피할 수 있습니다. 신용카드 무이자 할부는 카드사마다 상이합니다. 카드사에서 스포츠 시설업에 제공하는 무이자 할부 혜택은 보통 3개월 이하로, 카드사별로 고객센터에 전화하여 혜택을 확인해놓아야 고객에게 정확한 설명을 할 수 있습니다. 이외에도 요즘은 결제 할 수 있는 방법이 다양화되었습니다. 예를 들어 네이버 페이로 하면 할부가 길게도 5~10개월까지도 가능해지므로 부담은 줄일 수 있지만, 수수료가 많이 발생하는 단점이 존재합니다.

12. 이직과 퇴사할 때 어떻게 해야 하나요?

회원 인수인계 문제

트레이너가 이직이나 퇴사를 하는 것은 센터 입장에서 달갑지 않을 수 있습니다. 그래서 보유 회원에 대한 철저한 인수인계는 필요합니다. 안 좋은 예시로 퇴사 직전에 센터에 공지 후 보유 회원을 데리고 나가거나 수업을 종료시켜버리는 경우가 있습니다. 이직이나 퇴사 시 보유 회원은 다른 트레이너에게 그동안 작성했던 운동 일지와 고객 특이사항을 명확히 인수인계해야 합니다. 또한 종료 임박 회원이라면 재등록을 권하는 것이 도의적으로 올바른 행동입니다.

퇴직금 문제

퇴직금은 정규, 비정규직에 상관없이 근로자에게 발생합니다. 센터의 지도로 특정한 업무를 수행하거나 의무적인 근로시간이 정해져 있다면 근로자에 해당합니다. 근로계약서를 작성하지 않았거나 근로 조건이 프리랜서일지라도 지시를 받고 업무를 수행했다면(오픈, 마감, 청소, 당직, 전단지 홍보 등) 퇴직금이 발생합니다. 또한 근로계약서에 퇴직금 명목으로 일정 부분을 급여에서 제한다는 등의 내용은 전부 위법입니다. 퇴직금은 퇴사 전 3개월의 급여를 활용하여 계산합니다. 정확한 계산 식은 고용노동부 홈페이지에서 확인할 수 있습니다. 만약 분쟁이 발생하면 노동청과 노무사를 통해 해결할 수 있습니다.

13. 인계 PT 발생 시 어떻게 해야 하나요?

부득이한 사정으로 회원을 다른 트레이너에게 인계할 때 첫 상담 시 수집했던 고객의 정보와 특이사항, 수업 진행 과정에서 얻은 고객의 신체 정보 등을 모두 전달합니다. 이를 위해서도 트레이너에게 운동일지 작성은 의무라고 생각합니다. 인수인계 과정에서 잘못된 정보가 전달되거나 불충분하다면 고객의 컴플레인이 발생할 수 있습니다. 인수할 때에도 마찬가지로 고객에 관한 모든 정보를 넘겨받아야 하는데, 가장 좋은 방법은 고객에게 트레이너가 변경되며 스케줄 잡아서 진행하시라는 통보가 아니라 기존 트레이너와 신규 트레이너, 고객 셋이 한 자리에서 인수인계를 진행하는 것입니다.

14. 인바디 설명 노하우

인바디는 인바디회사의 체성분분석기의 정식 명칭으로 실제로는 '체성분검사 및 분석'이라고 하는 것이 보다 더 올바른 표현이긴 합니다. 인체에 미세한 교류전류를 흘려보냈을 때 발생하는 인체의 저항(임피던스)을 분석하여 체수분, 제지방, 체지방, 무기질 4가지로 구분하여 산출해내 4분법으로 분석합니다. 수분은 전기가 잘 통과하는 전도체로서, 수분을 포함하고 있지 않은 지방은 전류가 통과하지 못하고, 수분을 많이 포함하고 있는 근육은 전류가 잘 통하는 것을 이용한 장비입니다. 인바디와 같이 임피던스에 의해 체수분의 부피를 구하는 방식은 신장의 제곱을 저항으로 나눈 값으로 구하기 때문에 신장의 정확한 입력이 중요하며, 성별과 연령에 따라 평가가 달라지므로 정확한 평가를 위해 중요한 요소입니다. 인바디 검사의 설명은 먼저 체성분 균형에 따른 8가지 유형으로 구분지어 표준체중 강인형, 비만형, 허약형인지 저체중 허약형, 강인형인지 과체중 허약형, 강인형, 비만형인지 I, C, D 등의 체중과 근육량과 체지방량의 그래프를 만들어 설명합니다. 추가적으로 비만진단에 의한 체지방률의 성별에 따른 수치와 복부지방 및 내장지방을 설명하고, 신체균형에서 상체와 하체의 균형적인 발달 정도를 설명합니다. '부종지수'는 현재 판매되고 있는 제품에서는 '세포외수분비'로 통일되어 있습니다. 설명까지 곁들여 설명하고, 최종적으로는 종합하여 얼마만큼의 체중조절이 필요한지 체중관리에 대한 설명을 하면 좋습니다. 이러한 인바디는 결과가 자꾸 바뀌는 경우가 있는데 그 주된 이유는 일반적으로 초기 측정에 문제가 있을 경우가 많다. 정확한 데이터를 걸러내는 법을 알아보겠습니다.

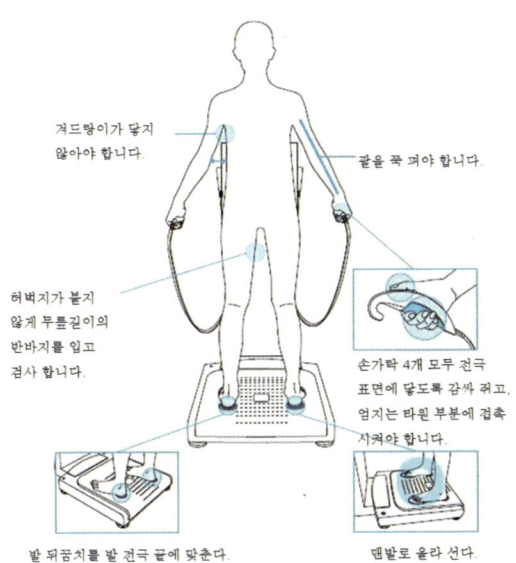

1). 겨드랑이가 붙지 않도록 팔을 벌리고 측정
- 저항은 길이와 단면적의 영향을 받기 때문에 모양이 반듯한 원기둥에 전류가 흐를 때와 모양이 구부러진 원기둥에 전류가 흐를 때에 그 저항 값은 달라집니다.

2). 반드시 팔을 곧게 펴고 측정
- 팔을 구부리거나 허벅지가 서로 닿으면 전류가 지나는 도체의 길이가 줄어들어 부위별 임피던스는 감소하게 되며, 이로 인해 체지방률은 감소하게 됩니다.

3). 운동 전에 측정
- 운동을 하게 되면 혈류량의 증가를 보이고 이는 BIA 기술에 오차를 가져오게 된다.
- 일반적으로 온도가 상승하고 혈류량이 증가하면 근육저항성은 낮아집니다.

4). 샤워 또는 목욕전에 측정
- 샤워나 목욕을 하면 체온항상성을 유지하기 위한 생리학적 기전에 의해 혈액의 이동이 나타나며 이로 인한 체지방률의 변화됩니다.

5). 체온변화가 나타나지 않게 상온에서 측정
- 인체는 덥거나 추운 환경에 노출 되면 체온과 피부온도, 그리고 혈류량에 변화가 나타난다. 따라서 정확한 측정을 위해서는 상온 (25~30도) 에서 측정 됩니다.

6). 공복상태로 측정
- 음식물 섭취는 체중을 증가시키므로 원리상 체지방률을 높이는 것으로 알려져 있으나 실제로는 오히려 체지방률을 감소시킬 수 있습니다.

7). 화장실을 다녀온 후 측정
- 내장기관에 있는 대소변은 임피던스에 영향을 미치지 않고, 전기흐름의 경로가 되지 못하기 때문에 모두 체지방으로 간주하게 됩니다.

8). 월경기간을 피해서 측정
- 여성호르몬의 영향으로 체중 및 체성분에 일시적인 변화가 나타나며. 월경기에는 체수분을 포함한 제지방량이 증가하여 체지방률이 낮아집니다.

이처럼 인바디에 대해 정확히 이해하고 있어야만 정보를 제대로 해석하고 설명을 해줄 수 있습니다. 그렇기 때문에 트레이너라면 첫번째 무기인 인바디에 대한 공부 또한 필요하며 지금부터 더 자세하게 알아 보도록 하면, 인바디는 임피던스를 말합니다. 인체에 전기를 흘렸을 때 전기가 얼마나 통과하는지 그 인체 저항을 측정하여 구하는데 전도체는 수분이므로 체수분을 측정하는 장비입니다. 즉, 수분이 많으면 전기가 잘 통과하게 되고 임피던스 낮게 되고, 수분이 적으면 전기가 잘 통과하기 못하여 임피던스 높게 나온다 즉. 임피던스와 체수분은 반비례 관계입니다. 그리고 정량적 분석은 부피 산출 공식에 더해진다. 정확한 신장 입력이 체성분을 정확히 측정할 수 있습니다. 그래서 계속 성장이 일어나는 소아를 대상으로 하는 소아 전용 인바디의 경우 신장계 일체형으로 되어 있습니다. 그리고 앞서 살펴본 8가지 측정 변수 외에도 옷을 껴입으면 지방으로 측정 되고 물을 많이 마시게 되어도, 흡수 이전까지는 지방으로 측정되게 된다. 그렇기 때문에 공복상태의 측정이 정확한 값을 낼 수 있습니다. 측정이 이상한 경우는 무엇일까요, 임피던스의 이상이 있는 경우의 판별법을 공부해야 합니다. 예를 들어 몸통의 저항 값이 낮은 이유는 수분량의 50%를 몸통에 분포하기 때문이며, 몸통 임피던스가 20~30옴이고 몸통 수분량이 20~30L인 사람에게서 1옴은 1L의 수분을 반영합니다. 즉, 1옴 잘못 측정되면 1L나 차이, 주파수가 높아질수록 세포 안까지 들어가기 때문에 저항이 낮아짐 더 많은 수분을 만나기 때문이며 그렇기 때문에 주파수의 수는 장비 사양 결정의 중요 요소 이며, 고주파수와 저 주파수의 특징을 비교할 수 있어야 합니다. 저주파수는 주로 세포외수분을 반영하고 고주파수는 세포내수분까지 반영해서 총체수분을 반영합니다. 그리고 질환이 있는 경우는 염증이나 부종 증상이 있어서 세포외수분비가 높아집니다. 그래서 세포내수분과 외수분을 따로 구분할 수 있는 고사양 장비로 세포외수분비의 변화를 모니터링할 수 있습니다.

판별 방법
고주파수로 갈수록 임피던스가 낮아져야 합니다. 고주파수인데 임피던스가 높아져서는 안되며 높은 주파수간 값이 같을 수 있고, 마른 사람의 경우 팔 임피던스가 높게 나오며, 과체중의 근육이 많은 경우는 임피던스가 매우 낮습니다. 특히 질환자인 투석환자(신장)의 경우 근육형과 비슷한 경우가 있지만 근육형과 다르게 세포외수분이 높기 때문에 임피던스 패턴은 다르게 나타날 수 있습니다 그리고 일반적으로 좌/우 임피던스의 차이가 30옴을 넘지 않도록 해야 하며, 이외에 골절 염좌의 경우 임피던스의 특징이 다를 수 있기 때문에 재측정 또는 히스토리 체킹이 필요합니다. 팔의 좌/우 임피던스가 다른 투석환자의 경우 왼팔로 수분을 빼내기 때문에 양쪽차이가 심함 50가량이 나기도 하고 , 좌/우 차이가 심한 경우 심부정맥혈전증 환자 등은 다리가 붓는 현상이 있으며, 좌/우 임피던스의 전환이 나타날 수도 있습니다.

고주파수와 저주파수 사이를 비교하며, 다리 임피던스가 팔 임피던스가 높은 경우 다리 마비환자의 경우이며, 정상인의 패턴에서 그리 나오면 데이터 오류이며 또한 절단 환자의 경우 짧아진 길이로 인해 임피던스가 매우 낮게 나올 수 있습니다. 요약하자면 각 부위별로 주파수가 증가함에 따라 임피던스가 감소하는 지 체크 해야하며, 각 부위별 임피던스가 지나치게 높거나 낮이 않은지 체크하고, 팔 다리 좌우 임피던스 차이가 30옴 이하인지 체크합니다.

Tip
피부가 건조하거나, 각질이 많은 경우 전해질 티슈(electrolyte tissue)나, 물티슈로 적셔서 측정하면 좀 더 정확한 측정 데이터를 얻을 수 있으며, 기온이 급격히 낮아지는 날에는 건조해지기 때문에 측정 하기 힘들기 때문에 환경적 요소도 고려해서 실시해야 합니다. (혈관 수축 등)

* 인바디 검사 해설의 실제 (결과지 해석)
고객에게 알고 싶은 정보를 요약해서 알려줘야 하며, 체성분간의 균형이 맞는지 판별하고, 기초대사량과 연결 지어 운동 방향설정 해 주어야 합니다. 또한 근육 밸런스 확인 하고, 지방의 비율 확인 및 구성 확인 하고, 세포 외수분 비율 체크해야 하는데, 지방세포는 수분이 별로 없는 조직이라 지방이 많고 근육이 적은 체형의 경우 세포외수분비가 증가합니다. 결과지를 해석할 때는 일반적으로 [근육 – 지방 – 수분 – 운동 처방]의 순서로 접근하고 수분에 특이 사항이 있을 경우에는 수분부터 접근하는 것이 필요하며 I, C, D = 형태적 판단을 할 수 있습니다.
결국 기초대사량과 활동대사량에 대한 설득이 레슨 주요 요소이며 표준체중 지방형은 자신의 상태 자각을 하지 못하는 경우가 많습니다. 소아의 경우도 마찬가지로 과체중의 경우 상대 평가 기준으로 잡아야 합니다.

참고사항: (기초대사량의 활용 – 권장 열량과 연결 시키자.)
정상 – 기초대사량 X 약한 활동계수 1.3 VS 비만 – 기초대사량만
저근육형 비만 – 기초 대사량 X 약한 활동 계수 1.3

기초대사 권장 열량
지방 1kg 연소 시 소비되는 칼로리 = 7200 ~ 7700kcal 이며 이를 다이어트 기간으로 나누어 감량 계획 잡기 = 식이 X 운동 일일 소비량 맞추기가 필요하며 식단과 영양 내용은 조리법과 열량을 참고하여 설명해주는 것이 필요 합니다.

균형 평가 기준을 숙지하자.
- 좌우 팔근육 차이가 6% 이상 불균형 입니다.
- 좌우 다리 근육 차이가 3% 이상 하체 불균형 입니다.
- 상하 근육의 차이가 한칸 이상 나면 상하 균형란 불균형 입니다.

하체 근육량은 당뇨병 환자의 영양 상태 모니터링에 있어 중요한 지표가 될 수 있습니다. 특히 2형 당뇨병 환자의 경우 비만을 동반하는 경우가 많아서 체중 조절이 권고되는데 이때 체지방률을 통한 실제적 비만 감소를 봐야 합니다. 위 이며, 질환자의 경우 다리 부종이 많이 관찰 됩니다. 또한 세포 외수분과 내수분을 따로 모니터링 해야 하며 간질액과 세포 내액이 증가를 판별 과 질적 판별 필요합니다. 세포 외수분 비율은 염증과 관계가 있으며, 저알부민 혈전은 부종을 의미하며, 나이가 들수록 부종 수치는 높아 지고, CRP 염증성 단백질 - 부종지수 높아집니다.

체성분 분석은보통 마지막에 요약 해주는게 필요합니다. 수분 부족의 경우 근육 세포 자체가 늘어나야 하기 때문에 운동 병행을 통해 수분량을 늘려야 하고, 근육량이 표준 이상이면서 (   ) 이/가 많으면/높으면 위험이 덜한 편이지만 근육량이 표준 이하이면서 (   )하면 (어떤) 문제가 심화될 수 있기에 주의가 필요합니다. 또한 당뇨의 경우 세포외수분비가 높은 경우가 빈번히 나타나기 때문에'로 변경하시면 좋을 것 같습니다 인바디를 통해 지속적인 모니터링이 필요하며 수분 비율 관리를 해주어야 합니다. 그리고 근육 운동을 통한 세포내 공간 확장과 적절한 수분 섭취가 필요하며, 림프 부종의 경우 해당 부위의 체수분이나 세포외수분비가 높게 나타나기도 합니다'로 변경하면 좋을 것 같습니다.

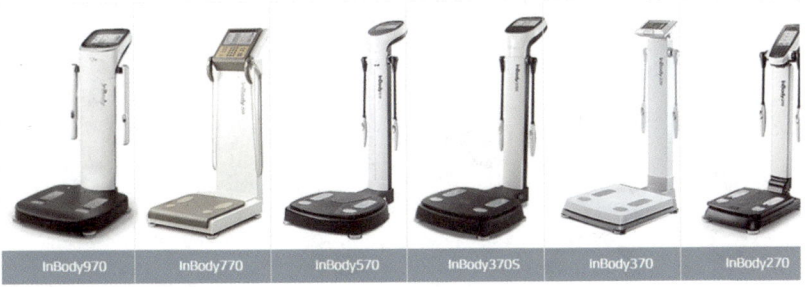

Q&A

1. 몸통 지방이 많은데 WHR이 낮습니다.
2. 하체 근육은 엉덩이 부분으로 포함시킨 경우로 하지가 큰 경우 WHR이 낮게 나올수 있습니다.
3. 체지방률이 매우 높은 고도비만인데 부위별 근육량이 높다? 근사이 지방이 있을 수 있습니다.
4. 속근과 지근을 따로 측정 가능한가요? 인바디는 수분의 전도성을 이용해서 체성분을 산출하는 장비이기 때문에 해부학적 차이는 구별하지 못하여 아직까지는 불가능합니다.
5. 부위별 근육량 총합과 근육량이 다른 이유는 무엇일까? 머리 부분은 뺐기 때문입니다.
6. 근육은 그대로인데 골격근이 증가하면 내장근이 감소한 것인지, 그렇지 않고, 부종지수에 따라 실 근육량을 구분은 가능하다. 골격근 반영된게 실제와 비슷합니다.
7. 체지방률 차이가 없는데 VFA값이 10cm이상 높아진 이유는? 내장지방과 피하지방간 이동은 산출이 어렵습니다.
8. 예를 들어 부종지수를 확인하여 내용의 객관성을 파악 해야 하며'라는 말의 의미가 잘 이해가 되지 않습니다. '체지방은 줄었는데 WHR이 증가한 이유는 체지방의 분포가 달라졌을 가능성이 있습니다 판정 해야 합니다.
9. 지방이 같이 많은 경우에 점수가 높지는 않습니다. 이건 잘못된 정보가 들어가 있는 것으로 보입니다. '인바디의 인바디 점수는 fitness 보다 Health에 초점을 맞춘 점수이기 때문에 근육이 많아도 체중이 많이 나가면 점수가 낮아 질 수 있습니다.

위 글은 인바디 본사와 협의하에 휘트니스 현장에서 활용할 수 있도록 정확한 정보를 전달하는 것을 목적으로 작성되었습니다. 더 궁금한 것이 있다면 인바디 제조사에 문의를 해보도록 하시기 바랍니다.

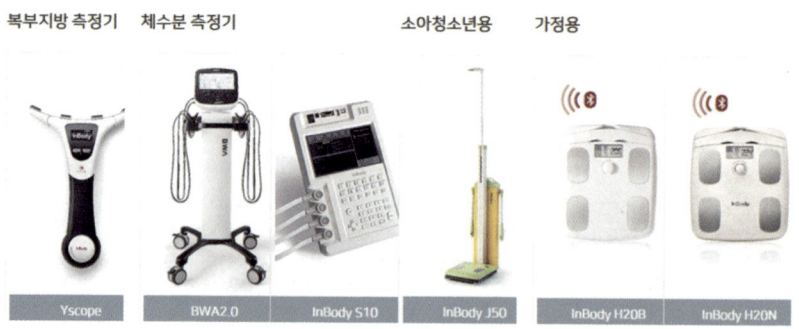

15. 자세평가, 근지구력, 심폐 지구력 측정 및 평가를 할 줄 알아야 합니다.

고객의 측정 평가 없이 PT를 하게 되는 경우가 많이 있습니다. 과연 그러면 어떠한 문제점이 발생할 수 있을까요, PT의 핵심은 정확한 기준점을 잡고 접근할 수 있어야 하는데, 측정 평가 없이는 지표 제시가 어렵습니다. 측정 평가 없는 트레이닝은 의사로 치면 진료 없는 처방이나 마찬가지로, 고객의 측정 평가가 완료된 이후의 과정에 관한 내용에 대해 알아야만 합니다. 고객의 체력 수준의 저하를 알지 못한 채로 운동하는 회원은 운동 프로그램의 당위성을 이해 못 하므로 처음 고객이 등록하였을 때 측정 평가를 통해 목표 의식을 심어 줄 수 있어야 합니다. 특히 전체적 체력 수준을 포함해야 수치화하여 제시하여 그 나이와 신체적 조건대비 어느 정도 체력 수준인지를 제시해 주면 더 공감을 얻을 수 있으며 이러한 분명한 목표 설정이 회원 동기부여를 더욱 잘 할 수 있습니다. 측정평가의 측정 순서는 안정 시 검사를 한 후 비 피로 유발 검사들을 먼저 해야만 합니다. 그래야 그 후 근력 검사와 국소적 근지구력 검사를 하는 데 지장이 없으며, 마지막으로 최대하 유산소 능력 검사를 하는 것이 가장 효율적인 평가 방법 순서입니다. 센터에는 인바디만 있어야 하는 것이 아니라 심박계와 혈압계가 있어야 하는데 그 이유는 예를 들어 레그프레스 최대 수축기가 400까지 올라가는데 (정상 혈압 기준) 이러면 고혈압 고객의 경우 위험성이 있을 수 있어서 미리 사전에 체크해 두어야만 하고 운동 시에도 주의해 지도해야만 하기 때문입니다.

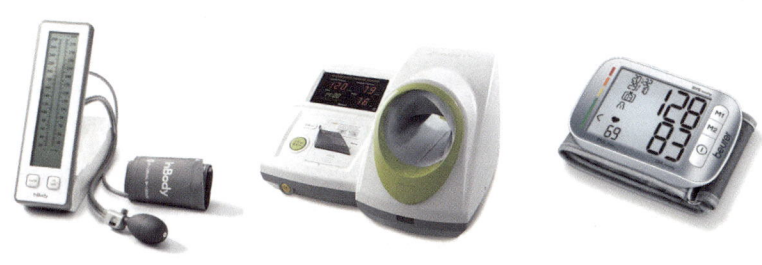

16. 유산소 운동 강도 설정하기 위한 방법들은 무엇이 있나요?

1) 운동 자각도 (RPE: Rating of Perceived Exertion)을 이용한 방법

운동의 강도는 개인마다 느끼는 정도가 다르므로 주관적인 운동강도를 나타내는 운동 자각도 를 이용하여 적절한 강도를 설정할 수 있습니다. 운동 자각도 12~14 (약간 힘들다)의 강도로 운동을 지속합니다.

RPE지수	수준	호흡	심박수 정도	운동 타입
6		의식하지 못함	50-60%	준비운동
7-8	전혀 힘들지 않다	아주 가벼움		
9-10	힘들지 않다			
10-12	보통이다	숨이 깊어지나 여전히 편안하게 대화를 할 수 있는 정도	60-70%	가벼운 근력 회복 운동
13-14	약간 힘들다	대화를 이어 가기엔 숨쉬기가 다소 힘들어짐	70-80%	유산소 운동
15-16	힘들다	숨쉬기가 힘들어지기 시작함		무산소 운동
17-18	매우 힘들다	숨이 거칠어지고 불편, 이야기하기 어려움	80-90%	최대 산소 섭취가 필요한 운동
19-20	아주 많이 힘들다	극도로 힘들고 최대치의 노력이 필요함		

2) 심박 수를 이용한 방법

산모의 나이와 임신 전 체력 수준에 따라 운동 시 심박 수를 체크하여 운동의 강도를 조절할 수 있습니다.

· 나이가 많을수록, 체력 수준이 낮을수록 약한 강도로 ▶ 분당 100~120회 정도
· 나이가 젊을수록, 체력 수준이 좋을수록 적정 강도로 ▶ 분당 140~160회 정도

심박 수 측정 방법

요골동맥 (손목 부위) 또는 경동맥 (목 부위)에 두 개의 손가락을 올려놓고 가볍게 눌러줍니다. 운동 후 즉시 10초 또는 15초간 맥박을 측정한 후 10초를 측정했을 경우는 곱하기 6, 15초를 측정했을 경우는 곱하기 4를 하여 1분간의 심박 수를 계산합니다. [예] 10초간 맥박 20회 X 6 = 분당 심박 수 120회]

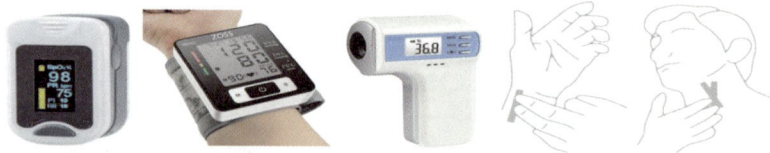

3) 대화 검사 (Talk Test)를 이용한 방법

운동 중 대화를 지속할 수 없다면 운동 강도를 낮추어야 하고, 운동하면서 동시에 대화를 유지할 수 있는 정도의 강도로 하며 개인의 체력 수준에 따라 차이가 있을 수 있습니다.

17. 신진대사 해당치(MET)를 활용한 주당 운동량 계산 방법은 무엇인가요?

신진대사 해당치 (MET : Metabolic Equivalent Task) 사용하는 에너지를 산소섭취량으로 계산하는 법으로 1MET = 성인이 쉬고 있을 때의 사용하는 에너지 = 성인이 쉬고 있을 때의 사용하는 산소소비량 = 3.5ml/kg/min입니다.

운동별 MET
중간강도 운동 3-6MET 이며, 심한 강도 운동 MET6 이상으로 → 분당 7kcal 필요하고, 농구경기 참여와 같은 정도의 운동 강도입니다. 몇 가지 예를 살펴보면 3.2km (2마일) 속도로 걷기는 MET2 이고, 5km/h (3마일) 속도로 걷기 MET3.3이며, 6.4km/h (4마일) 속도로 걷기 MET5, 등산은 MET 6-7, 뛰기 MET 7입니다.

MET 계산법
MET-minute : MET x 분 시간당 5km 속도로 걸을 때 MET는 3.3이므로 이 속도로 60분간 걸으면 200 MET-minute이 됩니다. 그리고 10km 속도로 30분간 뛰어도 200 MET-minute이 되므로 두 운동으로 얻게 되는 건강상의 이익은 이론적으로 같다고 여깁니다.

주당 필요 운동량
WHO에서 권고하는 주당 최소 활동량은 600 MET-minute이며, 즉. 5km로 걷는 경우의 MET가 3.3이므로 180분, 즉 3시간을 1주일에 걷는 양입니다. 그러나 최근 영국의학저널(BMJ : 매우 권위 있는 학술지)의 연구 결과에 따르면 주당 3~4천 MET-minute 정도의 운동을 해야 운동의 최대 효과가 나타나고 당뇨 위험성이 19%까지 떨어진다고 합니다. 주당 600 MET-minute로 운동하는 경우 당뇨 위험성이 2%밖에 낮아지지 않는 것과 대조됩니다. 3300 MET-Minte 만큼 주당에 운동하려면 시속 5km(MET3.3)로 1주일에 1,000분을 걸어야 합니다. 즉 하루에 5km라는 속보로 143분을 매일 걸어야 한다는 말입니다. 그러나 걷기 속도를 높이면 MET가 높아지므로 하루 2시간 이내까지 운동 시간을 낮출 수 있습니다. 즉 하루 2시간은 운동을 해야 운동 효과가 극대화된다는 것입니다. 생각보다 운동을 많이 해야 합니다. 물론 이러한 공식을 매번 계산에서 현장에서 적용한다는 것은 불가능에 가깝습니다. 하지만 첨단과학의 발달로 간단한 장비만 활용한다면 실시간으로 이러한 모든 정보를 얻어서 트레이닝에 활용이 가능합니다. 그 대표적인 장비가 POLAR이며, 손목, 가슴, 아래팔 등 다양한 부위를 통해 측정이 가능하며, 여러 명을 동시에 측정해서 그룹 트레이닝에도 활용이 가능합니다.

18. 효과적으로 운동량을 기록하고 체크할 방법이 무엇인가요?

심박 수, 심장 박동수 실시간 체크 운동 강도 설정을 위해서 폴라(Polar)를 활용하는 것이 유용하며 이외에도 다양한 웨어러블 디바이스가 시중에 나와 있습니다. 이러한 디바이스를 활용하면 실시간 Kcal 소모량과 심박 수와 운동량이 다 체크되며 동시에 여러 명도 체크해서 과학적 트레이닝을 적용하는 데 도움이 됩니다.

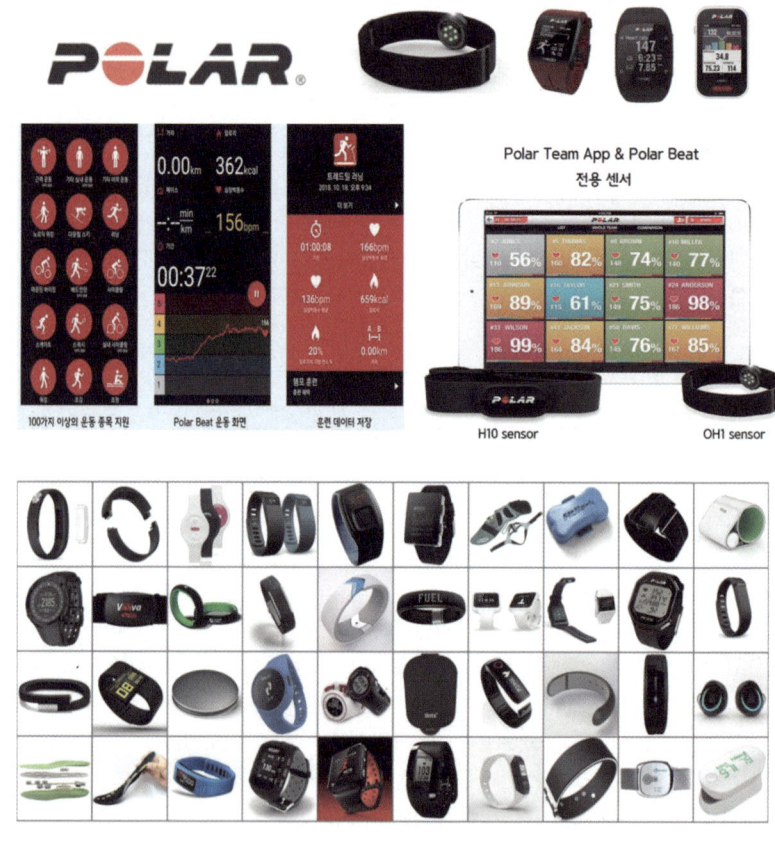

19. 통증에 대한 이해가 필요합니다.

실제적이거나 잠재적인 조직손상과 관련되거나 그러한 손상으로 기술된 불쾌한 감각적이고 감정적인 경험을 일컫습니다. 이러한 통증은 인체 내의 통각수용기와 신경섬유로 구성된 구심성 신경 통로를 통하여 대뇌피질과 가장자리 계통영역과 맞닿는 부위를 자극함으로써 일어나는 통각 및 감각 장애를 말하기도 하며, 이는 신체를 보호하기 위한 방어수단으로서 신체의 안이나 밖에서 일어나는 이상을 전달하는 경고반응이라고 할 수 있습니다. 치료나 간호를 하면서 이러한 통증의 정도를 평가하고 치료에 대한 예후를 확인하기 위해 통증을 객관적으로 평가하여 수치화시키는 것 그리고 최대한으로 적절한 통증 평가도구, 통증 평가척도를 사용하는 것은 매우 중요한데 통증의 초기 평가는 통증의 부위, 양상, 강도, 빈도 지속시간 등을 기록합니다.

의사소통이 가능한 경우라면 NRS로 평가를 할 수 있지만, 만약 의사소통이 불가능한 경우라면 CNPS(중환자 평가도구) 혹은 FPS, CPOT, BPS, VAS나 FLACC로 평가합니다. 또한 통증의 재평가는 초기평가와 마찬가지로 부위, 양상, 강도, 빈도, 지속시간을 기록하는데 통증의 양상이나 강도가 변화되었을 때 통증에 대한 중재 후 예후를 평가하고 결과를 기록합니다. 통증의 정도가 전혀 없는 0점이 연속 3회 이상 시 통증 평가를 종료합니다. (단, 진통제를 지속적 해서 투약 중인 환자, CNPS 도구로 평가한 환자는 종료하지 않습니다) 통증의 평가에는 환자에 따라 다양한 통증 평가도구, 통증 평가척도가 사용됩니다. 물론 이러한 모든 과정은 병원에서 의료인에 의해 진행되어야 하지만, 이러한 통증 때문에 운동하는 대상자가 많아지고 있기 때문에 트레이너들도 숙지하고 있어야 할 필요성이 있습니다.

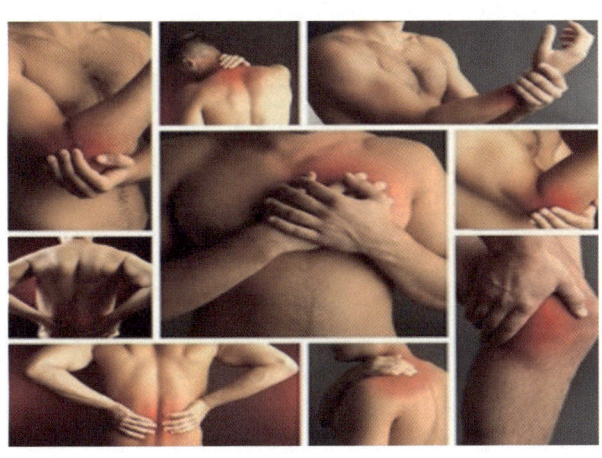

숫자 통증 척도 (NRS; Numeric Rating Scale)
의사소통이 가능하고 수 개념을 이해하는 환자를 대상으로, 통증이 없는 0에서 상상할 수 없을 정도의 극심한 통증인 10까지의 숫자로 통증 강도를 말하게 하여 기록하는 통증 평가 방법입니다.

N-PASS ; Neonatal Pain, Agitation & Sedation Scale
신생아를 대상으로 환자의 울음/보챔, 행동상태, 얼굴표현, 사지 긴장도, 활력 징후(심박 수, 호흡 수, 혈압, 산소포화도)를 관찰하여 기록하는 통증 평가 방법입니다.

얼굴 통증 척도 (FPS; Faces Pain Scale)
3세 이상 소아 중 수 개념을 이해하지 못하는 환자를 대상으로, 자신의 통증을 가장 잘 표현하는 얼굴을 환자가 선택하게 하고 환자가 선택한 얼굴에 해당하는 숫자를 기록하는 통증 평가 방법입니다.

FLACC ; Face, Legs, Activity, Crying, Consol ability
18세 이하의 의사소통이 불가능한 환자를 대상으로, 환자의 표정, 다리 움직임, 활동, 울음 어르기의 다섯 가지 항목을 관찰하여 0에서 10의 범위로 통증 행동을 평가하여 기록하는 통증 평가 방법 입니다.

CNPS ; Critical Care Nonverbal Pain Scale
의사소통할 수 없거나 NRS 이해 불가능한 19세 이상 성인 환자를 대상으로, 환자의 표정, 신체 반응, 기계 호흡 순응도 또는 언어 반응을 1분간 관찰한 후 가장 높은 통증 점수로 평가하여 기록하는 통증 평가 방법입니다.

위와 같은 통증 평가도구와 통증 관리 지침에 따라 실제 현장에서는 아래와 같이 통증을 평가하고 기록되기 때문에 병원에서 운동을 처방을 받고 오는 고객을 지도하기 위해서는 이러한 의학용어를 공부하고 의무기록을 해석 할 수 있는 능력 또한 필요해 지고 있습니다.

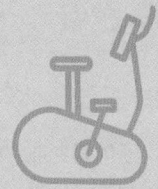

Chapter 4.

매출 관리와 재등록 관리

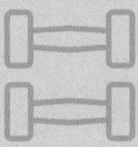

Chapter 4. 매출 관리와 재등록 관리

1. 재등록과 신규등록, 무엇이 더 중요한가요?

신규 등록은 센터 매출의 미래 방향을 파악할 수 있는 기준이 되기 때문에 중요합니다. 하지만 재등록은 현 이용고객의 고객 만족도를 의미하기 때문에 더욱 중요합니다. 지속적인 이용을 넘어 재등록으로서 이어진다는 건 소위 말하는 고객의 니즈가 잘 충족되고 있음을 말하기 때문입니다. 가령 그 이유가 단순히 집과 가까워서라도 말입니다. 이렇게 쌓이고 쌓인 고객들은 충성 고객이 되어, 지속적인 매출을 물론이고, 센터의 안정적인 수익 기반을 형성할 수 있게 도와줍니다. 그래서 매달 재등록률을 기록하고, 재등록이 떨어지는 날에는 어떠한 문제가 있는지 파악하고 대책을 준비하고 이를 보완하기 위해서 준비하는 것이 중요합니다.

2. 재등록률은 어느 정도가 적당하며, 이를 높이기 위해선 무엇을 해야 하는가?

앞서 말씀드렸듯이 재등록은 고객 만족도입니다. 고객 만족도를 높이는 건 센터를 운영하면서 가장 중요한 부분입니다. 고객 없이는 센터도 없으니까요. 이런 고객 만족도를 높일 수 있는 부분에는 고객서비스, 시설 관리, 운영 시스템 관리 등이 있고, 이를 더 세분화하면 인사 잘하기, 밝은 미소로 응대하기, 동선상 불편함 없는 구성, 청결 상태 유지 등이 있을 것입니다.

이런 게 더 나아가선 고객을 상대하는 마음가짐으로 묻어날 것입니다. 고객을 생각하고 배려하는 생각들이 묻어난다면, 재등록률은 자연스럽게 올라갈 것입니다. 그렇게 이 비율이 최소 60% 이상 되어야 센터 매출과 운영 시스템의 안정화가 이뤄질 것입니다.

3. 퍼블릭에서 PT 창출 방법

PT를 받는 이유에 대해서 생각해보면 답을 구하기가 쉬워집니다. 회원들이 PT를 받는 이유는 다이어트를 하고 싶어서, 혼자 하는 운동은 지루해서, 운동을 배우고 싶어서, 몸을 이쁘게 만들고 싶어서, 몸이 아파서, 몸이 뜻대로 움직이질 않아서 가 제일 많습니다.

자, 그러면 답은 나왔습니다. 우리는 이 방법에 대해서 고민을 해결해 줄 수 있다는 것을 고객이 '이해' 할 수 있게 해주면 됩니다. 감량이 필요해 보이는 회원에게는 체계적인 다이어트 플랜을 제시해 주거나, 예전 회원들의 체형 변화를 보여줌으로써 미래를 함께 상상할 수 있게끔 도움 줄 수도 있을 것이고, 머신 주위에서 두리번두리번하거나, 머신 마다 두서없이 몇 번 움직이는 분들에게는 다가가 기구 설명과 목적에 따른 횟수, 세트 구성법과 적정 무게 설정법을 정하는 방법이나 이를 기준으로 두고 운동하는 이유를 알려줌으로써 운동을 할 때는 운동 목적에 맞는 프로그램이 있다는 것 또한 알려줄 수 있을 것입니다.

매일 유산소만 열심히 타고, 가시는 분에게는 기구의 쓰임에 대해서 알려주고, 부위별 근력 운동의 중요성을 알려주기도 운동도 할 수 있게끔 지도를 해볼 수 있을 것입니다. 또 가끔 보이기도 하는 매일 나올 만큼 열정적이지만, 위험한 자세로 운동하거나 구성없이 운동하는 회원에게는 원래 하던 동작의 이유를 묻기도 하고, 원하는 목적에 부합하지 않다면 설명을 해주고, 올바른 동작으로 했을 때의 자극점을 느끼게 해줄 수도 있을 것입니다.

앞서 언급된 부분들을 다양하게 충족 시켜 줄 수 있는 트레이너일수록 많은 고객이 PT에 관한 관심을 가지게 할 수 있을 것입니다. 그리고 이런 여러 부분을 충족시키려면 고객을 먼저 이해해야 하고 비준하는 전문적인 지식과 커뮤니케이션 능력이 중요합니다. 이를 발전 시키기 위한 노력이 지속해서 이뤄진다면 PT는 자연스럽게 창출될 것입니다. 해주는 과정이 필요합니다. 더 나아가선 운동도 운동이지만, 결국 고객을 향한 진정성이 느껴지는 선생님의 마음이 신뢰를 형성시킬 것입니다.

4. OT를 이용한 PT 결제하기

말씀드렸던 PT 창출법과 OT라는 시스템을 융합하면 여기서도 답을 찾을 수가 있습니다. OT는 휘트니스 측에서 권하기는 해도 결국은 회원님들이 선택해서 진행하는 부분입니다. 여기서 회원님들이 OT를 선택한 이유는 PT를 받기 위해서라기보다 여기서 운동을 어떻게 하는지 모를뿐더러 아직 기구 사용법, 휘트니스 이용법도 잘 모르는 사람일 확률이 높습니다. 이때 이런 회원분들에게 PT가 왜 필요한지 왜 해야 하는지 조급하게 접근한다면, 거부감만 사게 될 것입니다. 이럴 땐 우선 회원분들이 왜 휘트니스에 찾아왔는지부터 듣고, 거기에 맞춰 제시해줄 수 있어야 할 것입니다.

앞서 말한 PT 창출법과 비슷합니다. 결국 고객이 원하는 부분을 먼저 파악해야 하고, 이를 짧다면 짧은 OT 시간 속에 핵심만 녹여낼지 고민하여야 할 것입니다. 하지만 OT 희망 고객은 운동을 거의 처음 하시는 분들입니다. OT 시간만으로는 운동을 혼자 하기란 무리가 있으니 대부분의 고객분은 지속해서 없이 알려줬던 자세를 짚어주기도 하며, 자극점을 찾아 나갈 수 있게끔 관리해주는 것이 필요합니다. 그런 지속적인 관리는 소통으로 이어지고, 고객은 혼자 운동하며 생겼던 질문도 하게 될 것입니다. 결국 질문도 아는 것이 늘어야 할 수 있는 것입니다. 질문이 다양해지면 더 많은 답을 갈구하게 될 거고, 그럴 때 PT를 권하거나 유도하기 좋은 시기일 것입니다. 또는 OT 때 고객에게 맞춘 프로그램을 만들어 건네줘, 혼자서 할 수 있게끔 알려주는 것도 좋습니다. 고객 맞춤형 프로그램에 따라 운동을 계속 시행해본 회원은 혼자서 프로그램을 실천했을 때와 선생님과 함께했을 때 대한 차이도 느끼겠지만, 다른 프로그램에 대한 관심으로도 이어지기 때문입니다. 이렇듯 결국은 운동에 대한 관심을 만들어주는 것이 중요하고, 필요함을 깨닫게 해주는 과정이 필요합니다. 더 나아가선 운동도 운동이지만, 결국 고객을 향한 진정성이 느껴지는 선생님의 마음이 신뢰를 형성시킬 것입니다.

5. 단기간에 PT 매출 올리는 방법

가치 있는 질문 즉 긍정적인 질문을 많이 해야만 하는데 아인슈타인이 한 말 중에 "문제를 풀 시간이 있다면 문제에 대해 55분, 솔루션에 대해 5분을 생각합니다. 라는 말과 링컨 전 대통령이 한 말 중에는 "나무를 베는 데 한 시간이 주어진다면 도끼를 가는 데 45분을 쓰겠다."라는 말이 있습니다. 우리는 문제를 파악하고 원인을 분석해야지만 그에 맞는 결과를 찾을 수 있기 때문에 스스로 자신감을 얻을 수 있는 질문을 해야 하며, 그 질문에 대한 답을 찾을 때까지 끈질기게 질문하다 보면 해결 방법 또한 찾을 수 있습니다.

부정적 질문과 긍정적 질문의 비교	
부정적 질문	긍정적 질문
-내가 왜 이 고생을 하지? -우리 센터는 지원이 왜 이렇게 적어? -다른 센터보다 수업료가 적은 이유가 도대체 뭐야? -적성에도 안 맞는 일을 내가 왜 계속해야 하나? -어디 쉽게 돈 버는 방법은 없나? -사장만 좋은 일 시키는 것 같은데? -내가 차려도 이것보단 잘하겠다? -왜 이렇게밖에 운영을 못 하지?	-계약을 더 많이 하려면 어떻게 해야 할까? -OT를 더 많이 할 수 있는 방법은 없을까? -어떻게 하면 회원님을 설득할 수 있을까? -어떻게 해야 회원님들이 기뻐할까? -우리 팀장은 세일즈를 잘하는데 그 비결이 뭘까? -세일즈 기법을 향상하려면 어떻게 해야 하지? -효율적으로 시간을 사용하려면 어떻게 계획을 세우지? -지금 내가 할 수 있는 일이 무엇인가? -이 위기를 극복하려면 어떻게 해야 하는가? -지금 나의 시간을 값지게 보내려면 무엇을 해야 할까?

답을 찾기 위해서는 먼저 자신에게 질문하라! "나는 지금 하는 일에 얼마나 몰입하고 있는가?" 이 외에 아래와 같은 질문을 스스로 해보고 하나씩 생각을 적어 보는 것이 필요합니다.

1. 나는 목표를 세워 일하고 있는가?
2. 나는 목표달성을 위한 계획이 있는가?
3. 영업이 즐거운가?
4. 영업을 생각하면 흥분되는가?
5. 최선을 다하고 있는가?

"나는 지금 왜 이 일을 하는가?"

1. 내가 속한 조직을 위해 나는 무엇을 할 수 있을까?
2. 내가 속한 사회에 무엇을 공헌할 수 있을까?
3. 내 이웃, 내 친구, 내 가족, 내 회원을 위해 내가 할 수 있는 일은 무엇인가?

6. 영업에서 좋은 성과를 내기 위한 필수조건은 무엇인가요?

질문에 대한 답은 각자 다 다를 수 있지만, 답을 적을 수 없다면 그러한 부분에서 능력이 부족한 것을 파악했으니 부족한 점을 보완하면 되는 것이기 때문에 너무 실망하지 말고, 문제 파악이 되면 솔루션도 찾을 수 있습니다. (아래 질문에 본인의 생각을 적어보세요)

1. 가망 고객을 찾아내는 능력이 있는가?

2. 처음 만난 가망고객과 쉽게 친해지는 능력이 있는가?

3. 고객의 문제를 알아내는 능력이 있는가?

4. 상품의 효능을 효과적으로 설명하는 능력이 있는가?

5. 고객의 구매동기를 자극하는 능력이 있는가?

6. 고객의 거절에 대한 대응 능력이 있는가?

7. 기존 고객의 재구매율은 높은가?

8. 기존 고객에게 새로운 가망고객을 소개받을 능력이 있는가?

7. 상담을 잘하기 위한 노하우가 무엇인가요?

상담은 고객이 원하는 것을 얼마나 빠르고 정확히 파악하고 답할 수 있는지, 그리고 그 답을 통해 고객을 만족하게 할 수 있는지가 중요합니다. 그렇다면 이러한 문제를 어떻게 알 수 있을까요? 점쟁이처럼 관상을 볼 수도 없고, 감으로 모두 맞출 수도 없습니다. 하지만 답은 오히려 쉽습니다. 모든 문제와 답은 고객이 가지고 있고 고객에게 질문을 통해 물어보시면 됩니다. 그럼 몇가지 질문의 예시를 살펴보도록 하겠습니다.

문제 유도 질문
1. 현재 고객님의 가장 어려운 문제는 무엇입니까?
2. 언제부터 이런 문제를 가지고 있었습니까?
3. 몸이 많이 안 좋아 보이시네요? 건강에 무슨 문제가 있으신가요?
4. 현재 가장 큰 불만은 무엇입니까?

니즈 파악 질문
1. 고객님의 문제를 해결하려면 가장 필요한 것이 무엇이라고 생각하십니까?
2. 현재 고객님에게 가장 필요한 것은 무엇입니까?
3. 높은 성과를 올리려면 무엇이 가장 필요하다고 생각하십니까?
4. 당뇨가 있으면 합병증 때문에 위험한데 혈당조절은 어떻게 하십니까?
5. 고객님 그러니까 두 달 안에 체중을 10킬로 그램 감량하고 싶다는 말씀이시죠?

필요 깨달음 유도 질문
1. 지금 고객님의 문제가 앞으로 어떤 영향을 미칠까요?
2. 높은 성과를 올리는데 가장 큰 걸림돌은 무엇입니까?
3. 주변에 당뇨 합병증으로 시력이 떨어져서 고생하시는 분이 있는데, 고객님은 당뇨 관리를 어떻게 하시나요?
4. 내일 일은 아무도 모르잖아요. 가장으로서 항상 '만약의 경우'를 생각해야 하지 않을까요?
5. 고객님은 은퇴 후 돌아가실 때까지 병원비용이 얼마나 들어갈지 생각해보셨나요?
6. 비만이 성인병의 주범인데 다이어트를 하려면 무엇이 가장 중요할까요?

문제해결의 이익을 스스로 말하게 하는 질문
1. 체중이 10킬로그램 감량되신다면 회원님에게 어떤 이득이 있을까요?
2. 회원님, 살 빠지시면 무슨 옷을 가장 입고 싶으세요?
3. 회원님, 무릎이 좋아지시면 어디에 제일 가보고 싶으세요?
4. 회원님의 건강 문제가 해결되시면 무엇보다 시작하고 싶으세요?
5. 여기서 딱 5킬로만 감량하셔도 정말 좋으시겠죠 회원님?

8. 상담을 잘하기 위한 노하우 2 (닫힌 질문과 열린 질문의 차이)

예시) 비싸다 & 생각해볼게요.
회원: 생각보다 가격이 꽤 비싸네요?
PT: 비싸다고요? 회원님, 왜 가격이 비싸다고 생각하는지 말씀 좀 해주시겠어요?
회원: 좀만 더 생각해볼게요.
PT: 생각해보겠다고 하시는 게 혹시 퍼스널트레이닝의 효과 때문에 그러신 겁니까?

닫힌 질문 : 가격이 중요합니까? 효과가 중요합니까?
열린 질문 : 회원님은 운동하실 때 무엇이 가장 중요하다고 생각하세요?
닫힌 질문: 현재 체중과 몸매에 만족하십니까?
열린 질문: 외모에서 가장 중요하게 생각하는 부위가 어딥니까?
PT: 회원님, 운동은 젊었을 때부터 꾸준히 하는 게 중요하지 않겠습니까?
회원 : 네, 그렇겠죠.
PT: 운동하시고 효과를 보시려면 자신의 운동목적과 신체조건에 맞게끔 하시는 게 중요합니다.
회원: 네 당연한 거 아닌가요?
PT: 그런데 대부분 회원님께서, 1년 등록하고 며칠만 나오다가 잘 안 나오시는 분들이 많으시거든요.
회원: 네 그렇네요.
PT: 다니시더라도 러닝머신만 타시면서 유산소 운동만 하시는 경우가 많습니다.
회원: 네 저도 그래요.
PT: 회원님도 아시다시피 운동이라는 것은, 유산소운동뿐만 아니라, 스트레칭과 무산소 운동도 굉장히 중요합니다.
회원: 네 맞습니다.
PT: 그런데 무산소운동인 웨이트 트레이닝은 정확한 각도와 자세와 호흡이 굉장히 중요하거든요.
회원: 네 그런 것 같더라고요.
PT: 특히 데드리프트나 스쿼트 같은 경우 핵심 3대 운동이나 부상의 위험으로 이어질 수 있기 때문에 처음에 배우실 때는 반드시 전문가의 지도아래 배우셔야 합니다.
회원: 네 그렇겠네요.

9. 상담을 잘하기 위한 노하우 3 (선택 유도 질문과 받아치기 질문)

- 선택 유도 질문
회원님 결제는 카드로 하시나요? 현금으로 하시나요?
오늘 바로 수업 시작하시면 될까요? 아니면 운동 나오시는 날로부터 시작하시겠어요?

- 받아치기 질문
회원: 수업은 언제부터 가능한가요?
PT: 이번 주에는 수업이 꽉 차 있어서 다음 주부터 가능합니다.
회원: 그렇게 늦게요? 그럼 저는 이번 주에 누가 알려주시나요?

회원: 수업은 언제부터 가능하신가요?
PT: 언제부터 시작하시면 좋으시겠습니까? 회원님 편한 시간대로 최대한 맞춰드릴게요.
회원: 아 네, 이번 주 화요일 8시나 수요일 7시 시간 될 것 같은데..
PT: 네 회원님, 화요일 8시에는 다른 회원님 수업이 있으신데, 연락드려서 스케줄 조정이 가능하신지 확인 후 1시간 내로 바로 연락드리겠습니다.

회원: 내일 저녁 7시에 수업 가능하세요?
PT: 내일 저녁 7시에 수업하시는 게 좋으시겠습니까?

회원: 수업 언제부터 가능하세요?
PT: 회원님께서는 언제부터 수업하시는 게 편하세요?

회원: 미납금은 2주일 후에 해도 되겠습니까?
PT: 2주일 후에 결제하시는 게 편하십니까?

10. 상담을 잘하기 위한 노하우 4 (공통점과 공감대 활용)

공통점을 찾아내서 공감대를 형성하는 질문
1. 고향이 경상도신가 봐요? 저는 칠곡에서 왔는데
2. 교회 다니세요? 저는 사랑의 교회 다녔었는데, 회원님은 어느 교회 다니세요?
3. 영화에 관심 많으신가 봐요. 저는 최근에 국제시장 봤는데, 회원님도 혹시 보셨나요?
4. 저는 주로 검은색 옷만 입는데.. 회원님도 검은색 옷 좋아하시나 봐요.

회원을 띄워주는 질문.
1. 운동신경이 좋으시네요. 예전에 운동을 많이 하셨나 봐요?
2. 체력이 많이 좋아지셨어요. 예전에는 체력이 좋으셨나 봐요?
3. 힙라인은 진짜 타고나신 거 같아요. 그런 말씀 많이 들으시죠?
4. 회원님은 그래도 비율이 좋으시니까 조금만 운동하셔도 확 티가 나네요.
5. 몸이 엄청나게 좋아지셨네요. 주변에서 몸 좋아지셨다고 안 그러세요?
6. 매우 날씬해지셨네요. 원래 입으시던 옷들이 헐렁해서 못 입으시죠?

자랑이나 성공담이 이어지면
1. 그래서 어떻게 하셨어요?
2. 어떻게 그렇게 하기로 하셨나요?
3. 결과에 대해 만족하시나요?
4. 전적으로 회원님의 노력으로 성공하셨나요? 아니면 누군가의 도움이 큰 힘이 되었나요?

자신의 성공담을 마치려고 할 때 두 번째 질문합니다.
1. 앞으로 어떤 방향으로 나가실 건가요?
2. 저도 코치를 좀 받아보고 싶은데, 저 같은 경우는 어떻게 하면 될까요?

11. 상담을 잘하기 위한 노하우 5 (자료 인용, 탐색, 문진 질문)

자료 인용 질문
1. 최근에 OO 일보에서 ()() 에 관한 기사를 읽었는데 회원님은 어떻게 생각하세요?
2. 어제 뉴스에 비만보다 운동 부족이 더 위험하다고 나왔는데 혹시 보셨나요?

탐색 질문
1. 얼마나 자주 일어납니까?
2. 항상 그런가요, 아니면 일시적인가요?
3. OO이 가장 큰 골칫거리입니까? 다른 문제는 더 없으시고요?
4. 회원님이 느끼시는 증상에 대해서 좀 더 자세히 말씀해주시겠어요?
5. 다리 저림 증세가 자주 일어납니까?
6. 회원님의 통증이 일시적인가요, 아니면 오래되신 건가요?
7. 허리를 다치신 적은 없으시고요?

문진 질문
1. 제가 보기에는 간 기능이 떨어지고 있는 것 같은데 평소에 피곤함을 많이 느끼시죠 회원님?
2. 혹시 혈액순환은 괜찮으신가요?
3. 다리가 저리거나, 손발이 차거나 하지 않으세요?
4. 아침에 일어나면 얼굴에 붓기는 없으세요?
5. 혹시 변비 있으세요?
6. 소화가 잘 안 돼서 체하거나 토하지는 않으시고요?
7. 속이 쓰리거나 아프거나 하는 경우도 있지 않나요?

심화 질문-고객의 문제는 얼마나 심각한가?
1. 혈압이 높으면 뇌졸중 위험이 몇 배 이상 높은지는 알고 계시죠?
2. 심장 기능이 떨어진 것 같은데 등산을 하거나 길을 걸을 때 어떤 증세가 나타납니까?
3. 콜레스테롤 수치가 높으면 건강에 무슨 영향을 미치는지 알고 계시는지요?
4. 골다공증이 있는 분이 잘못 넘어지면 뼈가 부러지는 것이 아니라 으스러지기 때문에 회복하는 데 오래 걸리고 온 가족을 힘들게 합니다. 제 말이 맞지 않습니까?
5. 고혈압은 많은 합병증을 일으켜 위험합니다. 심장, 신장, 뇌혈관에 문제가 생기면 돈은 돈대로 쓰고, 고생은 고생대로 하면서도 완전히 회복되지 않습니다. 고객님도 그렇게 생각하시죠?
6. 체중이 늘어나서 직장생활에 어떤 영향이 있습니까?

12. 상담을 잘하기 위한 노하우 6 (구매심리 자극, 효과 설명, 마무리 질문)

해결 질문-구매심리를 어떻게 자극할까?
1. OO 하면 얼마나 좋을까요? OO 하면 신나지 않겠어요?
2. OO 한다면 ()() 을 상상해보세요. 좋지 않습니까? OO 하면 어떻겠습니까?
3. 엄마의 건강한 모습을 보면 아이들이 얼마나 기뻐할까요?
4. 피곤하지도 않고, 쉽게 지치지도 않아서 회사에서 열정적으로 일을 한다면 승진에도 도움이 되고 보람이 많이 느끼지 않겠습니까?
5. 건강한 모습으로 친구들과 산에 오르는 모습을 상상해보세요. 상쾌하지 않습니까?

효과설명-누구를 위한 효과설명인가?
1. 만약 두 달 안에 10킬로그램 감량할 수 있다면 개인지도 안 받으실래요?
2. 만약에 이대로 가시다가 5년 안에 성인병이 걸리신다면 다이어트 안 하시겠어요?
3. 가격 측면 부분만 해결되신다면 레슨받아 보실래요?

마무리 질문-망설이는 회원님들을 어떻게 하면 할까?
1. 건강은 예방이 가장 중요합니다. 지금처럼 건강하실 때 관리해야 적은 돈으로 관리하실 수 있습니다. 그렇지 않습니까?
2. 소 잃고 외양간 고치지 마시고, 지금 조짐이 분명하게 보였을 때 대처하시는 게 훨씬 현명한 판단이죠. 회원님도 지금 심각한 거 알고 계시잖아요. 안 그래요?
3. 저는 회원님과 운동을 해보니까 다이어트하시려면 1:1로 레슨받으실 필요가 있다고 생각합니다. 회원님 생각은 어떠세요?
4. 망설이는 이유가 무엇입니까? 가장 큰 걸림돌이 무엇입니까?
5. 그럼 레슨비가 얼마 정도면 만족하시겠습니까?
6. 회원님께서 걱정하시는 문제만 해결되면 개인지도 시작하실래요?

이처럼 수많은 질문하는 방법들의 목적과 비결이 숨어져 있습니다. 상담을 잘하는 사람들에 특징은 무의식적으로 이러한 방법들을 활용하고 있는 것인데, 선천적일 수도 있지만 대부분 후천적인 경험과 노력을 통해 만들어진 경우가 더 많이 있습니다. 이외에도 아래와 같은 쿠션 용어들도 활용하시면 더 좋습니다. (쿠션 언어:인상이 참 좋으시군요./ 역시 OO 씨가 최고예요. / 오늘 너무 멋지신데요. 나이 듣고 깜짝 놀랐어요) 등 그렇기 때문에 트레이너가 전공 서적 이외에도 스피치 학원이나, 심리학이나, 스피치 관련 교육이나 책을 많이 읽고 현장에 적용해서 교습법을 강화하는 것이 필요합니다.

13. 상담과 세일즈 프로세스 이해하기 (세일즈 4mat)

세일즈란 무엇인가?
세일즈는 왜 해야 하는가?
세일즈는 어떻게 하는가?
세일즈하면 어떻게 되는가?

세일즈의 3단계 프로세스
1) 아이스브레이킹 → 2) 상담 레파토리 → 3) 클로징

* 아이스 브레이킹
오감 만족 사전준비 및 세팅이 미리 되어 있어야 하며, 군인이 전쟁을 미리 준비하듯이 트레이너로서 고객을 맞이하기 전 미리 상담 파일, 계약서, 고객 만족 후기, 전후 자료, 체형 교정 자료, 단말기 등을 준비하고, 외모 (흡연, 칫솔, 손톱 때, 구취 등) 체크하고, 복장 단정 및 책상 정리와 점검이 사전에 다 되어 있어야 한다. 그 후에 고객과의 아이컨택이 중요하며 적극적 경청과 호응 법칙을 이용해서 공감대 형성하고 공통분모 찾기를 하는 것이 필요하며 노력한 부분 칭찬하기 등을 통해 친밀감 형성(라포르)을 형성하고 호감을 얻었기도 하고 호기심과 호응을 주고받으며 때로는 웃음을 유발하기도 하고 본론을 준비해야 한다.

* 상담레파토리 (핵심질문)
앞서 살펴본 수많은 질문 기법을 활용할 수 있지만, 그중에서도 핵심 질문을 미리 준비하는 것이 필요하다. 몇 가지 예시를 살펴보자.

" 운동목적이 어떻게 됩니까? "
" 몇 킬로그램 정도 감량 생각하세요? "
" 몸에 불편한 부분은 없으세요? (통증 완화) "
" 체형교정이 필요하신 것 같으신데 ? "
" 혹시 운동하실 때 좀 더 집중적으로 라인을 잡아보고 싶은 부위가 있으신가요? "

이러한 핵심 질문 다음은 역시 클로징에 들어가야 합니다. 아무리 열심히 상담했지만, 결론적으로 결제까지 이루어지지 못했다면 앞에 했던 수많은 노력이 허사가 되기 때문인데 클로징도 단순히 할 건지 말 건지 결정하라는 것이 아니라 전략이 필요합니다.

* 클로징
클로징을 위한 3단 케이크 전략을 활용해 보시기 바랍니다. 먼저 계약 가능한 최대금액을 파악한 후, 가격을 정확하게 제시합니다. 사람은 심리적으로 오히려 너무 많은 옵션이 있으면 선택하기 어려워하기 때문에 적절하게 3가지 정도로 미리 준비해서 제시하는 것이 필요합니다.

- 3가지 선택권에 초점 맞추기. (ex. 주 2회, 주 3회, 주 5회 / 3개월, 6개월, 1년)
- 3가지 가격 선택권 기법. (8회, 16회, 36회 / 12회, 24회, 36회)

8시간 컨설팅
"회원님 만약에 레슨받게 되신다면 주 몇 회 정도 운동 가능하신가요?"

가격 컨설팅
"회원님 만약에 레슨받게 되신다면 얼마 정도 투자할 수 있으십니까?"

프로그램 컨설팅
"몇 시에 주 몇 회, 개인 운동, 식단관리 유/무"

이처럼 이미 대부분의 센터는 관행처럼 이러한 룰에 맞추어 세팅해놓았는데 대부분 앞서 근무했던 근무지에서 했던 방식을 차용했을 텐데 알고 하는 것과 모르고 따라 하는 것에서는 큰 차이가 발생합니다.

PT는 단순히 운동을 배우는 것이 아니라 PT라는 프로그램의 프로세스 컨설팅의 효과를 설명하고 강조하는 것이 필요한데 PT는 운동, 영양, 휴식 3박자를 관리받은 것으로 시간, 비용, 노력(투자)을 통해 좀 더 빠르고 효과적으로 목표달성을 할 수 있으며 실패 확률을 줄여 준다는 점을 인지 시켜 주어야 합니다. 그리고 가장 중요한 것은 끝까지 포기하지 않는 것입니다.

트레이너가
알아야 할
모든것

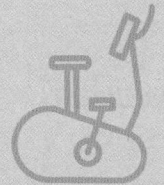

Chapter 5.

창업과 운영 방법

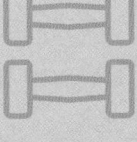

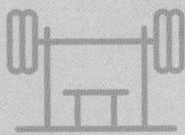

Chapter 5. 창업과 운영 방법

1. 상권분석 및 마케팅을 하는 방법이 무엇이 있나요?

시장 분석 (외부 환경 분석)
1). 해당 지역 업계 현황 및 실태 조사 2). 휘트니스 관련 사업 조사 3). 가격 시장 조사 4). 트렌드 분석 5). 교육 수준과 마인드 분석

경쟁사 분석
1). 경쟁업체의 비용 2). 경쟁업체의 시설 및 프로그램 분석 3). 경쟁업체 직원 능력 분석 4). 경쟁업체의 운영 시스템 분석

트랜드 분석
1). 해당 지역 휘트니스 트랜드 2). 선호하는 트레이닝 트랜드 3). 지역을 리드하는 트레이너의 트랜드 4). 고객들의 건강 관련 소비 성향

고객 분석 (내부 환경 분석)
1). 고객의 교육 수준 2). 고객의 경제 수준 3). 고객의 소비 수준 4). 고객의 성향 파악 5). 지역적 특성 파악 6). 고객의 니즈 파악

S.T.P 전략

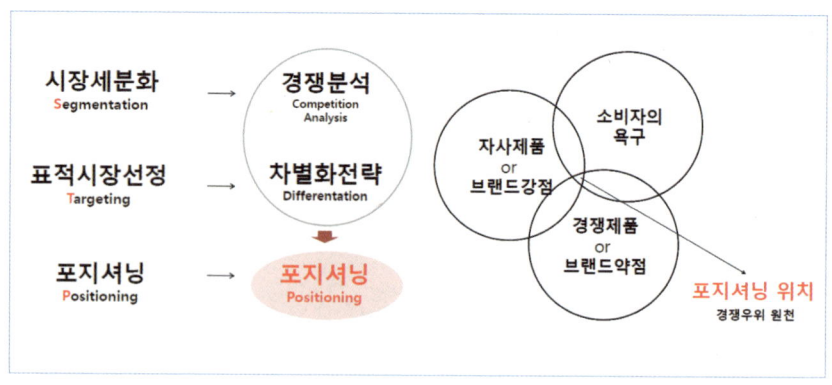

2. 전략 (SWOT) 분석과 [CDS & 4P]

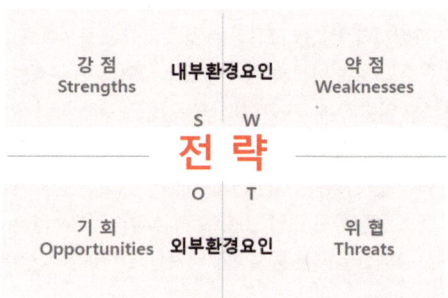

>> 내부 / 외부 환경요인 파악 및 분석

SWOT 분석을 통해 휘트니스의 환경분석을 통해 강점(strength)과 약점(weakness), 기회(opportunity)와 위협(threat) 요인을 규정하고 이를 토대로 마케팅 전략을 수립하는 전문적인 과정이 필요합니다.

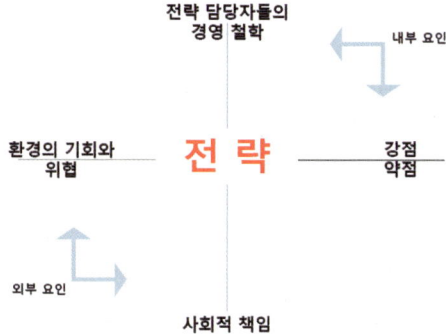

전략 방향설정 CDS (컨, 차, 전)
- 컨셉 (C: Concept)
- 차별화 요소 도출 (D: Differentiation)
- 경쟁 우위 전략 수립 (S: Competivitive Advantage Stratigy)

4P 전략
Product / Price / Place / Promotion
(차별화 전략/ 낮은 원가 전략)

3. 기구를 구매할 때 어떻게 해야 하나요?

기구를 구매하기 전 우선되어야 할 것은, 먼저 센터의 공간, 크기, 컨셉 등을 고려하는 것입니다. 애초에, 인테리어 구상 시 기구배치와 컨셉을 고려하는 것이 가장 효율적이고, 오차를 줄일 수 있습니다. 또한, 목표 유지 회원 수와 일일 방문 회원 수를 고려하여 기구 구성을 산정해야 합니다. 그리고 기구를 구매하는 방법은 일괄 구매, 기구 리퍼, 직구, 중고 구매 등이 있습니다. 각각의 구매 방식에 따른 장단점이 뚜렷하기 때문에, 사업주와 센터의 상황에 적합한 방식을 선정해야 합니다. 먼저 중고로 기구를 구매하는 방식은, 개인 간의 거래와 업체를 통한 거래로 나눌 수 있는데, 두 가지 모두 중고나라, 헬스 관장들의 모임, 스포 드림 커뮤니티에서의 거래가 가장 활성화되어 있습니다. 중고로 기구를 구매하실 때는 중요하게 넘겨짚고 가야 할 사항이 있습니다.

1. 다른 기구들과의 컨셉 통일감   2. 제품의 상태   3. A/S 잔여기간
4. 배송비와 설치비의 부담   5. 크기와 배치

이러한 요소들을 고려하지 않는다면, 비용을 아끼려고 진행한 중고거래 때문에, 오히려 비용손실이 크게 일어나는 현상이 발생할 수도 있습니다.

리퍼(Refurbish)는 성능에는 크게 문제가 없으나 조금의 문제나 흠집이 있는 제품이 업체에서 수리, 재포장 등의 정비를 통해 다시 판매하는 제품으로써 미사용 또는 아주 짧은 기간 동안 사용되었던 제품을 새제품보다 저렴하게 사는 방법입니다. 중고보다 제품의 상태가 훨씬 좋다는 장점이 있지만, 그에 따라 가격 또한 높게 측정됩니다.

기구 직구는, 중간 유통업체와 브랜드를 건너뛰고 기구생산자와 직접 거래 하는 것을 뜻합니다. 최근에 가장 많이 거래되는 방식인데, 새 제품을 유통마진과 브랜드 거품 없이 비교적 저렴하게 구할 수 있기 때문입니다.

일괄구매는 기구업체를 통한 가장 기본적인 구매 방식으로써, 종합적인 기구가 필요할 때 사용하는 방식입니다. 아무래도 단품을 구매하는 것에 비해 할인이 많이 적용되며, 요즘에는 리스가 가능하여 운영 초창기 기구비용에 대한 부담을 줄여주기도 합니다.

4. 오픈 준비할 때 해야 할 게 뭐가 있나요?

1) 사업자 등록

개인사업자 등록 시 대표자 신분증, 임대차 계약서 사본이 필요하며 해당 지역 세무서에서 등록이 가능합니다. 필라테스는 서비스업으로 분류되어 자격증이 필요 없음으로 등록이 가능합니다.

웨이트 기구와 유산소 기구가 포함되는 경우 체육 시설업 신고필증을 포함하여 세무서에 제출해야 합니다. 생활체육 지도자 보디빌딩 자격증을 지참하여 해당 지역 구청-생활체육과에 제출하여 현장 점검 후 신고필증을 받을 수 있습니다.

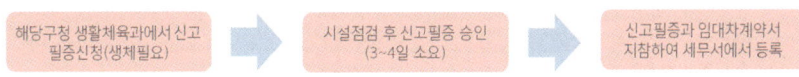

2) 네이버 스마트 플레이스

검색했을 때 해당 업체를 지도영역에 노출될 수 있게 해주는 것입니다. 등록 방법은 네이버 스마트 플레이스 검색 후 업체명, 전화번호, 주소, 업종에 대한 정보를 입력하고 신청을 하면, 일주일 정도 후 네이버사의 검열을 거쳐 등록됩니다.

센터 이름을 검색했을 때, 지역 또는 키워드 검색했을 때 지도영역에 주소, 전화, 영업시간, 가격에 대한 정보가 노출됩니다. PC 검색 시 총 7개 가 매인 으로 노출되며, 모바일로 검색 시 3개가 매인 으로 노출되기 때문에 노출 순서 가 중요합니다. 첫 페이지 안에 들어오지 못한다면 페이지를 넘겨야 볼 수 있으며 홍보에 미치는 영향이 크기 때문입니다.

3) 플러스 친구

카카오 친구 추가 없이 보내는 정보형 비즈 메시지입니다. 회원과의 실시간 커뮤니케이션이 가능한 채팅 기능으로 조금 더 편안하고 쉽게 문의를 할 수 있으며 굳이 센터를 직접 방문하지 않아도 궁금증을 해결시켜줄 수 있는 새로운 하나의 기능입니다. 홈/포스트 기능을 통해 홍보자료를 업로드 할 수 있기에 다른 곳과는 다르다는 차별화를 보여줄 수 있으며 상담자 경우 전화상담보다 고객에게 문의 내용에 대해 조금 더 디테일하게 전달 할 수 있으며, 사진이나 영상이 송출 가능하기에 시각적인 홍보도 가능합니다. 또한, 주 단위나 월 단위로 이벤트 소식을 전하여 잠재 고객까지 소통이 가능합니다.

카카오톡 vs 카카오톡 플러스친구

카카오톡	카카오톡 플러스 친구
1. 인원수 제한 (약 5000명)	1. 인원수 무제한
2. 불편한 친구 추가 (전화번호, ID 추가)	2. 친구추가 링크 제공, 한글 아이디
3. 관리가 불편 (회사 핸드폰이 별도로 필요함)	3. 관리자 추가 기능
4. 통계 지원이 안됨	4. 통계 지원 서비스

4) 카드 단말기 설치

카드 단말기 설치는 여러 업체와 상담을 통해 결정해야 합니다. 업체를 선택할 때 가장 중요한 점은, 어느 정도 규모가 있는 업체를 선택해야 합니다. 소규모 대리점은 직원이 적어 고객의 요구사항에 즉각적인 대처가 어려울 수 있습니다. 또한, 향후 어떤 서비스를 제공하는지도 살펴보셔야 합니다. 무상 A/S 기간은 어느 정도인지, 설치비용과 같은 추가 비용은 없는지 영수증 용지는 지급해주는지 등 확인하셔야 합니다. 선택을 하셨다면 사전에 준비해 할 서류가 있습니다.
설치는 총 2일이 소요되며, 전화선으로 연결 시 통신비가 나오기에 카드체크기를 인터넷으로 연결해 통신비가 발생하지 않도록 하는 게 좋습니다.

구분		개인사업자
사업자별 구비서류	1. 계약서	원본 2부
	2. 사업자등록증	사본 1부
	3. 입금통장	사본 1부
	4. 대표자 신분증	사본 1부
	5. 대표자 인감증명서	원본 1부

5) 세무사 선임

개업 초창기는 세금처리가 가장 많이 누락되는 시기입니다. 그 때문에 관련 지식이 부족한 사업자라면 개업 이전에 세무사에게 업무를 맡기는 것이 안전합니다. 더불어 세금을 절세할 수 있는 가이드라인까지 받을 수 있기 때문에 세무사를 미리 알아보고 선정해야 합니다. 세금 신고와 납부를 놓치거나, 잘못된 방식으로 신고를 하면, 신고불성실 가산세를 부과받을 수 있으니, 직접 세무를 관리하는 것은 추천하지 않습니다.

6) 회사계좌 개설

개인사업자라면, 개인계좌를 통해 사업 운영이 가능하지만, 회사계좌를 따로 구설 해야 자금을 효율적으로 운영할 수 있으며, 세금 처리도 수월합니다. 사업자등록증을 지참하여, 은행에 방문하면 손쉽게 회사계좌를 개설할 수 있으며, 카드단말기 등록 시 회사계좌로 제출하여야 합니다.

7) 전화번호 신청

간판, 온라인 광고, 네이버 플레이스 등 모든 홍보물에는 전화번호가 포함되어 있기 때문에, 인테리어 공사를 시작함과 동시에 전화번호를 신청하는 것이 아주 중요합니다. 전화번호 때문에 홍보계획과 인테리어 계획이 틀어지는 경우가 실제로 다수 있습니다. 주 통신사를 통한 일반전화 신청을 추천해 드립니다.

5. 프랜차이즈 가맹을 하면 어떤 점이 좋을까요?

1) 본사에서는 센터 운영에 관한 교육 및 지도를 하고 있기 때문에 미숙해도 센터 운영이 가능합니다.

2) 가맹 본사에 가맹계약을 하게 되면 센터선정부터 개업 전후의 운영 부문까지 노하우를 전수해 주기에 실패할 확률이 낮고 단기간에 손익 분기를 맞출 수 있습니다. 자본금만 준비되어 있다면 특별한 노하우나 경험을 가지고 있지 않다고 하더라도 안정적인 수익을 올릴 수 있도록 본사에서 지원해 줍니다.

3) 본사에서 시스템을 갖추어 소비자에게 공급하기 때문에 사업의 유연성이 높고 본사에서 일괄적인 마케팅을 지원하기에 개별적인 광고보다 브랜드 점포 가치의 시너지 효과가 발생합니다.

4) 가맹본사에서는 직영점을 창업 시 경험했던 토대로 움직이게 되므로 창업자의 준비가 미숙하더라도 사업장을 오픈하기까지의 창업 기간을 최대한 단축할 수 있어 경비 절감의 효과가 발생합니다.

5) 시장 변화, 소비자 행동의 변화에 따라 본사에서 기존시설을 개선하거나 새로운 시스템을 지속해서 가맹점에 제공해 주기 때문에 시장의 변화에 능동적으로 대처가 가능합니다.

6) 가맹점으로 성공하여 여유자금이 생긴다면 신규가맹점을 한 번 더 오픈하여 수익성을 높일 수 있고 또는 경험을 토대로 개인사업으로 확대가 가능합니다.

6. 커뮤니티 센터란 무엇이며 커뮤니티 휘트니스의 운영방식은 어떻게 다른가요?

커뮤니티 센터 내 휘트니스 : 우리나라의 특이점이 적용된 커뮤니티 휘트니스는, 좁은 땅덩어리에 많은 사람이, 특히나 '서울, 경기에 50%의 사람들이 살고 있다'라는 특이성으로 인해 많은 아파트가 존재합니다. 이에, 구세대 아파트는 단순히 주거 용도로 사람들이 살았지만, 지금의 아파트는 더는 먹고, 자고 공간이 아닌, 마을 공동체로서의 중심지가 되고 있습니다. 이에, 2000년대 초중반부터 지어지는 주상 복합 아파트부터 시작된 커뮤니티 내 휘트니스는 이제는 모든 아파트의 필수 요소가 되었습니다. 특히 재개발이 이루어지고 있는 서울 반포, 개포, 그리고 신도시들의 아파트들의 커뮤니티 시설은 외부 휘트니스에 버금갈 정도의 최신식 설비와 구조로 구성되어 있습니다. 이러한 커뮤니티 내 휘트니스는 입주민들의 복지를 위해 운영이 되는 것이 대부분입니다. 대부분 공개 입찰을 통한, 위탁 운영방식, 혹은 아파트 관리 주체(관리소)가 직영으로 자치 운영하는 방식으로 나눠집니다. 하지만 관리 주체(관리소)가 휘트니스 업계를 모르는 상태로 자치 운영은 쉽지 않습니다. 지방은 자치 운영의 비율이 상대적으로 높은 편이며, 서울 경기는 상대적으로 위탁 운영방식이 더 많이 성행하고 있습니다. 위탁 운영을 하게 된다면, 업체선정은 공개 입찰을 통한 선정이 대부분이며, 주민공동시설 운영에 관련된 입찰 사이트에서 입찰공고문을 통한 입찰에 참여할 수 있습니다. 입찰에 참여하기 위해서는 갖은 자료들이 필요합니다. 여기서 가장 중요한 것은 조건으로 걸리는 운영을 해본 실적이 중요하게 작용을 합니다. 그렇기 때문에, 진입 장벽이 존재하는 것이며, 매머드급의 업체들이 50여 개 이상의 휘트니스를 운영하고 있습니다. 대표적인 업체로써, ㈜로하스, ㈜라온스포츠, ㈜ SM 스포츠 등이 있습니다. 그 외 관리 주체가 직접 휘트니스를 운영, 관리하는 타워 PMC도 있습니다.

1) 운영방식

도급 운영방식 : 대부분의 운영방식은 2014년 공동주택관리법 개정으로 인해, 도급 운영방식을 권하고 있으며 이는 커뮤니티 이용요금에 대한 부분을 모두 관리비로 부과하고, 운영업체는 인건비를 받아서 운영하는 형태입니다. 이러한 형태 때문에, 안정적인 인건비의 유지가 가능하며, 운영 업체 입장에서의 적자 보전이 가능합니다. 하지만 상대적으로 매출의 볼륨이 작기 때문에, 큰 수익을 기대하기는 어렵습니다.

가) 도급 위탁 운영방식 시 관리비 부과 방식

구분	1. 사용자 부담 방식	2. 세대 균등 부과 방식	3. 추천 운영방식 / 수도권 주요 추세 (세대 균등부과 + 사용자 부담)
운영 방식	운영 비용을 사용자에게만 관리비로 부과하는 방식	발생수익을 공제한 잔여 운영 비용을 세대별로 균등히 나누어 관리비로 부과하는 방식	매월 일정 금액(기본운영비)을 세대 균등부과하고, 별도 이용자에게 추가 이용요금을 징수하는 방식
특징	1. 수혜자 부담의 원칙이므로 미사용 세대 미원 없음 2. 충분한 회원 미확보 시 안정된 운영 어려움 (아파트 적자 리스크 발생) 3. 세대 균등부과 방식보다 상대적으로 쾌적성 확보	1. 모든 비용의 관리비 부과로 원활한 운영 가능 2. 전체적으로 관리비 부담이 낮지만 미 사용 세대의 반발 민원 있음 3. 입주민 동의 절차를 밟아야 하며, 장점에 대한 사전 이해도 필요	1. 비교적 안정적인 운영 체계로 가장 많이 운영되는 방식 2. 입주민의 부담금액이 사용자 부담방식에 비해 낮아지며 합리적 운영 방식 3. 관리비 납부와 개인 사용부과 (PT, GX 등) 동시에 이루어져 체감비용은 많이 드나, 서비스 수준에 따른 아파트 자산가치 연동됨

2) 총괄 운영방식

도급 운영방식과 다른 운영방식은 총괄 형태의 운영방식입니다. 이는 아파트가 세대수가 작거나, 이용률이 낮을 것으로 예상되어, 관리비, 인건비에 대한 부담을 덜고자 위탁 업체가 직접 수납을 하고 아파트에 소정의 월세(장기수선충당금) 형태로 납부하며 운영하는 방식입니다. 물론 이는 구시대에 많이 운영되던 방식이며, 상대적으로 매출의 볼륨은 클 수 있으나, 적자를 보전할 수 없기 때문에 위험 부담이 큽니다. 그리고 법적으로 안정적인 보호를 받을 수 없기 때문에 요즈음은 잘 행해지지 않는 운영 형태입니다.

7. 커뮤니티 휘트니스의 장, 단점

장점). 도급 운영방식이나, 총괄 운영방식이나, 외부 휘트니스보다, 고정비의 소요가 적고, 기존 고정고객이 존재합니다. 이는 마케팅 비용의 절감을 말하며 시설 투자에 대한 부담이 적습니다. 기본적으로 아파트 시공사에서 지원해주기 때문에, 기본적인 기구의 배치는 되어있습니다. (물론, 때에 따라 없는 경우도 있습니다) 향후, 신도시 및 서울 강남, 강북권의 재개발 아파트들의 시장이 주목됩니다.

단점). 가급적 아파트 주민만 시설을 이용할 수 있습니다. 폭발적인 회원의 이용이 어렵고, 시설 투자, 인테리어 교체 등에 대한 자유도가 떨어지며, 모든 것은 갑(아파트)과의 조율이 필요합니다. 저렴한 부가서비스 PT, GX 등의 가격을 측정하면서 주도권을 가질 수 없으며, 아파트와 조율을 해야 합니다. PT단가도 대부분 5만 원 이하이며, 매출의 폭은 상대적으로 적습니다. 모든 것은 아파트 대표들과 결정을 하며, 관리소장과의 조율도 함께해야 합니다. 관계적인 부분이 중요하게 작용하며, 갑질 아닌 갑질을 당할 수 있습니다.

8. 직원들 구인은 어떻게 하는 게 좋은가요?

휘트니스 업계에서 보편적으로 구인을 하는 방식은 스포 드림 (cafe.daum.net/spodream) 이라는 다음 카페와 잡코리아 (www.jobdorea.co.kr) 사이트에 공고 글을 올려 지원자를 모집하고, 면접을 통해 채용을 결정하는 구조입니다. 손쉽게 접근할 수 있고 고용하기 쉽다는 편리성은 있지만, 진입장벽이 낮은 만큼 체계적인 지도를 할 수 없는 지도자가 지원하는 경우도 많습니다.

센터 운영은 인력 기반 사업입니다. 인력이 센터의 품질을 결정해도 과언이 아닌데, 현 업계 특성상 채용과 이직이 너무 쉽고, 빈번히 이뤄지고 있는 것은 참 아쉬운 부분입니다. 센터의 경영자는 회사의 가치관과 방향성에 따른 독자적인 구인시스템을 꼭 갖춰야 합니다. 우리나라 휘트니스 업계 특성상 그런 독자적인 구인시스템을 갖춘 곳은 거의 없다고 봐도 무방하므로, 일반 기업들의 좋은 사례를 참고하는 것이 좋습니다.

여러 가지 방식들을 통해 구인시스템이 체계화된다는 것은, 좋은 인력을 분별할 수 있는 토대가 될 수도 있지만, 회사가 구인 과정을 매우 진지하게 다룬다는 것을 표현하는 수단이기도 합니다. 이러한 사실은 구직자들에게도 전달될 수밖에 없으며, 회사에 지원하는 지원자들 또한 입사 지원을 신중하게 결정하게 되겠죠.

그 외에도, 결연된 협회를 통해 지도자를 공급받는 방식이 있습니다. 우리나라의 운동 관련 협회들은 자격 수료 후 직장 알선을 빌미로 수강생들을 모집하는 경우가 많아서, 자신들의 협회 교육을 이수한 수강생들을 채용할 업체가 필요할 수밖에 없습니다. 협회들로서는 입장에서는 그러한 업체들이 많을수록 수강생들 모집이 쉬워질 테고, 센터는 체계적인 교육을 받은 지도자들을 안정적으로 공급받을 수 있어서 윈-윈 시스템이 되겠죠. 하지만, 협력 협회를 선정할 때, 그 협회가 얼마나 체계적인 교육과정을 갖추고 있는지는 꼭 확인해야 할 것입니다.

9. 오프라인 홍보는 어떻게 해야 할까요?

오프라인 홍보는 사실상 제한사항이 많습니다. 일단 공공지에 전단을 부착하는 것, 족자를 거는 것, 배너를 설치하는 것, 허가된 장소 이외에 현수막을 설치하는 것 등은 국내에서는 모두 불법입니다. 불법 광고물들은 구청에서 모두 수거하게 되어있으며, 상당한 금액의 벌금을 물어야 하는 경우도 다반사입니다. 또한, 오프라인 마케팅은 광고물의 구성에 따라서 그 효과가 극명하게 갈리기 때문에, 우리는 오프라인 홍보에 대해 전략적으로 접근할 필요가 있습니다. 먼저, 합법적인 오프라인 광고 수단을 말씀드리면, 전단을 부착하는 것이 아니라, 사람에게 직접적으로 건네주는 것, 상가 혹은 주거지의 허가된 게시판에 전단을 게시하는 것(비용 소요), 사유지에 배너를 설치하는 것, 사유지에 족자 혹은 옥외광고물을 설치하는 것들은 합법입니다. 하지만, 이러한 것들은 모두 비용이 소모되는 것이기 때문에 효과적인 운용법이 필요하겠죠. 광고물의 종류에 상관없이, 광고물의 효과가 결정되는 것은 광고물에 포함된 사진과 내용입니다. 많은 업체가 할인 글귀와 일반 고객들은 공감이 어려운 센터 선생님들의 전후 사진들을 광고물의 내용으로 채우는데, 이러한 방식의 홍보는 효과를 기대하기가 어렵습니다. 오히려, 부정적인 이미지를 얻게 될 위험성도 있습니다. 먼저, 전후 사용에 대해 말씀드리자면, 극단적인 전후 사진보다는, 대다수의 사람이 공감할 수 있는 현실적인 전후 사진이 효과가 뛰어납니다. 예를 들어, 고도비만 회원들이 30kg을 감량한 사진을 아무리 게시해봤자 거기서 공감을 얻고 호기심을 얻을 고객들은 아주 소수일 뿐입니다. 센터 선생님들의 바디 프로필 사진을 게시하는 건 더 공감도가 떨어지겠죠. 또한, 할인 글귀보다는, 우리의 센터가 어떤 독자적인 시스템과 프로그램을 갖추고 있는지를 홍보하는 것이 차별성을 두는 방법입니다. 365일 24시간 같이 진행되는 것은 할인이 아니라는 것을 이제는 고객들도 너무 잘 알고 있습니다. 오히려 항상 할인을 진행하는 센터들에 대해서 신뢰성을 잃는 경우가 많습니다. 그리고 오프라인 홍보물에는 공간의 제약이 있기 때문에, 전달할 수 있는 내용이 한정적입니다. 때문에, 홈페이지 주소나 업체명을 검색해 보라는 지침들을 통해 고객들에게 센터의 정보를 더 포괄적으로 전달할 수 있도록 하는 것이 바람직한 오프라인 홍보 방법입니다.

마지막으로 더 점검해야 하는 부분은 요즘 들어 핫 이슈인 의료법 관련된 용어의 사용입니다. 홍보물에 관련 용어가 들어가 자칫 소송에 휘말리기도 하는데요, 조금 들여다본다면 재활, 교정, 치료, 통증이라는 단어는 사용하면 안 되고, 사진에는 마사지 배드나 회원한테 직접 손을 대는 행위, 치료적 행위를 연상케 하는 운동 치료 동작 등이 들어가면 안 됩니다. 꼭 체크하셔서 미리 생길 수 있는 문제들은 막아주는 게 좋겠죠!

10. 같은 건물 혹은 바로 인근에 경쟁사가 새로 입주한 경우는 어떻게 하나요?

대한민국 헌법에서는 허용하며, 직업에 자유 또한 인정하고 있기 때문에 법적으론 같거나 비슷한 업종을 입점하는데 규제할 방법은 없습니다. 그렇기 때문에 고객들의 수요는 일정하지만, 우후죽순으로 늘어가는 헬스장의 공급이 막막할 수도 있습니다. 시장 원리상 수요는 한정적인데, 공급만 늘어난다면, 공급자의 경쟁이 치열해질 수밖에 없으며, 수요를 과점하기 위해 여러 가지 방법들이 동원됩니다. 그리고 대부분 그 방법들은 마케팅과 할인에 치중된 것이 현실입니다. 하지만, 가격과 마케팅 경쟁은 누구 하나에게도 이득이 될 수 없는 치킨게임입니다. 경제적 손실이 직접적으로 발생하며, 경쟁에서 승리하게 되더라도 이득은 적고, 또 다른 경쟁사가 입점하면 다시 손실을 감수하며 새로운 경쟁을 해야 하죠. 그렇다면, 가격과 마케팅 경쟁 없이, 수요를 과점할 방법은 어떤 것이 있을까요? 바로 상품의 품질을 올리는 것입니다. 고객에게 상품이 매력적으로 다가갈 수 있다면 사실 가격경쟁 자체가 무의미해지죠. 애플사의 제품들이나, 명품 의류 브랜드를 예로 들 수 있겠네요. 고객들이 상품에 대한 매력을 느끼기 위해선 피부로 느껴지는 것이 원하는 바를 이룰 수 있게, 또한 그것의 결과를 조금 더 만족감 있게 행복하게 이룰 수 있게 도와줘야 합니다. 예를 들면 운동을 통해서 확실한 결과를 만들어 주거나, 체형 교정을 통해 불편함을 해소해 준다든지, 질병을 운동으로 극복하여 통증을 해소하도록 이끌어 주면서 전문성을 어필하여 있는 운동, 계속 함께하고 싶은 '나', 함께 만들어야 합니다. 물론 쉽게 이룰 수 있는 것은 아닙니다. 그래서 많은 업체가 가격을 낮춰서 자신의 가치를 떨어뜨리는 행동들을 하게 됩니다. 가치를 만들지 못하고 단순하게 자신을 가격을 낮추는 행동들은, 고객들이 비용을 제외하고는 센터에 별다른 매력을 느끼지 못하게 만들죠. 막상 그렇게 고객을 확보하더라도, 고객들 입장에서는 자신이 지불한 금액이 적다는 사실보다 센터의 품질이 떨어진다는 사실이 더 크게 느껴질 수밖에 없습니다. 그 누구도 명품의 가격을 할인하거나 흥정하지 않습니다. 그것은 그 제품이 가진 가치를 누구도 알고 누구나 알기 때문입니다. 오히려 제품들을 더욱 흥정하려 하는 것이 그런 심리입니다. 결국 우린 우리의 가치를 더 높여야 합니다.

전문성을 가지고 고객들을 만족시키며 경쟁사보다 합니다. 센터에서 제공하는 서비스의 가치가 일정 수준에 도달하면, 사실 경쟁사가 얼마나 되던, 센터의 매출에는 타격이 되질 않습니다.

11. 인근에 있는 경쟁사가 너무 큰 폭의 할인을 할 때는?

주변 경쟁업체의 할인에 동반 할인으로 대응을 하게 된다면 가격 경쟁이 점차 심화하여 결과적으로는 서로에게 도움이 될 것이 전혀 없습니다. 또한, 가격을 낮추기는 쉽지만, 다시 올리기는 정말 어렵기 때문에 인근 경쟁사의 할인율을 따라가는 것은 정말 위험한 판단입니다.

경쟁사의 할인에 대한 대응 방식의 기본 원칙은, "가격으로 경쟁하지 않는다. 가격 이외의 것으로 경쟁한다" 입니다. 센터의 가치는 저렴한 가격으로만 결정되는 것이 아닙니다. 지금 떠오르는 단순한 것들만 열거해도 선생님들의 경력, 센터시설, 홍보물의 퀄리티, 온라인마케팅 선점도, 예약의 편의성, 서비스마인드, 상담자의 능력, 청결도 등 셀 수 없이 많습니다. 이러한 요소들을 잘 이용하여 고객들에게 저렴한 가격 이상으로 만족도를 전달한다면, 사실 경쟁사의 할인을 무의미하게 만들 수 있습니다.

단적인 예로 이마트와 월마트의 사례를 들어볼 수 있습니다. 세계적인 유통 공룡이었던 월마트는 한국에서만큼은 성공하지 못했는데, 월마트의 경우 창고형 매장으로 가격 중심의 전략으로 영업을 하였지만, 고객의 입장 및 현지 고객 맞춤의 서비스를 제공하지 못하였으며 현지화에 대한 고려를 전혀 하지 않았습니다. 반면에, 이마트는 고객이 접근할 수 있는 교통의 편리성과 백화점 수준의 서비스 방식을 지향함으로써 고객의 관점 즉, 고객의 취향을 파악하여 영업 전략을 수립했기에 성공할 수 있었고, 시장을 어느 정도 장악하고 나서는 좋은 브랜드이미지를 토대로 월마트가 지향했던 고 할인율의 창고형 마트까지 섭렵하였습니다. 이처럼, 할인이라는 요소가 절대적인 것만은 아니기에, 우리는 고객의 심리를 파악하고 접근함으로써, 경쟁업체의 할인에 의한 리스크를 최소화할 수 있습니다.

또한, 그 어느 센터든 이익을 보존할 수 있는 단가 마지노선이 정해져 있습니다. 삼성이 해외에서 진행했던 스마트폰 1+1행사를 단기적으로는 했지만, 장기적으로는 할 수 없었던 것처럼, 우리 옆에 있는 경쟁사의 할인에도 한계점은 분명히 존재하기에, 경쟁사도 파격적인 할인을 장기적으로 지속할 순 없습니다. 결국 먼저 지치고 떨어지는 것은, 할인만을 내세우는 경쟁력 없는 업체가 될 것입니다.

12. 직원의 퇴사를 어떻게 대처해야 하나요?

헬스 업계에선 직업 수명이 짧고 불안정한 인식으로 인한 인력수급이 가장 큰 문제입니다. 그리고 인재는 언제나 가장 큰 힘인 걸 알면서도 인재를 이끌고 옆에 두는 것이란 아닙니다. 그래서 직원의 퇴사 시 그 이유에 대해서 분석할 필요가 있습니다. 물론 의지가 없는 직원도 있겠지만, 퇴사율이 일정 수준을 넘어가며 지속적이라면 센터의 직원 관리 시스템, 관리자의 역량에 대해서 고민해 봐야 하는 부분입니다. 그리고 그 갈등을 해소하기 위해서 타협해 나가야 합니다.

ㅍ3개 브랜드 100명의 직원을 대상으로 회사에 만족도를 느끼는 부분에 대한 설문조사를 실시한 결과, 미래에 대한 발전성 –급여체계 – 대표의 리더십 – 고용안정성 – 복리후생 순으로 나타났습니다.

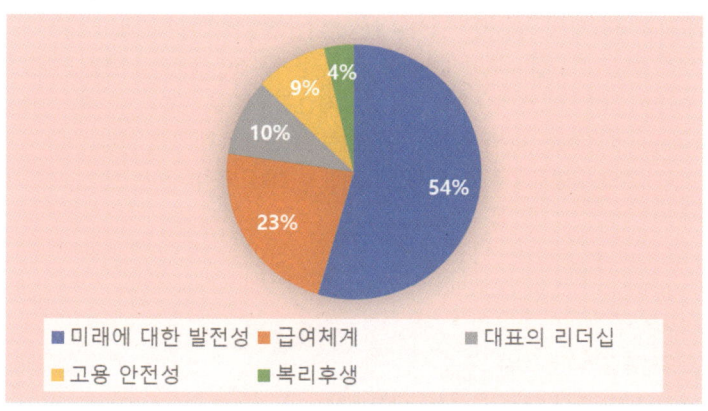

근무 만족도에 가장 큰 영향을 끼치는 것

결과에서 가장 의외였던 것은, 급여체계보다 미래에 대한 발전성이 큰 부분을 차지한다는 것이었습니다. 트레이너라는 직업이 전문직 군에 속해있고, 현업 트레이너들의 연령대가 대부분 낮다는 것을 고려했을 때, 미래에 대한 발전성이 중요할 수밖에 없는 것입니다. 급여체계만 좋고, 영업으로 얼룩진 센터들에서 퇴사율이 높게 나타나는 이유이기도 합니다. 센터의 대표는 이러한 미래에 대해서 직원들에게 정확하고 명확한 비전을 제시할 수 있어야 합니다.

급여 부분에 관해 이야기하자면, 실질적으로 센터에서 직원에게 임금으로 지불할 수 있는 비중은 사실 거의 정해져 있다고 봐도 무방합니다. 높은 급여를 주고 싶어도, 영업이익률을 마이너스로 만들면서까지 줄 수 없으니깐요. 여기서 중요한 건 임금으로 정해진 지출 비용을 어떻게 더 효율적으로 사용해 직원들에게 만족감을 주느냐는 것입니다. 대부분의 센터는 자체 시스템을 개발하기보다, 타 센터의 급여 시스템을 모방하여 사용하는 경우가 많은데, 사실 급여체계와 인사시스템은 센터 운영의 메인이 되는 부분 중에 하나로서 독자적인 시스템을 갖추는 것이 당연합니다. 급여 시스템에는 경영자의 소신, 센터의 특성, 센터의 이미지, 주 영업방식, 주 매출구조가 모두 포함되어 있어야 하고, 이는 전문가의 컨설팅을 받는 것이 가장 좋은 방법입니다.

어떤 회사든 대표가 회사에 끼치는 영향은 절대적일 수밖에 없습니다. 대표에 부합하는 올바른 가치관과 인성을 갖추고 있지 않다면, 직원들은 아무리 좋은 환경을 주더라도 퇴사를 결심하게 될 수밖에 없습니다. 리더십에 대해서는 뒤에서 더 깊이 있게 다루겠습니다.

고용안정성과 복리후생은 직원들에게 오랫동안 일할 수 있게 하는 토대를 제공합니다. 업계의 대부분이 4대 보험조차 적용되지 않는 경우가 많고, 일반회사와 다르게 정년이 보장되지 않으며, 직업 특성상 수명이 짧고, 이직 시에 경력을 인정받기가 힘들기 때문에 트레이너들은 항상 고용안정에 대해 불안감을 느낄 수밖에 없습니다. 선생님들에게 5년, 10년, 20년을 근무할 수 있는 센터가 있다면, 급여가 30% 이상 차이 나도, 장기적인 근무를 할 수 있는 센터를 선택할 것이라는 게 제 개인적인 견해입니다. 물론 20년 근무를 보장하는 근로계약서는 사업주에게 너무 큰 위험성이 따르기 때문에 현실상 불가능하지만, 그러한 부분들을 복리후생과 인사시스템 그리고 대표의 언행으로 어느 정도 대체할 수 있습니다.

1. 체계가 잡혀있는 회사
2. 발전이 지속적인 회사
3. 고용노동법을 준수하는 회사
4. 대표가 사익보다 조직의 이익을 우선시하는 회사
5. 복리후생에서 직원을 우선시하는 마음이 느껴지는 회사

이러한 내용만, 직원들에게 전달이 돼도 직원들의 고용 불안감은 크게 줄어들 것이고, 직원들이 오래 근무할 수 있는 토대가 될 것입니다.

13. 직원들의 매출보다 재등록률을 더 신경 써야 하는 이유는 무엇인가요?

재등록률은 직원의 능력을 가늠할 수 있는 가장 좋은 척도입니다. 신규 고객을 확보하는 것은 마케팅과 홍보로 진행할 수 있지만, 재등록률은 순수하게 직원의 역량에 따라 결정되기 때문입니다. 재등록률은 곧 회원의 만족도이죠. 우리는 운동을 가르치는 지도자이지만 그와 동시에 서비스업 종사자입니다. 때문에 '직원의 능력'이란 운동 지도자로서 고객 몸에 맞는 운동을 지도하는 것뿐만 아니라 고객의 성향에 맞춘 운동 방법, 고객의 성격, 수업 날의 마음까지 케어해 줄 수 있어야 합니다. 직원의 매출보다 재등록률을 더 신경 써서 관리해주고 개선되어야 할 점에 대해 피드백을 해준다면, 결국 센터의 매출이 늘어남과 동시에, 신규회원에 대한 의존도가 낮아져, 훨씬 안정적인 운영이 가능합니다. 그뿐만 아니라, 지속적인 재등록을 하는 회원들은 만족도를 넘어선 충성도를 보여주기 때문에, 주변 가족과 지인들에게 소속 센터를 추천하며, 무엇보다 효과적인 홍보 역할을 수행합니다.

14. 회원들의 만족도를 조사할 방법이 있을까요?

서비스 경쟁이 치열해짐에 따라 신규 회원을 확보하려는 마케팅뿐만이 아니라, 서비스 품질 향상을 위해 고객의 만족 여부를 끊임없이 확인하고 개선하는 노력도 중요한 가치로 자리매김하게 되었습니다. 이를테면, 은행은 창구에서 고객에게 직원 평가를 부탁하고, 보험회사는 서비스를 이용한 고객에게 고객만족도 조사 참여를 요청하는 문자를 발송하기도 하는데, 특히 스마트폰 보급 후에는 다양한 형태의 고객만족도 조사가 이루어질 수 있게 되었죠. 메가박스는 티켓 발권 시 보상이 보장된 고객 만족도 조사 참여 기회를 배포하고, 파리바게뜨나 스타벅스도 제품 구매 시 발행되는 영수증 하단에 참여 코드를 발급하여 고객만족도 조사에 응하도록 합니다. 그만큼 고객의 만족도가 서비스의 가치를 판가름할 수 있는 가장 좋은 척도라는 것이지요.

운동 지도와 체육 시설업 또한 서비스업의 일종이기 때문에, 우리에게도 고객의 만족도는 주효하게 작용합니다. 그럼 우리는 어떤 식으로 고객만족도 조사를 할 수 있을까요? 만족도 조사를 진행하기 위해 꼭 갖춰져야 하는 요소들이 있는데, 조사의 객관성, 조사에 응하는 고객들의 익명성, 조사하려는 항목들, 조사를 수행할 수 있는 플랫폼이 그것들입니다. 먼저, 조사의 객관성을 갖추기 위해선, 고객의 진솔한 응답이 고객에게 제공되는 서비스에 영향을 미칠 수 있다는 점을 꼭 전달해야 합니다. 이해관계가 수립되지 않는 이상, 명확하고 객관적인 응답을 할 필요성을 못 느낄 가능성이 크기 때문입니다.

조사에 응하는 고객들의 익명성이 필요한 이유는, 휘트니스 업계 특성상 선생님들을 계속 마주쳐야 하므로, 실명제로는 솔직히 응답을 하기가 부담스러울 것이기 때문입니다. 무기명 만족도 조사를 통해 회원들의 적극적인 참여를 유도하여 직접적이고 객관적으로 느끼는 부분에 대한 정보를 받을 수 있습니다. 조사를 하려는 항목 또한 중요한 요소인데, 시설 만족도, 수업 만족도, 선생님들의 친절도, 청결도 등 응답 결과에 따른 피드백이 즉각 가능하며, 실제 고객의 만족도에 큰 영향을 줄 수 있는 항목들로 구성해야 합니다.

15. 회원 수가 점점 줄어들 때, 개선을 위해 체크해야 할 리스트는?

적정 이하로 회원 수가 하락한다면, 센터 운영을 전반적으로 체크해야 할 필요가 있습니다. 회원 수는 언제든 줄 수 있지만, 그 원인을 파악하지조차 못하는 것은 더 큰 문제를 불러일으키죠. 일단 선행되어야 하는 분석은, 신규의 유입이 줄었는지, 기존 회원의 이탈률이 높아졌는지 체크하는 것입니다. 먼저, 신규의 유입이 줄었다면, 신규 유입이 줄어든 것이 외부적인 요인(타 업체의 입점, 경쟁업체의 할인)인지, 내부적인 요인(홍보/마케팅 전략, 상담자의 상담 실패)인지를 확인하여, 그에 맞는 대응을 해야 합니다. 반면, 신규의 유입은 일정하나 기존 회원의 이탈률이 증가했다면, 즉각적인 회원 만족도 조사를 실시해야 합니다. 기존 회원의 이탈률이 증가했다는 것은 센터의 품질이 떨어졌다는 것을 뜻하고, 어떤 부분에서의 불만족이 일어났는지를 조사하고, 밝혀지는 문제점들에 대해 즉각적인 조치를 해야 합니다.

16. 매출 관리는 어떻게 해야 하나요?

효과적인 매출 관리를 위해서는 꼭 산출해야만 하는 데이터들이 있습니다. 데이터가 누적되지 않는다면, 매출이 떨어졌을 때, 그 원인을 파악할 수 없으며, 타지점 혹은 타 업체와도 비교가 어렵기 때문이죠. 요즘은 유료로 할 수 있는 매출 관리프로그램이 잘되어 있어 편하긴 하지만, 꼭 개인적으로 통계를 내고 관리를 해야 데이터가 쌓이고 좀 더 효율적인 관리가 가능합니다. 그렇다면 어떤 데이터들을 유의하게 살펴야 할까요? 가장 중요한 데이터를 말씀드리자면, 신규문의, 신규문의 고객들의 등록률, 유입경로, PT/회원권 재등록률 이 4가지를 말할 수 있습니다. 이 4가지 데이터들은 센터의 운영전략을 세우는 기초적인 토대가 되기 때문입니다. 이 4가지를 기본으로 더 디테일한 구분을 이야기하자면, 재등록과 신규 등록의 비율, 마케팅 방법에 따른 지출대비 유입률, 문의 대비 등록률입니다. 먼저, 재등록과 신규 등록의 비율에 대해 말씀드리자면, 유효 회원 수가 고정적으로 유지된다는 전제하에, 재등록 비율이 높을수록 기존 고객의 만족도는 높지만, 홍보와 마케팅에 문제가 있을 수 있다는 것이며, 신규비율이 높을수록 홍보와 마케팅은 강세지만, 고객의 만족도는 떨어진다고 분석할 수 있습니다.

물론, PT나 FC 유효회원 수가 지속적이라는 전제이며, 유효회원 수가 점점 떨어지는 곳이라면, 만족도와 홍보/마케팅 모두가 문제가 있는 것이고 유효회원 수가 점점 증가하는 곳이라면, 두 항목 모두 우수한 것이겠죠. 이러한 데이터를 기반으로 운영전략을 수립하여 단점을 보완해야 하고, 단점 보완에 따른 데이터를 다시 한번 산출해야 합니다.

마케팅 방법에 따른 지출대비 유입률은 위에서 말한 항목 중 홍보/마케팅에 사용되는 데이터입니다. 온라인마케팅과 오프라인 마케팅 모두 무의미한 지출을 막기 위해선, 항목별로 지출한 비용 대비 효과가 얼마나 있는지 분석해야 합니다. 예를 들면, 네이버 파워링크에 한 달 동안 소모된 비용이 100만 원이고 전단지 배포에 소모된 비용이 200만 원인데, 유입경로를 조사했을 때, 파워링크가 70%, 전단이 30%라면, 파워링크 마케팅에 더 집중해야겠죠. 이처럼 지출에 대비하여 홍보 전략을 수립하면, 비교적 훨씬 적은 홍보비용으로 큰 효과를 낼 수 있어서, 홍보/마케팅에 대한 방향성을 잡기가 훨씬 수월해질 수밖에 없습니다.

다음으로, 문의 대비 등록률입니다. 문의 대비 등록률은 2가지 방식으로 데이터를 산출해야 합니다. 첫 번째는, 전화/문자/홈페이지/카카오톡 등 모든 문의에 따른 등록률이고, 두 번째는 상담 방문 고객에 한정한 등록률입니다. 문의에서 상담으로 이어지는 비율이 낮다면, 전화/문자/홈페이지/카카오톡 응대가 비교적 문제가 있다고 판단할 수 있으며, 상담 대비 등록률이 낮다면, 상담 방식이나 상담자의 능력에 문제가 있다고 의심해 볼 수 있습니다.

지금까지 말한 데이터들은 모두 지속적 해서 누적돼야지만 가치를 발휘합니다. 월별/분기별/연도별로 데이터를 누적한다면, 센터 자체 내에서의 문제점 분석이 수월해질 뿐만 아니라, 타지점/타 센터보다 부족한 점을 찾기도 쉽겠죠. 또한, 이러한 데이터들은 고객만족도 조사, 유효회원 변화추이, 환불 비중, 주변센터의 할인과 새로운 업체 입점 등의 부가적인 데이터들과 결합했을 때, 더 세분되고 명확한 문제점을 제시해 줍니다.

매출의 변화는 언제든지 일어날 수 있으며, 언제 위험이 닥칠지 아무도 알 수 없습니다. 하지만 그러한 매출 저하에 따른 문제점을 분석할 수 있고 개선할 수 있는 능력이 있다면 훨씬 안정적으로 센터를 운영할 수 있을 것입니다.

17. 날짜에 따른 매출 추세와 관리 방법이 무엇인가요?

운동 업계의 특성상 계절에 따른 영향을 강하게 받을 수밖에 없습니다. 절대적인 수요가 떨어지는 것이기 때문에, 사업자가 통제할 수 있는 범위를 넘어섭니다. 하지만, 안정적인 매출을 유지할 방법들은 있습니다. 먼저, 월별로 정리해 보겠습니다.

1월 – 새해 다짐으로 인해 신규 유입이 가장 높은 달 중에 하나. 장결 회원들도 다시 운동을 시작하는 경우가 많음. 늘어나는 수요를 과점하기 위해서는 마케팅/홍보 전략이 미리 수립되어, 이미 선점하고 있어야 합니다.

2월- 1월보다 신규유입이 급감. 여기서 중요한 점은 신규유입보다 1월에 등록한 회원들을 얼마나 잘 관리하여, 장기 회원으로 이끌 어가냐는 것입니다.

3월- 날씨가 풀리기 시작하며, 다시 신규유입이 늘어나는 시기입니다. 또한 날씨 때문에 외부 유동 인구가 많아지기 때문에, 오프라인 홍보의 효과가 올라갑니다.

4월- 3월과 비슷한 특성을 보이지만, 황사와 미세먼지 때문에 3월보다 외부 유동인구는 떨어집니다.

5월- 휴일과 기념일이 많아 기존 회원들도 운동을 안 나오는 경우가 많고, 문의 또한 떨어지는 달로써, 홍보보다는 기존 회원들의 관리에 비중을 많이 둬야 합니다.

6월- 본격적으로 날씨가 더워짐에 따라, 문의량이 급격히 증가합니다. 1월과 마찬가지로 홍보자료가 미리 배포되어 있어야지만, 수요를 과점할 수 있습니다.

7월- 문의도 증가하지만, 휴가철이 껴있어 고객들의 장결 또한 늘어납니다. 휴가 이후로 운동을 중단하는 경우가 생기지 않도록 유의해야 합니다.

8월- 여름 성수기의 마지막 달로써 문의량이 다시 떨어지는 기점입니다.

9월- 추석을 기점으로 추석 전에는 문의량이 급감하고, 추석 이후로 문의량이 급증하는 경향이 있습니다. 마찬가지로 추석 연휴 시작 전 온라인 홍보 자료에 특히 신경 써야 합니다.

10월- 본격적인 비성수기로 접어드는 시기입니다.

11월- 1년 중 가장 비성수기 달로써, 신규유입이 줄어들 것을 미리 대비하고, 기존 회원 재등록에 심혈을 기울여야 합니다.

12월- 초중 순까지는 신규문의가 거의 없지만, 크리스마스를 기점으로 문의가 폭발적으로 늘어납니다.

물론 지역별로, 센터 특성별로 오차가 크긴 하지만, 여기서 중요한 것은 미리 대비하느냐 하지 않느냐 차이입니다. 오픈 초창기에는 보편적인 계절별 특성에 맞추어 대비해야 하며, 1년이 지나고 나서는 센터의 작년 데이터를 분석하여 대비해야 합니다. 상황이 발생하고 움직이는 것은 항상 늦을 수밖에 없기 때문입니다. 미국 화폐 100$에서 볼 수 있는 미국의 정치학자 벤저민 프랭클린 이 이런 말을 했습니다. '준비에 실패하는 것은 실패를 준비하는 것이다' 철저한 준비를 통해 안정적인 운영을 합시다.

18. 소음, 누수, 소방법 위반 등 시설 관련 문제가 생겼을 때는?

소음의 경우에는 체육시설로서 방음 시설을 설치해야 합니다. 하지만 방음 설치 규정은 따라 다를 수 있음으로 관할청에 문의해야 합니다. 누수와 소방법 등의 문제는 임대인에게 수선 의무가 있습니다. 당연히 수리를 요청할 수 있고 임대한 부동산이 사용함에 부적합한 상태 일시 임대인은 수리해 줄 의무를 지닙니다. 또한 처음부터 건물의 문제를 숨겼고 생활이 불가능할 정도라면 계약 해지 사유가 될 수 있습니다. 서면으로 계약 해지를 통보하고 추가 손해가 있다면 손해까지 배상받을 수 있습니다. 물론 기타 상황적인 면을 고려했을 때, 변수가 있을 수 있습니다.
제일 좋은 방법은, 임대차계약을 하기 전, 누수-소음-소방시설에 대해서 꼼꼼하게 살피는 것입니다. 계약 전에 하자가 있는 부분에 대해서는 임대인에게 요구하기가 쉬운 반면, 임대차계약 이후로는 현실적으로 임대인에게 하자보수 요구를 하기 어려운 것이 현실이기 때문입니다.
특히 헬스장 화재 사고가 크게 일어난 다음 방염 커튼 의무화나 스프링 쿨러 규제 및 단속이 심해지고 있기 때문에 오픈형 천장을 한 경우 꼭 스프링 쿨러를 하향식이 아닌 상향식으로 변경해 주어야 하기 때문에 이 비용 또한 고려해서 계약 및 공사전 협의를 하셔야만 합니다. 마음대로 텍스를 제거 후 스프링 쿨러 교체 까지 했는데 계약 종류 후 원복을 하려면 다시 이중으로 비용이 발생 할 수 있기 때문입니다.

19. 휘트니스 혹은 PT 샵 업주의 리더십

리더십이 왜 중요 할까요? 회사의 규모가 커지고, 구성원의 수가 증가해서 10명 이상이 되면 경영자의 한 사람에 의해 운영될 수 있는 한계를 벗어나게 됩니다. 회사가 성장하는 과정에서 지점수나 구성원 수가 늘어나면 조직에 의한 자율적인 경영의 단계로 넘어갈 수 밖에 없는데 지시에 의한 업무 관행에서 벗어나 역할과 책임을 인지하고 스스로 업무를 계획하고 실행하지 못하는 조직은 성장통을 겪게 되는데 직장인 54% "팀장에 불만… 리더십/통솔력 부족" 이런 기사가 나올 정도로 리더십은 참 중요합니다. 관리자가 된다는 것은 업무수행 방식의 구조가 바뀌는 것을 의미합니다. 실무에서 관리로 넘어가는 것이며, 상사에게 리드를 당하다가 직원들을 리드해야 하는 자리로 위치가 바뀌는 것입니다. 그 때문에 리더라면, 자신의 조직원들을 어떻게 만들어 나아갈 것 인가 고민해봐야 합니다. 각자가 규율있는 사고와 행동으로 구성원들 간에 책임 전가나 회피가 사라지고 자율적인 경영이 되는 조직은 성장 통을 겪지 않을 수 있는데 대부분의 휘트니스 사업군은 인력기반사업이기에, 직원이 퇴사하는 순간 센터에는 큰 손실로 다가올 수밖에 없으며 그 책임은 리더에게 있습니다. 리더는 인력을 보존하고 발전시키는 것은 물론, 업무효율을 증대하여 회사의 이익률도 높여야 하므로, 자신만의 운영원칙과 기준이 명확해야 합니다. 리더=권력이라는 생각을 하는 사람이라면, 리더의 자리에서 내려와야 합니다. 그만큼 책임이 따르는 지위이기 때문이죠.

좋은 리더가 되려면, 팀원들을 훌륭하게 이끄는 방향 설정자 역할도 중요합니다. 팀의 항로를 결정하는 선장 같은 역할 말이죠. 팀이 추구해야 할 방향이 잘못되었다면 바로 잡아줄 수 있는 역량과 추진력도 갖춰야 합니다. 또한 리더는 조직의 얼굴이기도 하는데, 팀의 위상을 결정지을 만큼 중요하다는 것을 잊지 말아야 합니다. 관리자가 외부에서 하는 말이나 행동은 팀 전체를 대변하는 부분이며, 팀원들의 이미지나 위상에도 많은 영향을 미치는 것이 사실입니다. 이러한 사실을 명심하고 팀을 옹호하고 대변하는 역할을 충실히 수행해야 합니다.

마지막으로 리더는 조직원과의 관계에서 '관리' 차원에 머물러서는 안 됩니다. '코칭'이 필요합니다. 업무를 지시하고 관리하는 역할도 중요하지만 코칭의 가장 중요한 역할은 팀원들의 잠재력을 불러일으킨다는 점을 잊지 말아야 합니다. 유능한 리더라면 관리는 물론이고, 효율적인 코칭을 통해 조직원들과 긍정적인 파트너쉽을 유지할 수 있을 것입니다.

20. 휘트니스 CEO의 경영 마인드 및 철학

인간에 대한 존중을 통해 기업의 성장을 추구합니다. 기업 내 문화가 직원들과 경영자와의 소통의 뿌리가 되고 미래성장을 주도해가는 무언의 힘으로 자리 잡게 합니다.

1. 팀워크 팀워크 팀워크! - 존중과 협력으로 최고의 성과를 냅니다.
2. 대한민국에서 가장 감탄스러운, 가장 다니고 싶은 회사를 만듭니다.
3. 훈훈한 사람 냄새 나는 회사·우리는 가족입니다.
4. 인간 존중과 믿음이 경쟁력입니다.
5. Respect the Others!
6. 사람이 가장 중요한 회사
8. 전 직원이 함께 만드는 심장 뛰는 회사
9. 장인정신과 열정으로 한계를 돌파하다.
10. 회사의 경쟁력과 가치, 조직문화에서 답을 찾는다.
11. 신뢰를 심고 존중을 꽃피운다.
12. 직원의 마음을 사로잡는 회사
13. 나눔, 멈추지 않는 성장의 원동력
14. 사람들에게 더욱더 나은 삶을

teamwork is everything 팀워크가 최우선입니다. 존중은 헌신으로, 헌신은 팀워크로 우리는 모든 동료를 존중하고, 한명 한명에게 자신이 실제로 존중받고 있다는 것을 느끼게 하기 위해 노력합니다. 우리가 고민하고 도입하는 많은 제도의 근저에는 존중감 전달이 깔려 있습니다. 강한 팀워크를 갖추려면 구성원들이 서로 배려하고 자발적으로 헌신 할 수 있어야 합니다.

즉, 서로에 대한 존중감이 형성되어야 이 모든 것이 가능하다는 뜻입니다. 이러한 예시처럼 각자의 경영 철학을 정리하는 것이 필요하며 실천해 나아가는 것이 중요합니다.

21. 신뢰받는 리더가 되는 방법

팀원의 성장성을 진정성 있게 도와주어야 합니다. 팀원이 고객과 동료들로부터 인정받을 수 있도록 해주며, 팀원이 작성한 자료의 완성도 향상을 위해 끈기 있게 조언해주며 서포트해 주고, 팀원에게 작은 일을 시킬 때도 큰 그림을 먼저 그려주며, 자상하고 친절하게 지도해 주어야 합니다. 팀원에게 자신의 지혜와 네트워크를 아낌없이 공유해 주며 항상 팀원을 보호하고, 안 해본 일, 어려운 일에 앞장서서 도전해야만 합니다. 일과 삶이 공존하는 모든 구성원이 가장 행복하고 즐거움을 느끼는 터전이며, 내가 꿈꾸는 회사의 모습입니다. 어떻게 하면 우리 안에 존중과 팀워크가 더 강하게 자리 잡을 수 있을지 고민합니다. 모든 고충과 고쳐야 할 점들, 회사에 바라는 점들을 여과 없이 모두 보여 달라고 합니다.

22. 업무요청을 할 경우 지켜야 할 10가지 규칙.

- 미리 알려야 합니다.
- 결과물을 위해 참고할 수 있는 사례를 제공합니다.
- 설명을 제공합니다.
- 마감기한을 구체적으로 지정합니다.
- 온라인과 오프라인의 접촉에 함께 신경 써야 합니다.
- 피드백을 항상 확인합니다.
- 정중하게 요청하고 꼭 감사를 표합니다.
- 단톡방, 블로그, 밴드, 카페 등에 사례를 공유합니다.

23. 함께 가고자 하는 방향 우리의 비전과 미션

경영자는 말하는 사람이 아니고 듣는 사람입니다. 지시하는 사람이 아니고 지원하는 사람이며 경영자는 전문가 직원들이 자신들의 분야에서 최선의 성과를 낼 수 있게 도와주고 밀어주고 채워주는 사람입니다.

수직적인 구조보다는 수평적 조직 구조가 되어야 하며 회사가 커지면서 체계화되면 어느 정도 수직적인 구조가 될 수밖에 없지만, 항상 직원들이 힘들어하는 부분을 체크하고, 회사가 시급하게 개선해야 할 문제를 파악하고 개선해 나아가야 하며, 사장이나 간부에게 하고 싶은 이야기를 할 수 있는 시스템을 만들어 주어야 합니다.

더 좋은 환경(Everyday), 더 좋은 분위기(performance), 더 좋은 시스템(management)

우리의 최대 관심사는 어떻게 하면 직원들이, 조직 내에서 자신이 부품이나 소모품이 아니라 소중한 가족 구성원이라는 것을 느끼고 자존감이 충만하게 할 것인가입니다. 직원 존중 문화를 통한 높은 직원몰입도 향상이 필요합니다.

PSP – 피플 서비스 프로핏

사람이 늘 먼저다. 서비스와 수익은 그다음입니다. 사내에 존재하는 모든 제도나 규정들은 다 이 철학을 기반에 두고 있습니다. 이를 통해 사람 중심 문화가 형성되고 더 진해지는 것이며 함께 성장해 나아가기 때문에 오랜 시간 함께 할 수 있습니다.

위와 같은 비전을 소유주부터 직원까지 공유하고 미션을 함께 수행해 나아가야만 함께 할 수 있습니다. 물론 처음부터 이러한 모든 과정을 거칠 수는 없겠지만 대부분의 휘트니스 운영에 실패하는 이유가 비전도 없고 철학도 없어 매출에만 목을 매고, 과도하고 무리한 경쟁에서 생존하지 못했기 때문입니다.

24. 휘트니스도 체계적인 제도와 지침이 필요합니다.

GFT-guaranteed fair treatment
나이, 성별, 학력, 경력과 관계없이 능력에 대한 평등한 대우를 받도록 보장하며, 근무 중 불공정한 대우나 징계를 받았다고 생각되면 누구나 이에 대해 조사를 요청하고 재심의를 받을 수 있습니다.

SFA-survey, feedback, action
설문 제도 - 회사의 서비스와 근무환경개선을 추구하며, 부당한 대우나 불편한 상황을 미연에 방지해야 합니다.

Respect & Result 함께 일하고 함께 성공하기의 실행지침!
1. 열린 자세로 미리 커뮤니케이션합니다.
2. 얼굴을 마주 보고 대화하고, 상대방에게 피드백을 구합니다.
3. 자신이 대접받고 싶은 만큼 똑같이 상대방을 대우합니다.
4. 성공적인 업무수행을 위한 업무환경과 설비를 제공합니다.
5. 직원들이 더 큰 도전을 할 수 있도록 독려하되, 실현 가능한 목표를 설정하게 도와주고 성공을 위해 필요로 하는 것을 지원합니다.
6. 성과와 활동에 대한 정확하고 주기적이고 즉각적인 피드백을 제공합니다.
7. 도덕적/사회적으로 용인될 방법을 통해 달성된 결과만 인정합니다.
8. 말과 행동이 일치하도록 합니다.

위에 예시들처럼 그때그때 기분 따라 하거나, 친분으로 인해 일관적이지 못한 제도가 운용된다면 그 회사는 오래 갈 수가 없습니다. 그러므로 소유주로서도 이러한 제도를 만드는 것이 필요하며, 직원으로서도 제도가 명확한 곳에서 일하는 것이 좋습니다.

25. 직원을 어떻게 관리해야 할까요?

보통 일반적인 기업들은, 인력을 HR(Human Resource)라 하여, 하나의 자원으로 관리하고 있습니다. 그 관리에는 직원들의 근태, 급여정책, 인사고과, 복지정책 등이 포함되어 있을 뿐만 아니라, 여러 깨어있는 기업은 직원들의 스트레스, 근무 집중력, 근무 만족도 등까지도 시스템을 통해 관리하고 있죠. 그만큼 인력에 큰 중요성을 두고 있다는 것입니다.

우리나라 휘트니스 센터들은 기업보다는 자영업에 가까운 형태가 많습니다. 그 때문에 인력 구인 시스템조차 갖추지 못한 곳이 대다수인데 하물며 인력관리 시스템까지 갖추는 것은 불가능에 가깝죠. 선생님들이 센터의 재산이 되는 인력기반사업에서 여전히 이러한 시스템이 갖추어지지 않는다는 것은 참 안타까운 사실입니다.

이러한 현실 때문에, 인력관리에 대한 부분을 사업주나 관리자가 독자적으로 부담하여, 직원들의 사기를 독려하거나 교육하고, 미래에 대한 방향성을 제시하고, 급여 시스템으로 보완하는 현상들이 나타납니다. 물론 큰 시스템의 개발이나 큰 비용투자 없이 효율적으로 직원들을 관리할 방법들이긴 하나 그 구조에 한계가 분명히 있습니다.

궁극적으로 올바른 모범 사례를 가진 기업들의 HR을 학습하여 적용하는 것이 가장 이상적이지만, 현실적으로 불가능할 때 대체할 방법이 있습니다. 바로 '소통'입니다. 직원들이 지속해서 근무하는 것에 저해되는 점들이나, 직원들이 요구하는 것들을 수용할 수 있는 창구가 있다면 직원들의 근무효율이 높아질뿐더러, 근속연수 또한 자연스럽게 향상되겠죠. 유명무실한 제도보다는 분명하고 확실하고 결과가 제시되는 제도가 필요합니다. 직원들이 받아들이기에 회사가 직원을 소중하게 생각하고 있다는 사실을 인지할 수 있어야 하기 때문입니다. 평균 근속연수가 4개월이라는 우리나라의 처참한 휘트니스 현실이 개선되기 위해서는, 사업주부터 변화해야 할 필요가 분명히 있습니다.

26. 좋은 관리자가 되는 방법은 무엇인가요?

모든 직원이 즐거운 발걸음으로 출근할 수 있는 회사를 만들려면 어떻게 해야 할까요?
커뮤니케이션 원칙 썩은 생선을 먼저 올려라! 라는 말이 있습니다. CEO가 직접 듣는 제도가 필요합니다. 다이렉트로 직원 제안이나 다이렉트 고객의 소리를 들어 줄 수 있는 제도가 필요합니다. 물론 사소한 모든 일을 대표가 들어줄 수 없기 때문에 룰을 정하고 시스템 안에서 이 또한 이루어져야만 합니다.

직원들은 인정해주는 만큼 성장합니다.

1. 칭찬사원   2. 분기별 우수사원   3. 올해의 우수사원
4. 제안 왕   5. 소개왕 등

우리의 비전은 우리가 만들어 나아가며 소유주가 혼자 만드는 것이 아닌 직원들이 직접 만든 비전이 필요하며 소유주는 이를 지원해 주는 역할입니다.

직원이 행복해지려면 무엇이 필요할까요? 즐거움과 성취감을 통해 자아실현을 할 수 있는 회사를 만들어 줘야 하고, 누구나 입사하고 싶고, 가족에게 자랑할 수 있는 회사가 되어야 합니다. 그리고 생존을 위해서는 회사의 경쟁력은 사람이며 전문성입니다. 그렇기 때문에 배우고 또 배우는 것이 필요하며 변화는 선택이 아닌 필수과제입니다. 항상 내가 실천할 수 있는 일은 어떤 것들이 있을까? 고민하고 회사의 성장을 위해 어떤 사람들이 어떤 분위기에서 함께 일하면 좋을까? 생각하며 만들어 나아가야 합니다. 작은 것이라도 함께 해낼 때 신뢰가 싹트고, 생각한 만큼 실행이 이뤄지지 않은 데에는 여러 가지 이유가 있겠지만, 회사 내에 신뢰가 없는 것이 가장 큰 문제입니다. 신뢰라는 가치를 일 순위로 두는 이유는 아무리 좋은 경영전략도 구성원들의 진심 어린 동의 없이는 성공하기 어렵기 때문입니다. 그리고 구성원들의 동의를 얻기 위해서는 결국 그들의 마음을 얻어야 합니다. 작은 회사는 규모가 크지 않은 만큼 주어진 자원으로 최대의 효과를 낼 방법을 치열하게 고민해야 합니다. 지식정보사회에서 기업의 경쟁력은 직원들의 창의력으로부터 나옵니다. 직원들이 자유롭게 생각의 나래를 펼칠 수 있는 좋은 환경을 제공해주는 것이 필요하며, 지금 경영자는 살아남기 위해 직원들을 행복하게 해줘야 하는 시대를 살고 있습니다. 사업을 하다 보면 인정하고 싶지 않아도 기업의 자산은 결국 직원들임을 뼈저리게 깨닫게 됩니다. 구성원들이 자발적으로 열정을 발휘하지 않는 회사는 결코 발전할 수 없고, 휘트니스 업계는 그야말로 '사람이 전부'인 분야라 할 수 있습니다.

벽면에 우리만의 메시지를 새기는 것도 좋습니다. 사람이 전부다 (nothing without People), 안된다는 말 금지 (Never say Never), 일을 놀이처럼 (work for play) 등 편안한 분위기와 즐거운 기업문화는 결국 고객들까지 행복하게 만드는 서비스로 이어질 수 있습니다. 휘트니스는 고객에게 즐거움을 주는 서비스를 제공하는 회사입니다. 하지만 이를 제공하는 직원들이 행복하지 않다면 어떻게 고객들에게 즐거움을 줄 수 있을까요? 고객 감동의 비결은 간단합니다. 감동한 직원이 감동한 고객을 창출해내며, 감동한 직원은 상사와 경영진을 신뢰하고, 자기 일과 조직에 자부심을 느끼며, 일에서 보람과 재미를 느끼게 됩니다. 일을 놀이처럼, 놀이를 일처럼 톰 소여의 모험을 쓴 미국의 소설가 마크트웨인은 성공의 비결은 당신의 직업(vocation)을 휴가(vacation)로 만드는 것 직원들이 일터에서 행복을 느끼려면 어떤 회사가 되어야 할까? 를 고민했고, 결국 이는 '어떻게 하면 노는 것과 일하는 것의 경계가 사라진 회사를 만들 수 있을까? 라는 질문으로 이어졌습니다. 회사를 이끌면서 알게 된 변치 않는 진실은 행복한 회사가 행복한 직원을 만들며, 웃으면서 일하는 직원이 고객도 웃게 만든다는 사실입니다. 피터 드러커와 함께 현대 경영의 창시자로 불리는 경영의 대가 톰 피터스는 웃음이 드문 곳에서 일하지 말라. 라는 말을 했습니다. 회사의 가치를 결정하는 주체는 결국 직원들이고, 서로의 역할에 최선을 다하면서 거짓말하지 않고, 기본을 지키는 것이 중요하며 이것이야말로 회사와 직원이 함께 성장하는 길입니다. 섬김의 리더십과 존경의 팔로워십이 만든 기업문화를 통해 회사의 역사를 써 내려가야 합니다. 회사의 수익증대는 곧 직원의 몫이자 행복이라는 지극히도 당연한 등식이 성립되는 회사에서는 그 어떤 일도 즐겁게 해낼 수 있습니다. 우리는 서로를 형/동생이라 부르지만 않을 뿐 한 가족처럼 격식 없이 지내야 합니다. 가족처럼이 아니라 진짜 가족인 회사, 어떤 직원이 '최소 이것만이라도 제대로 해내는 사람' 의 조건에 맞는다면 그는 어떻게든 우리 회사에 붙잡아둬야 하는 훌륭한 인재라 할 수 있습니다. 좋은 회사를 만들기 위해 우리가 해야 할 일은 직원들을 사장처럼 만드는 것이 아니라, 사장과 직원의 제대로 된 역할을 이해하고 그것을 잘 수행할 수 있는 판을 만들어주자는 것입니다. 사장은 회사를 올바른 방향으로 잘 이끌어야 하고, 직원들이 행복할 수 있도록 항상 노력해야 합니다. 직원들은 회사의 구성원으로서 자신의 맡은 바를 훌륭히 해내고 회사와 자신의 성장을 위해 애써야 합니다. 직원들에게 닮고 싶은 선배가 되어야 합니다. 월급을 세배로 주면 그들의 마음을 살 수 있을까? 절대 아닙니다. 이는 친구를 돈으로 살 수 없는 것과 마찬가지입니다. 가장 큰 목표는 즐거운 회사를 만드는 것이며, 대한민국에서 가장 감탄스러운, 가장 다니고 싶은 휘트니스를 만드는 것입니다. 영국의 정치가 윈스턴처칠-비관론자는 모든 기회 속에서 어려움을 찾아내고, 낙관론자는 모든 어려움 속에서 기회를 찾아낸다. 라는 말을 했고 자동차 회사 포드의 창시자 헨리 포드- 할 수 있다고 생각하는 사람도 옳고, 할 수 없다고 생각하는 사람도 옳다.

그가 생각하는 대로 되기 때문이다. 라는 말을 했습니다. 이처럼 회사의 분위기를 만드는 사람은 제일 먼저 경영자, 그리고 그다음이 팀의 책임자입니다. 이들이 서로 협력하면서 긍정적이고 건설적인 분위기를 조성해놓으면 그 회사에는 누가 들어오든 잘될 수밖에 없습니다. 신의 직장을 만드는 사람들 신뢰의 반은 팔로우십 입니다. 우리는 조직 내 누구도 차별하지 않고, 일단 그 사람의 입장에서 생각해보기 위한 노력을 해야 합니다. 우리는 모두 기획자이며, 사이드 프로젝트를 통해서 가치를 창조하고, 디테일한 지시로 실행력을 높이고, 육하원칙에 따라 공유하고 요청해야 합니다. 당신의 회사도 성공모델이 될 수 있으며, 마음을 얻기 위해서 노력하고 신뢰로 가득 찬 신의 직장을 만들어 가야 합니다. 어떻게 하면 좋은 직장, 신나는 일터를 만들 수 있을까? 이러한 기업문화는 일하는 데 있어 즐겁고 행복하고 보람을 느낄 수 있는 직장을 만들어야 가능하며 사람의, 사람에 의한, 사람을 위한 신뢰 경영이 기반이 돼야만 합니다. 특히 기업문화에서 신뢰를 쌓는 우리만의 스토리텔링이 필요하며 주 업무 외 OO가지 일에는 각각 담당이 있어야 하고, 회식 대신 파티나 활동을 같이하며, 우리의 버킷리스트로 함께 꿈을 꾸기도 하고 위시앤롤 리스트를 만들어 보는 것도 좋습니다. 사람의 신뢰를 얻고 이를 성장시키는 인재 육성법이 필요하고, 직원들에게 닮고 싶은 선배 이자 모범이 되어야 합니다. 사람은 변할 수 있다는 믿음을 가져야 하며 하나씩 실천해 나아가면서 기록에 남기는 것 또한 필요합니다.

27. 환불이 나왔을 때 대처방안이 있을까요?

환불이 나왔을 때 사내 규정을 따르는 것이 일반적입니다. 대부분의 센터가 자체적인 규정이 있기 때문에 그에 따라 해결하면 되는 부분이지만 여기서 그치는 것이 아니라 왜 고객이 만족하지 못하고 환불을 신청했는지에 대해 고민을 해야 합니다. 물론 아프거나, 이사하거나 이직하는 예상치 못한 변수가 생긴 상황은 어쩔 수 없습니다. 그러나 원인에 대한 부분은 확실하게 짚고 넘어가야 합니다. 원인의 예를 들면 운동이 생각하는 것과 다르거나, 효과를 느끼지 못하고 재미 또는 흥미를 잃는다는 것도 하나의 이유가 됩니다. 그리고 강사의 성격이나 운동 성향이 맞지 않아서 등이 있습니다. 이 모든 결과는 고객의 만족도를 충족시키지 못해서 환불로 이어지게 됩니다. 사실 환불 문의들은 숙련된 상담자가 고객의 마음을 돌려, 담당 선생님을 바꾼다든지, 문제가 되는 부분을 해결해줌으로써, 일시적으로 막을 수 있으며, 계약서에 독소조항을 넣어 환불에 따른 지출을 최소화할 수도 있습니다. 혹은 회원권 양도를 통해 지출을 막을 수도 있습니다. 하지만 그것이 센터 불만족에 의한 환불이라면, 심각함을 인지하고 대처해야 합니다. 환불에 대한 안일한 태도는 센터의 가치와 경쟁력을 떨어뜨리며, 서서히 퍼지는 독처럼 센터를 망가뜨립니다. 환불을 고객의 단순 변심으로 치부하며 그 속에 있는 의중을 파악하지 않으려고 한다면 환불은 계속해서 늘어날 수밖에 없습니다. 때문에, 합리적인 환불 규정을 만들어 두고, 환불하는 고객들에게 환불 사유를 정확하게 알아내야 합니다.

28. 휘트니스 센터 창업 방법

Q. 사업자 등록 절차가 어떻게 되나요? 먼저 해당하는 종목의 사업자등록이 허가대상인지 신고 대상인지부터 알아야 합니다. 헬스클럽의 경우 체력단련장업(헬스장)으로 체육 시설업 신고를 해야 하는 대상입니다. 일반 헬스클럽, 크로스핏, 개인 PT 샵처럼 신체의 외형운동을 전문으로 하는 것으로 중량 저항 기구가 기본으로 포함된 업종의 경우에는 체력단련장 신고 대상으로 보고 있습니다. 가까운 구청이나 시청의 문화체육과에 방문하셔서 신고 및 등록 절차를 거치신 후 영업신고증을 첨부하여 세무서에 가셔서 사업자등록을 하시면 됩니다.

* 체육 시설업 신고 필요서류
- 임대차계약서
- 시설 및 설비개요서
- 신분증
- 생활체육 지도사 자격증(사업주 본인 이외 직원의 자격증도 가능)

* 사업자등록 필요서류- 사업자등록 신청서
- 임대차계약서
- 체육 시설업 영업신고증
- 신분증

그 외 필라테스나 요가원은 체육 시설업 신고가 필요하지 않습니다.
세무서로 가셔서 업종은 서비스업 종목에는 필라테스, 또는 요가를 기재하시면 사업자 등록이 바로 가능하십니다.

* 사업자등록 필요서류- 사업자등록 신청서
- 임대차계약서
- 신분증

29. 복싱은 면세사업자라고 하던데 어떻게 해야 면세가 되나요?

그리고 면세사업자의 좋은 점이 뭔가요? 체육 시설업 중 복싱은 부가세 면세사업자 종목으로 속합니다. 나라에서 부가가치세 납세의무를 면제해주는 종목인 거지요 부가가치세는 거래단계에서 발생하는 비용에 10%의 조세를 부과하고 있습니다. 이를 사업주가 나라에 그대로 세금을 내는 구조인데요. 복싱으로 체육 시설업 신고를 하면 이 부가가치세를 나라에서 걷지 않습니다. 다만 복싱으로 체육 시설업 신고를 하려면 복싱 트레이닝을 할 수 있는 기본시설 (샌드백, 링(시합용 정식 또는 간이 링) 등)이 갖추어져 있어야 하고, 상황에 따라 담당 공무원이 현장감독(실사)을 나오기도 합니다. 그리고 복싱 생활체육 지도사 2급 이상의 자격증이 있어야 합니다. (사업주 본인 이외 직원의 자격증도 가능, 운동면적 300㎡ 이하는 자격증 소지자 1명 운동 면적 300㎡ 초과는 자격증 소지자 2명 이상 배치해야 합니다) 또한 건물의 용도가 근린생활시설이어야 합니다. 자세한 사항은 구청 또는 시청에 문화체육과에 방문하셔서 상담받으시는 것을 추천해 드립니다. 부가세 면세사업자는 말 그대로 부가세에 해당하는 세금을 나라에 면제받음으로 지출이 줄어들게 됩니다.

예를 들어 1,100만 원의 매출을 올린 사람은 100만 원에 해당하는 부가세를 납세의무를 지지만 면세사업자는 납세의 의무를 지지 않습니다. (이외에도 면세 업종 – 태권도, 유도, 에어로빅 등 올림픽 종목들은 면세 업종들로 국가에서 체육활동 진흥을 위해 세금 혜택을 주고 있지만, 일반적인 헬스장은 해당하지 않습니다.)

30. 부동산 계약을 할 때 주의사항이 무엇이 있을까요?

임대차 계약 시에는 혹시 모를 법적인 부분의 리스크를 줄이기 위해 공인중개사를 통해 체결하시는 것을 추천해 드립니다. 다만 상권분석 정도는 중개인에게 맡기기보다 직접 하시는 것을 추천해 드립니다. 중개인은 매물을 판매하는 것이 목적이므로 정확한 상권분석을 해주진 않습니다. 개인 간의 거래이실 때는 상가건물의 등기부 등본을 확인하셔서 저당권이나 압류권 등의 여부를 확인해보시는 것을 추천해 드리며 최악의 상황인 경매에 넘어갈 정도의 복잡한 건물의 계약은 피하시는 게 좋습니다. (요즘은 공인중개사를 이용하시면 공인중개사가 준비해드립니다.) 그리고 계약서상의 원상복구 여부를 어디까지 할지 건물주와 명확히 하셔야 합니다. 나중에 사업장을 정리하실 때 논란의 여지가 있을 수 있습니다. 간혹 무료렌털이나 보증금을 낮추기 위해 협의하다 보면 계약 기간을 길게 요구하는 건물주들이 있는데 장기계약은 후에 곤란한 상황이 생길 수 있음으로 적당한 기간으로 계약하시는 것이 좋습니다.

무료렌털 (인테리어 기간으로 월세를 받지 않는 기간을 말하며 보통 1달에서 2달 최대 6달 이상을 해주는 경우도 있습니다.)

31. 인테리어 할 때 절차가 궁금합니다

시공비용과 시공 자재, 그리고 시공 기간은 현장과 건물용도 따라 차이가 크게 납니다. 일반상업지역, 일반주거지역, 방화지구 등에 따라 소방법 적용기준이 달라지는 부분이 있어 인테리어 업자에게 잘 확인해보셔야 합니다. 스프링클러 설치 대상 건물에서 노출형 천장 공사를 강행하다가 스프링클러 노출형 교체공사로 1,000만 원이 추가로 드는 낭패를 보는 예도 있습니다. (전체면적 1,000㎡ 이상인 건물 내의 모든 시설은 스프링 쿨러 설치 대상물입니다) 하고자 하는 업종과 원하는 인테리어 사진을 공간별로 미리 준비해놓고 인테리어 업자에게 정확하게 전달해주시는 것도 중요합니다. 추상적으로 설명하시면 예상과 결과물이 달라지는 낭패를 보게 됩니다. 인테리어 업자에게 원하시는 부분을 잘 설명해주시고 3D 조감도와 견적을 받아보신 후 신중히 결정하셔야 합니다. 업체마다 평당 100~250 만원 선으로 다양한 견적을 받게 되지만 직접 발품 팔아서 적절한 자재선택만 센스 있게 해주시면 평당 70만 원 선에서도 멋있는 인테리어가 나올 수 있습니다. 절대 돈을 많이 들인다고 해서 좋은 인테리어가 나오는 것은 아닙니다. 시공 기간은 보통 4~60평은 2~3주 정도 걸리지만, 업자와 소통 여부에 따라 원활하게 진행되기도 합니다.

32. 예상 견적이 얼마나 들까요?

최근 1인샵 이나 소규모 PT 스튜디오가 많아지면서 창업을 준비하는 초보 CEO 분들이 많이 생기고 있습니다. 이때 대부분 사정이 여유로운 상황에서 준비할 수 없기 때문에 자본이 한정되어 있는 상태에서 고민을 하시게 되는데 바닥재와 조명, 거울이 중요한 PT 샵, 필라테스 샵의 경우 40평 기준에 평균 3~4,000만 원 헬스장의 경우 100평 기준에 6~9,000만 원 정도의 비용을 기준에 두고 여러 업체에 견적을 받아 보시고 직접 발품 팔아서 알아보심을 추천해 드립니다. 너무 싸게 견적을 내는 업체의 경우 별도 인테리어 비용이라고 해서 바닥재, 간판, 전기승압, 냉난방기 등의 여부로 추가 비용이 들어갈 수도 있습니다. 그리고 적은 평수의 공사가 오히려 넓은 평수에 비해 평당 비용이 더 많이 나가게 됩니다. 인테리어 외 운동기구와 집기도 미리 예산을 짜두시면 불어나는 추가금의 부담을 줄이는 데 도움이 됩니다. 필라테스의 경우 요즘 기구들을 많이 배치하지 않는 편이고 무리하게 들였던 기구도 다시 중고로 파는 경우가 많습니다. 운영하고자 하는 수업프로그램에 맞춰서 신중히 생각하시고 결정하시면 좋을 듯싶습니다. 요즘은 닥터 플렉스 등 일반인에게 맞추어 쉽게 설계된 스트레칭 기구들도 많기 때문에 발품 팔아서 조사해보시고 센터의 컨셉에 맞게 적용하시면 기구에 들어갈 비용을 대폭 줄이실 수 있습니다. 웨이트 기구의 경우 헬스클럽과 PT 샵의 공간 여부에 따라 달라지지만, 마찬가지로 복합운동기구들이 잘 나오는 추세여서 인기 없는 기구는 빼는 추세입니다. 공간과 운영 여부에 따라 적절하게 시작하시고 추후 보충하시는 걸 추천해 드립니다. 특히 한가지 조언을 드리자면 좋은 기구를 쓰면 매출에 도움이 될까? 라는 질문을 해보시기 바랍니다. 대부분 초보 CEO에 실수가 여기서 나오는데 특히 선수 출신들의 경우 기구에 대한 집착으로 규모대비 효율성이 떨어지는 큰 사이즈의 기구나 유명 외국 회사의 고가의 장비를 무리하게 할부 리스를 해서 들여 놓는 실수를 범하게 되는데 이를 알아 주는 회원은 극소수의 매니아들 뿐입니다.

실질적으로 일반인들은 이 기구가 좋은지 않좋은지를 보고 등록 하는 경우는 매우 드물기 때문에 좋은건 쓰고 싶고, 예산은 부족하니 중고로 색상이나, 짝이 맞지 않게 들여 놓는 실수를 범하거나, 멀티나 듀얼 기능이 있는 것을 사용하는게 작은 규모에 스튜디오에는 적합한데 공간 문제를 고려하지 않아 스트레칭 할 공간이 없을 정도로 빽빽하게 기구를 배치해서 기구간 이동이나 운동 동선에 지장을 받는 경우도 종종 볼 수 있습니다. 특히 주로 이 업장에 방문하는 대상자를 고려해야 합니다. 내가 보디빌딩 선수라고 해서 해머나 라이프 머신을 선호 하는 것과 대부분의 회원이 여성인데 해머 기구는 원판형이라 사용이 번거롭고 기구자체가 무겁기 때문에 잘못된 선택이라고 할 수 있습니다. 항상 투자 가치 대비 효용성에 대해 생각을 해보시고 결정을 하시는것을 권장하며, 인바디 같은 제품도 물론 고사양 이면 더 좋겠지만 적당한 3시리즈 정도면 PT샵에서 사용하기는 충분하고, 여자 회원이 많다면 해머보다는 사이벡스가 그리고 스튜디오 규모를 생각해 듀얼을 많이 놓고 싶다면 터프스터프 같은 브랜드에 제품을 활용하는 것이 더 좋습니다. 그리고 이러한 머신은 추후에 바꿀 수 있지만 초기에 한번 세팅하면 바꾸기 어려운것이 인테리어 입니다. 머신은 회원이 등록을 하고 써봐야 알 수 있는 것이고, 인테리어는 첫인상을 결정하고 등록을 할지 말지 정하게 만드는 요소로 최대한 가성비를 높여 하는것이 중요합니다. 인테리어 업체 선정도 그래서 중요하지만 그전에 본인이 원하는 정확한 컨셉의 예시를 찾아서 제안을 하셔야 가능 여부와 예산을 알려주는것이지 그냥 믿고 시공을 시작하고 결과를 보면 내가 생각했던 점과 전혀 다른 상황이 벌어질 수도 있기 때문에 미리 최대한 많은 국내, 국외 사례를 찾아서 제안을 하는것이 필요합니다. 이외에도 직원일 때와 운영자일 때는 고려해야 될 점이 한두가지가 아니지만 미리 준비한 만큼 시행착오를 줄이 실수 있기 때문에 조금이나 도움이 되시기 바랍니다.

33. 센터 오픈을 위한 계획 샘플

800평 규모 클럽 오픈 기초 정보 (샘플)

1. 타입A. 수도권 근교 역전 입지/ 총건평 800평/ 회원수 약4,000명

2. 전제조건
- 출점 형태-세입자, 임대계약기간 20년
- 용도 지역-상업
- 부지 면적-400평
- 건물 구조-RC조
- 시설아이템- GYM, STUDIO A, STUDIO B, POOL(25m X 5 lane), 락커룸, 욕실, 맛사지룸
  주) 아이를 위한 전용 SWIMMING SCHOOL은 실시하지 않는다.

3. 요금체계
* 옵션 : 전문점 , 맛사지 , 유료 프로그램 , 렌탈품 등

4. 인테리어 비용부담- 오너측건축비(평200만원). 설계관리료

5. 임대조건
- 임대료 월세 오너측 투자액의 약 1%
- 보증금/ 임대월세 X 약 3개월분, 해약시 일괄변제
- 보증금/ 임대월세 X 약12개월분, 원금거치 5년, 상환연수 15년 무이자
  *주) 수선유지비는 세입자측 부담

회원 종별	입회금	월 회비	비고
개인 회원	200,000원	90,000원	
평일 회원	100,000원	60,000원	평일17:00까지 이용가능
가족 회원	100,000원	80,000원	2명이상 가입시(1인회비)
법인회원	300,000원	200,000원	티켓20매 /월인가 , 무기명 카드2매

6. 초기 지출

항목	금액(원)	비고
건물보증금	80,000,000	
월임대료	20,000,000	
중개 수수료	6,500,000	집세 (월)상당액
저당권 설정료	622,000	차입금×0.4%
개업 준비비	30,000,000	인건비, 준비실 집세, 비품·툴외
선전 광고비	16,400,000	삽지 광고지 제작비, 절입 비외
합계	153,522,000	소비세별

7. 자금조달

- 장기 차입금 변제기간 20년, 원금거치1년, 상환 연수원리 균등, 금리 4% 20년
  *주) 아래와 같이는 개업 연3의 손익 상황을 나타내고 있다.

1) 경상수익

*주) 3년째에 목표 회원수(4,000명 및 법인100구좌)를 달성. 회원 구성은 개인 회원1,600명, 평일 회원1,200명, 가족 회원1,200명, 법인회원100구. 가격인상율은 개업시부터 전망하지 않고. 입체율(연간 입회율·연간 탈퇴율)은 50%(단, 법인회원만 20%).

항목	금액(원)	비고	매상 구성비(%)
입회금	5,720,000	정규 금액×20%	1.3
회비	378,480,000	총 수취계정×회수율95%	87.1
방문객 이용료	2,880,000	월60명×@3×12개월	0.7
입회 수수료	4,100,000	연간 입회자수×@1,000	0.9
물건 판매 수입	14,760,000	회원수×@3.6	3.4
그 외 수입	28,490,000	맛사지, 유료 프로그램, 렌탈품외	6.6
합계	434,430,000	총 매상고·소비세별	100.1

2) 비용

항목	금액(원)	비고	매상 구성비(%)
사원 인건비	32,000,000	사원 8명×평균 급여@4,000	7.3
파트 인건비	29,500,000	평균 시간급0.9×월2,731.5시간×12개월	6.8
프리 인건비	17,952,000	주80본×@5	4.1
법정 복리비	3,978,000	사원 인건비×13%	0.9
전기세	21,120,000	600평×2.2×12개월	4.9
수도세	14,760,000	4,100명×@0.3×12개월	3.4
물건 판매 구입	12,044,000	물건 판매 수입×80%	2.6
소모품비	5,018,000	회원수×@0.1×12개월	1.2
사업소세	1,587,000	총건평(m^2)×0.6	0.4
연료비	3,525,000	800평×0.36×12개월	0.8
선전 광고비	18,819,000	입회자수×@9	4.3
시설 관리비	9,792,000	800평×1×12개월	2.3
리스료	17,626,000	800평	4.1
임대료	79,560,000	월액 집세×12개월	18.3
주차장 임대료	6,120,000	100대×@5×12개월	1.4
보수 관리비	3,672,000	300×12개월	0.8
장해·배상 보험료	615,000	회원수×@0.15	0.1
제경비	19,951,000	교통비, 후생비, 통신비, 맛사지 위탁비외. 본사 비용은 포함하지 않는다.	4.6
소계①	297,639,000		68.5
감가상각비	9,280,000	개업비를 5년간에 순연 상각	2.1
차입 금리	5,819,000		1.3
소계②	15,099,000		3.5
합계	312,738,000		72

*주) 개업시부터 3년째에 2%상승. 이후도 2년마다 2%상승.
(단, 전기세, 수도대, 사업소세, 상해·시설 배상책임 보험은 가격 인상율 0%)

3) 이익

항목	금액(원)	비고	매상 구성비(%)
점포 수익	121,692,000		28

*주) 투하자본 회수 연도는 3년도이며 우리나라는 특히 휘트니스에 있어서 믿을 수 있는 데이터가 없습니다.

워낙 데이터가 부실할 뿐만 아니라 많은 오너들이 통계나 러서치에 대한 이해 부족으로 거의 자료가 없어 일본 휘트니스 클럽의 데이타를 이렇게 예시로 알려드립니다. 참고만 하시기 바랍니다.

34. 프리세일 심플전략 (Pre-selling Plan)

A. 모집 목표 및 계획

- 모집계획 1안

Target Membership : GOLD 회원

GOLD Member Fee : 250만원

총목표 회원수 : 1000명

모집방안 :

1. 고급잡지 광고를 통한 회원모집

2. 기사성 신문광고를 통한 회원모집

3. 건물내외 적극적인 배너(Banner)광고

4. 클럽인근의 다각적, 입체적, 적극적 Banner광고

5. Power Brand와 Partnership 제휴를 통한 광고
   - Nike Wrapping과 Event를 통한 광고

6. 인근 자동차 영업소, 병원, 은행을 통한 VIP 고객 List확보 D/M발송

7. 홈쇼핑을 통한 회원권 판매광고

• 모집계획 2안

Target Membership : 종목 회원

종목 Member Fee : 150만원

총 목표 회원수 : 2500명

모집방안 :
1. Venture Tower내 영업을 통한 직접영업
2. 포스터 및 전단지 홍보를 통한 인근 사무실과 아파트 지역 직접영업
3. 패션잡지 기사와 장소 제공을 통한 젊은 여성층 공략영업
4. 단체 가입유치를 위한 B2B영업
5. 인근버스 정류소, 전철역에 게시판 홍보
6. T V / CF / 영화 등에 장소제공을 통한 간접광고
7. 기존회원이 신규회원을 추천하는 Network 영업
8. Internet을 통한 On-Line 광고

B. 주요 상권 현황 및 분석

상권의 특성

본 클럽의 주요 상권으로 크게 본 클럽 주변의 다양한 기업체와 도곡1,2동의 주거지역과 대치1,2동일대 및 역삼2동 등의 대단위 아파트 등의 주거지역을 들 수 있다.

양재역 부근 - 90년대 인구가 급속히 증가하고 포이동 일대에 벤처기업들이 몰려들고 염곡동에 주요 공공시설들이 들어서면서 상권이 급속하게 발전하고 있다.

양재역 상권의 가장 큰 특성은 교통의 요충지라는 것이다. 경부고속도로와 남부순환도로, 성남과 분당, 용인을 연결하는 교통망 등 서울과 지방, 서울의 동과 서, 서울에서 수도권을 연결하는 교통의 집결지라고 할 수 있고, 대치동일대는 교통이 편리한 대단위 아파트단지로 구성되어 있으며 수서지역과 양재를 연결하는 지하철 3호선 중계지점으로 지형적으로 강남의 중심부에 위치한 주거지역이다. 이렇듯 편리한 교통체계로 인해 양재역 상권으로 사람과 기업들이 모여들면서 상권의 세력이 점점 커지고 있는 상태이다.

트레이너가 알아야 할 모든 것

상권의 범위

1차 범위   본 클럽을 중심으로 동쪽으로는 양재전화국, 서쪽은 경부고속도로 서초I.C에 의해 상권이 단절되는 지점인 현대APT까지를 남쪽은 성남과 분당신도시 방향의 영동1교 부근, 북쪽은 우성APT단지까지의 기업 및 주거지역 등을 상권의 1차 범위로 볼 수 있다.

2차 범위   대치 1,2동의 대단위 아파트단지, 역삼2동의 주거지역 및 그 외

상권 현황

양재역 상권   행정구역상 서초구의 양재동, 서초동과 강남구 도곡동에 걸쳐서 있으며, 이 두 지역의 인구는 서울 전체인구의 11.4% 정도로 배후 상권인구가 높은편이다.

강남 상권   지역적으로 강남구와 서초구의 경계상에 위치하고 있으며, 이 지역의 인구는 서울전체의 1/10 수준으로 비교적 배후 상권인구가 높은 편이다. 강남지역 내에서는 압구정 상권과 함께 최고의 핵심상권으로 정의할 수 있다.

유동인구

양재역상권   상권내 입지에 따라 구분이 된다. 상권의 중심지인 남부순환로는 20대 후반에서 30대 직장인들이 많으며, 길 건너편의 양재상가쪽은 30대 후반 이상의 직장인층이, 양재종합시장 쪽으로 내려오게 되면 30대 이상의 주부층과 20~30대 여성층의 비율이 높게 나타난다. 또한 양재역 환승 주차장 양쪽 대로변은 수도권 근교 대학들의 스쿨버스 주요 정류장으로 20대 위주의 학생층의 비율이 높게 나타난다.

강남 상권   하루 유동인구는 약 15만 명이나 된다. 주변의 도서관과 각종학원, 스쿨버스 종착지, 대형업무 시설들이 골고루 분포되어 있어 고등학생, 대학생들과 인근 직장인등 10~30대 연령분포비율이 고루 나타난다. 퇴근시간과 지방대학교 스쿨버스 하차인구 등으로 주중에는 18~21시에 유동인구가 가장 많으며, 주말에는 14~20시가 많다.

C. 기본 영업계획 및 방안

창립 신규회원 2000명 모집

적극적인 홍보전략으로 반드시 3500명 이상 가입시킬 수 있다.

첨단화된 최신의 시설과 차별화된 고객관리를 추구하는 클럽직원들의 엘리트 마인드, 신용과 건강을 판다는 목표정신이 뚜렷한 회원사업부, 그리고 신뢰와 애정으로 연결된 회원과의 유기적인 고리로 하나가 된다면 충분히 가능하다.

신규회원을 위한 적극적 광고와 전략

1) 건물 내외의 적극적인 배너 광고
   - 많은 신규 문의 전화는 외벽의 전화번호, 외벽에 적극적인 광고
   - 클럽 엘리베이터의 적극적 홍보 실시
   - 건물외벽 현수막

2) 교통수단, 정류장의 배너 광고
   - 버스, 지하철, 정류장, 외벽, 기둥 광고활용으로 실용적 홍보
   - 신규문의 전화는 교통수단의 배너 광고임
   - 버스, 지하철 광고는 식상하지 않게 정기적 교체
   - 버스 및 지하철 광고의 노선을 확장하여 클럽의 이미지 확대 고취

3) 고급 전문잡지광고를 통한 20-50대 공략
   - 여성잡지를 통한 문의 전화기대- 네이버, 드베베, 경향 신문, 25ANS
   - 전문 잡지를 통한 모집 광고로 레벨있는 회원 가입 유도

4) 텔레비전 간접광고(PLP)
   - CF 광고, 잡지 촬영 장소로 적극 협찬한다.

5) 고지서 및 게시판 광고: 아파트 PR
   - 서초동, 양재동, 도곡동 APT밀집지역에 집중적인 고지서 및 게시판 광고를 실시한다.

6) 브랜드 공유화
   - 고품격 고객을 Target으로 하는 업체와 제휴하여 상호 공략하여 매출을 증대.

7) Internet Banner PR - NAVER, Daum을 통한 검색엔진 광고

8) 회원을 통한 구두 광고(Speak to Speak)
   - 현재 회원은 누구보다 가장 우수한 영업 사원이다. 기존회원에게 적극적인 동기부여가 이루어 진다면 대단한 회원모집의 촉매제가 될 것이다.

9) 클럽의 차별화
   - Fitness Club으로서 다양한 연계 프로그램을 개발한다.
   - Fitness Club에 맞는 다면적 프로그램을 개발한다.
   - 효과와 신뢰를 주는 프로그램 관리 개발 및 실행

10) 회원의 가족화(CRM)
    - 자녀 출산시 격려 상품권 전달
    - 회원 환갑시 상품권 전달
    - 회원 자녀 결혼시 상품권 전달
    - 회원프로그램의 Up grade를 통한 회원관리 필요
    - 직원과 회원 담임제 System 관리화
    - 메일(E-mail포함)을 통한 지속적, 정기적 관리 필요

11) 전략적 상품군 추진

ㄱ. 창립 GOLD회원, 종목회원 가입시 할인 및 다양한 혜택 제공

Open일 까지 D-day Marketing

- 오픈 전의 다양하고 파격적인 Event행사로 전략적인 붐 조성
- 창립회원에 대한 다각적 특혜로 가입 욕구 극대화
- GOLD회원 가입시 10% D/C 및 락카 무료, 사은품 제공
- 단체회원 가입 유도

ㄴ. 가입시 회원친구, 가족에게 일일 무료이용권 증정

매체별 개시 시점분류

내 용	시 점
○ TV광고	- 분양개시 전,후
○ 인터넷 광고 : 홈페이지 및 부동산 전문 사이트 광고 게재	- 분양개시 전,후
○ 방송 기사 광고 : CATV,TV,라디오	- 분양개시 후
○ 광고 Sign물	- 분양개시 전
○ 브로셔	- 분양개시 전
○ 안내문 및 잡지	
○ 현수막	
○ T/M 운영	- 분양개시 전
○ D/M발송	- 분양개시 전
○ 주변 부동산 최대 활용	- 분양개시 후
○ 주부 모니터 운영 (부녀회장 등)	- 분양개시 전.후
○ 건물 내 AV ROOM 이용 EVENT행사 마련	- 분양개시 전.후
○ 금융지원 (무이자 할부 등)	- 분양개시 후
○ 경품 및 사은품 행사	- 분양개시 전. 후
○ 사업설명회 및 품평회	
○ 각종 홍보 Event행사 개최	

35. 마케팅 준비 계획안(fitness club opening marketing plan)

Opening Mktg Plan	Term								
	1 week	2 week	3 week	4 week	5 week	6 week	7 week	8 week	9 week
현수막									
외부간판디자인									
사은품기획									
그랜드오픈기획									
그랜드오픈행사									
TM/DM발송									
회원의날 기획									
회원권발행									
셔틀버스현수막									
지하철내역사광고									
부대시설운영계획									
이동부스사용/관리									
지역 사진홍보판									
비치대리스트관리									
리플렛디자인									
분기별 프로모션									
센터내 배너디자인									
게시판 및 배너									
Web site관리									

36. 휘트니스 신규 회원모집 방법 (THE SKILL OF THE CLUB PRE-SALE)

* 회원등록절차

1. 회원 가입신청서 작성
2. 앞/뒤면 복사
3. 원본은 회원에게 지급
4. 사본은 영수증과 보관

* card 할부일 경우

1. 카드체크   2. 해당개월 수 입력   3. 입력버튼   4. 해당금액입력   5. 입력버튼

*cach 일시불일 경우

1. 카드체크   2. 입력버튼   3. 해당금액   4. 입력버튼

1) 영수증 고객싸인→ 2) 맨 마지막장 고객분께 지급→ 3)앞에 두장은 회원등록신청서와 함께 보관

* 회원 상담

1. 해지 및 환불 조건과 절차는 어떻게 됩니까?

센터 개장 전에는 어떤 사유의 해지도 가능하며, 선납회비 100%를 환불해드립니다.
단, 회원카드가 발급된 경우, 프로세싱 수수료 3만원을 회원께서 부담하셔야 합니다.

센터 개장 후에는 약관에 명시된

1) 본인 사망   2) 신체장애   3) 군입대   4) 해외 이주   5) 기타

센터가 인정하는 특별한 사유에 해당될 경우에만 해지가 가능합니다.
특별한 사유의 기준은 회원이 센터를 다니는 것이 물리적으로 불가능하다고 판단 될 경우이며,
여기에는 원거리 이주 등 매우 다양한 상황들이 있으나, case by case로 결정할 것입니다.

센터 개장 후 환불은 월할계산 + 일할계산로 가능합니다.
단, 월 회원은 환불은 가능하나 일일 회비로 계산합니다.
월 회원은 신용카드자동결제예정일 최소 5일전에 해지요청서를 제출해야 자동 결제가 취소됩니다.

트레이너가 알아야 할 모든 것

선납 기간 회원들의 경우 납부회비의 10%위약금을 공제 후 납입금액의 일수로 계산하여 공제한 잔액을 환불 받습니다.

* 절차

해지신청서 및 해지증빙서류를 접수, 본사 승인이 나면, 회원카드를 반납 받고 환불 조치를 하면 됩니다.

2. 회원권을 양도할 수 있습니까?
월 회원권은 양도가 안되나, 기간회원권은 가능합니다. 단, 양도 횟수는 1회로 제한합니다.
양도 절차는 양도인과 양수인 당사자들이 회원권 양도 신청서를 제출하고, 양수인이 회원 등록 신청서 제출 및 3만원의 프로세싱 수수료를 지불하면 됩니다.

3. 회원권 효력을 일시적으로 정지시킬 수 있습니까?
원칙적으로 회원권 효력을 일시적으로 정지시킬 수 없습니다. 단, 1)신체장애 2)군입대 3)해외이 주 4)기타 센터가 인정하는 특별한 사유로 센터를 사용할 수 없는 경우, 증빙서류를 첨부하여 가 능합니다. 특별한 사유의 기준은 회원이 센터를 다니는 것이 물리적으로 불가능하다고 판단될 경우이며, 여기에는 장기 출장 및 여행 등 매우 다양한 상황들이 있으나, case by case로 결정할 것입니다. 일시정지는 월 단위로만 가능하며, 1년에 한번으로 제한됩니다.

4. 회원권 가격 보장 기간이 있나요?
회원권의 가격은 물가 상승률등 경제상황을 고려하여 변경될 수 있습니다.
단, 기존 월 회원의 경우 기존 가격을 1년 보장합니다.

5. 월 회원이 해지하고 재등록할 경우 등록비와 가격은?
월 회원이 해지하고 해지 적용일로부터 3개월 이내에 재등록하면 등록비는 면제입니다.
단, 가격은 재 등록시 현재 가격이 적용됩니다.

6. 센터개장 전 월 회원으로 등록 후 개장 후에 기간회원으로 교체시 최초의 가격으로 적용됩니까?
교체시 현재 가격이 적용됩니다.

7. 부대시설을 이용할 경우 회원권에 따라 얼마만큼 할인혜택을 받을 수 있나요?
모든 회원에게 다음의 할인 혜택이 있습니다.
Ex.) 청뇌클리닉 15%, 뷰티센터 20%, 헤어 살롱 20%

8. 동종업계 고객 방문 시 할인 혜택은 어떻게 하나요? (특별할인 혜택 없음.)

9. 골프 레슨 중 특별 레슨 가격은 얼마인지?
골프 레슨은 월 12만원 - 3개월 선납 30만원 이외에 특별 레슨은 없음

10. 가족 할인 혜택은 1개월 추가할인 혜택이 있는지?
가족할인을 받는 회원은 추가 혜택이 없음.

* Center Q & A

1. 그룹 엑서사이즈 PT가 가능한지? 가능하다면 금액은? 향후 검토 할 것이나 지금은 없음.
2. 그룹 엑서사이즈 중 한 가지만 집중적으로 레슨이 가능한지? 현재는 안 됨
3. 무료검진 무료파킹 사은품 등 등록비 내역에서 제외할 수 있는지? 안됨
4. 그룹 엑서사이즈 이용 중 폐강가능성 있는지, 혹시 기준이 있는지? 사전 공시 후 폐강 가능함
5. 그룹 엑서사이즈 폐강이 환불사유가 되는지? 안됨
6. 프로 샵에 어떤 브랜드가 입점하는지?
7. 현재 아레나, 향후 KTZ 브랜드 및 타 브랜드도 판매 할 예정임.
8. 멤버쉽 카드를 안 갖고 온 경우 입장이 가능한지? 원칙적으로 불가능하지만, 경우에 따라서 신원 확인증이 있으면 입장 승인을 할 수 있음. 습관적으로 카드 안 갖고 오는 회원은 입장을 시키면 안되며, 회원 자격 상실 사유가 될 수 있음.
9. 고객이 옵션사항을 추가하러 다시 올 경우 가격 적용기준은? 현재가 적용
10. 그룹 엑서사이즈 진행 중 입장이 가능한지? 원칙적으로 안 됨 시간을 지켜야 함
11. 어린이 놀이방은 2시간 무료이후에 추가요금이 어떻게 되는지? 30분당 5,000원
12. 일일 입장 시 자물쇠, 열쇠 등은 회원이 준비해야 하는지? 회원이 준비해야 함.
13. 주차3시간 이후는 요금을 모든 회원이 내야 하는지? 회원 부담임.
14. 정확한 센터 open일자는? 8월 하순 예정
15. 회원유치 인원수는 얼마나 되는지? 현재 1300명, 향후 6천명을 예상함
16. 양도, 양수는 몇 회까지 가능한지? 1번
17. 오리엔테이션 시 검사해주는 체질 및 비만 측정은 연간 몇 회 제공되는지? 매월 한번씩 가능
18. 다이어트 관련 식품 및 영양 보충제 팩 등이 판매 되는지? 가격은? 판매 시작일 및 가격미정
19. Pre-sale은 언제까지 하는지? 개장일 전날까지.

37. 휘트니스 센터 오픈전 체크리스트(check list)

Check Lists For Grand Open

- 가구 및 사무집기 Meeting
- 소방교육일정확인
- 체육시설업 신고   1) 계약서 2)등기부등본 3) 도면 4) 자격증 사본(수영, 헬스, 에어로빅. 골프)
- 직원 차량번호 파악
- 헬스기구 입고 (6일전)
- cable channel 설치(8일전)
- 협력업체 List 입수
- 주차 스티커 제작
- 직원 유니폼 확인
- 전화 단자함 위치확인
- 오픈 체크리스트 작성(CS) - 업장별
- 사무용품입고확인
- 전화 번호 파악(업장별)
- GM사무실 게시판 설치 1) 조직도 2) 근무자현황 3) 시설현황 (평면도) 4) 안전근무현황
- 지시 사항 및 기타보고 사항 6하 원칙에 의거 보고
- 락커 배치도 제작
- 락커 전산입력 확인(IT 팀장)
- 청소용역 유니폼 착용
- 오픈초기 보안에 신경쓸것(센터 내 물건 외부반출 금지)
- 시설관리 및 보안업무 협조
- 드라이기 최상품 공급
- 직원고용문제확인 1) 담당업무 2) 직급체계 3) 승계방법(직접승계, 선발채용승계)
- 각 파트별 운영계획확인
- 전기, 건축, 설비 용량계산서 확보
- 필요 집기, 비품현황 작성 및 확보
- 명의변경(신고필증)
- 사업계획신청서작성 (체육시설 이용에 관한 법률)

PERSONAL TRAINER

> 1) 법인등기부등본
> 2) 총용지 면적 및 토지 이용계획서
> 3) 등록시설별 토지 명세서
> 4) 부동산 등기부 등본
> 5) 사업예정지역 위치도
> 6) 임대 계약서
> 7) 시설배치 계획도 (지적도)
> 8) 층별 면적 및 시설내용
> 9) 공사계획 및 소요자금의 조달방법
> 10) 체육설비 기기등 설치계획
> 11) 체육지도자 배치 계획(종목별 인원)
> 12) 보험가입증

- 직원 시뮬레이션 운영(4일전)
- 회원 시뮬레이션 운영(3일전)
- 파트별 휴무 계획서 제출(5일전)
- Grand Openning 행사 일정 확인(6일후)
- 스피닝 스튜디오 디스플레이 및 영상확인(7일전)
- 투명아크릴 A3 게시판 제작(Gx시간표, POP부착)
- 각 파트별 필요경비 분기별 산출
- 각 파트장 Meeting(11일전)
- GX Class운영(시범보다는 회원 참여 유도)(3일전)
- internet checking
- 주변 이동부스 설치여부확인
- 공사 공정표 확인
- 텔레마케터 준비(회원명단)
- 스티커, 현수막 문구 확인
- 전화기 자동전환 확인
- 시설관리팀 관계유지, 공서 관계유지, 시설시공시 문제점 메모 및 보고

P T

- OT, 무료세션, 유료세션챠트 확보 및 기간확정(기간내 미진행시 자동소멸)
- 전인원 TM / DM 실시(오리엔테이션)
- 운동 프로그램 제공(근육, 재활, 다이어트..)
- 유료세션 리플렛 제작 활용
- 유료세션 홍보계획서(7일전)

38. 헬스클럽(Health Club, fitness club) 운영시 비용항목 리스트!

항목	세목	월지출금액	비고
임대관리비	임대관리비	₩ 25,000,000	보증금 제외 시킴
인건비	직접인건비	₩ 50,000,000	30여명 기준
	퇴직충담금	₩ 5,000,000	직접인건비 10%
	복리후생비	₩ 5,000,000	직접인건비 10%
수도광열비	전기	₩ 5,000,000	
	수도	₩ 2,000,000	
	가스	₩ 3,000,000	
일반관리비	수선유지비	₩ 1,000,000	
	린넨세탁비	₩ 1,500,000	회원만 사용하므로 비용 절감
	소모품비	₩ 1,000,000	
	제 보험료	₩ 1,000,000	
	MARKETING 비용	₩ 10,000,000	총매출액 5%~10%
	각종 제작물 비용	₩ 2,000,000	
	통신비	₩ 1,000,000	
부가가치세	부가가치세	₩ 2,500,000	매출 10%
지급수수료	지급수수료	₩ 1,000,000	매출 4%
GX 수업료	외부 강사료	₩ 6,000,000	
커미션	PT SESSION	₩ 14,000,000	PT 매출의 35%
	GOLF LESSON	₩ 1,750,000	GOLF 매출의 35%
	FC INCENTIVE	₩ 10,000,000	FC 매출의 8%
감가	장비감가	₩ 5,000,000	
금리	투자비용금리	₩ 2,000,000	시중금리 4%책정
월지출금액 총액		₩ 154,750,000	

500평 기준 회원,1500여명, 연회비 89만원,직원30명, 주거지역 기준 환경에 따라 약간 차이 있음!

39. 휘트니스 직원 서비스 교육안

Ⅰ. 직장인의 의식

1. 원가 의식
1) 내 것이라는 생각으로 절약한다.
2) 취급물품은 사용연한이 최대가 되도록 노력한다.
3) 업무시간을 효율적으로 관리한다.
4) 분실, 손 망실에 유의한다.
5) 예상치 않은 무형의 지출도 생각한다.

2. 고객 의식
1) 회원은 우리의 생활을 영유하게 해주는 고마운 존재임을 잊지 않는다.
2) 회원에게 좋은 이미지를 심도록 한다.
3) 회원으로서의 궁금한 사항(회원가격, 각종이용료, 편의시설 등)은 숙지한다.
4) 회원과 절대 충돌이 있어서는 안된다.

3. 협력 의식
1) 개인 이전에 조직의 일원을 먼저 생각한다.
2) 직장이나 동료에게 누가 되는 언행을 해서는 안된다.
3) 회사규칙이나 예의범절을 준수한다.

4. 안전의식
1) 건강의 최종 책임자는 나 자신이다.
2) 클럽 내에서는 회원의 안전을 최우선으로 한다.
3) 회사기밀 및 회원, 직원 인적사항 등의 사생활은 보안을 유지한다.
4) 급히 서두르지 말고 신중히 생각하여 행동한다.

Ⅱ. 직장인에게 요구되는 것(4H)

1. 건 강(HEALTH)
자신이 건강해야만 의욕과 추진력으로 업무를 완수하고 회원의 건강을 책임 질 수 있습니다. 그러므로 누구도 아닌 자신이 철저히 관리하고 바르지 못한 식생활, 지나친 음주와 흡연, 도박 등의 무절제한 생활 등은 건강을 해치는 요인임으로 주의해야 합니다.

2. 지 식(HEAD)
누구나 학교에서 배우지만 그것으로는 전문가가 되기 어렵습니다. 업무에 필요한 서적 및 관련 자료 등을 수집하여 간접적 지식 습득을 위해 노력해야 합니다.

3. 기 능(HAND)
잘하려는 의지만으로는 안됩니다. 지도교사(INSTRUCTOR)는 이론과 실기능력이 반듯이 병행되어야함으로 유지, 증진을 위해 노력해야 합니다.

4. 의 욕(HEART)
의욕은 행동이며 행동은 발전입니다. 직장생활에서의 스트레스는 나름대로 극복하는 방법을 가지고 있어야하며 더욱 직원 상호간 원만한 인간관계를 형성하는 것이 중요하며 업무를 즐거운 마음으로 능동적으로 풀어 가면 성취감 또한 클 것입니다.

III. 직장 내 언행 요령

1. 지시받는 법

1) 호출을 받을 때
가. 바로 대답하며 고개를 돌려 응시한다.
나. 메모 할 준비를 한다.
다. 지시사항을 끝까지 듣는다.
라. 의문사항을 질문한다.
마. 요점을 간단히 하여 지시사항을 반복한다.
바. 지시사항에 대한 최선책을 강구한다.

2) 지시대로 되지 않을 때
가. 상황을 설명한다.
나. 사실 그대로 간결히 설명한다.
다. 필요한 근거 자료를 제시한다.
라. 의견을 전달 후 다른 지시사항을 받는다.

※ 유의사항
다른 직원의 임무나 책임이 속해있는 문제 또는 타부서의 명령을 받을 때는 소속 부서장에게 허락을 득 한 후 행동한다.

2. 보고하는 법

1) 일이 끝나면 바로 보고한다.
가. 일이 완료되어도 보고를 하지 않으면 그 일이 끝나지 않은 것과 같이 된다.
나. 독촉 받지 않아도 완료되면 보고하는 하는 것이 옳은 방법이며 예정일 보다 늦 어질 경우에는 중간 보고를 한다.

2) 명령자에게 보고한다.
가. 다른 사람에게 보고하면 명령자는 일이 처리되지 않은 것으로 간주함으로 반 듯 이 지시한 사람에게 보고하여야 한다.

3) 정확하고 안전해야 한다.
가. 허위 보고를 하지 않는다.

4) 간결하게 한다.
가. 결론 → 이유 → 경과 순으로 한다.

3. 경어 사용법

1) 회원 앞에서의 호칭
가. 회원의 사석직함(회장님, 사장님, 박사님, 교수님 등)을 부르지 않는다.
나. 회원 지칭시 : ○○○회원님,
다. 상사 지칭시 : 저희 회장님, 저희 사장님
라. 자신 지칭시 : 저, 제가

2) 많이 사용되는 접객 용어

> 가. 안녕하십니까?　　　바. 또 들려주십시오.
> 나. 어서 오십시오.　　　사. 안녕히 가십시오.
> 다. 감사합니다.　　　　아. 잠시만 기다려 주십시오.
> 라. 죄송합니다.　　　　자. 이쪽으로 오십시오.
> 마. 잘 알겠습니다.

3) 피해야 할 용어

가. 식사하셨어요? → 식사하셨습니까?

나. 운동했어요? → 운동 하셨습니까?

다. 도와드려요? → 도와 드릴까요?

라. 괜찮아요? → 괜찮으십니까?

Ⅳ. 직원 준수사항

1. 근무 기본사항

1) 청 결 : OPEN 할 때와 같은 상태의 청결 유지 (장애요인 즉시 처리)

2) 인 사 : 회원이나 직장 상사에게 규정대로 인사

3) 취식금지 : 근무지에서 먹거나 자는 행위

4) 시간준수 : 출 퇴근 및 식사시간, 교대시간 준수

5) 복 장 : 규정된 근무복, 근무화 착용

6) 반출금지 : 회사 비품 및 소모품, 직원용품 반출금지

7) 지시이행 : 상사의 업무 지시사항

8) 근무 분위기 : 클럽 내에서 큰소리로 웃음, 이야기, 뛰는 행동은 자제

9) 정위치 근무 : 규정된 시간, 규정 장소에 근무 (근무지 이탈 금지)

2. 용 모

1) 근무복 및 근무화

가. 회사에서 지급한 것을 착용한다.

나. 항상 깨끗하게 관리한다.

다. 단추가 떨어지거나 터진 곳이 없도록 한다.

라. 바지나 스커트 길이가 짧아서는 안된다.

마. 명찰은 필히 정한 곳에 달고 다닌다.
바. 구두나 운동화를 잘 관리하여 청결하게 착용한다.
사. 뒤축을 구겨 신거나 끌고 다니지 않는다.
아. 항상 여분을 준비한다.

2) 액세서리
가. 근무중 지나친 화려한 장신구는 피한다.

3) 두 발
가. 남자는 귀를 덮지 않게 단정히 한다.
나. 여자는 긴 머리를 묶어 단정히 하고 풀어놓아서는 안된다.
다. 요란한 파마와 염색은 하지 않는다.
라. 청결하게 하여 냄새가 나지 않도록 한다.
마. 출근 전 면도를 한다.

4) 화 장
가. 눈 화장, 립스틱 매니큐어는 너무 진한 것은 피한다.
나. 향이 진한 것은 바르지 않는다.

5) 손과 입
가. 손톱은 청결히 보이도록 짧게 깎는다.
나. 근무 중에 업장에서 껌을 씹을 수 없다.
다. 식후에는 반듯이 양치질을 한다.

6) 인 사
가. 인사는 첫인상을 평가 할 수 있는 중요한 서비스의 기본요소이다. 예의가 결여 된 인사는 오히려 역효과를 나타나게 할 수 있기 때문에 한번의 인사라도 충분 한 예의를 갖추어 열 번 잘하고 한번 못해서 억울한 평가는 받지 않도록 해야 한다. 클럽 내에서 회원이나 상사를 처음 만났을 때는 허리 숙여 인사와 인사 말을 하고 두 번째 만날 때는 가벼운 목례를 한다.

트레이너가 알아야 할 모든 것

※ 유의사항
· 회원보다 먼저 인사를 한다.
· 얼굴 표정은 굳지 말아야 한다.
· 경쾌하고 절도 있게 한다.
· 때와 장소에 적절한 인사를 한다.
· 허리를 숙이고 인사말을 한다.
· 다른 것을 하면서 인사하지 않는다.
· 상대의 눈을 응시한다.
· 통화 중일 때는 일어서서 가볍게 목례를 한다.
· 단순한 인사말 이외에 자연스러운 다른 표현도 좋다.

◆ 기본 인사법 ◆

구분	허리 각도	시선 위치
목례	약간	5m 전방
경례	15°	3m 전방
정중한 경례	45°	2m 전방
개폐점 인사	60°	1.5m 전방

3. 전화 응대법

전화를 받을 때는 항상 회사를 대표한다는 것을 잊지 말고 직원들의 전화 응대 방법이회사의 이미지를 좌우할 수 있다는 것을 명심하고 최대한 예의를 갖추고 친절하게 대해야 합니다.

1) 전화를 거는 방법과 받는 방법

거는 경우	받는 경우
· 상대 번호를 확인 · 용건 말 할 순서를 메모(자료준비) · 전화번호를 누름	· 벨이 울리면 바로 받는다. 　(3번 이상 울리지 않게 한다) · 메모 준비

　　먼저 자신의 회사명, 소속명을 확인 →
　　상대 회사명, 소속명 확인 →
　　외부전화일 경우 "안녕하십니까? Spolife Sports Center입니다."라고 한다.

- 통화하고 싶은 이름을 댄다.
- 통화자가 상대가 아닐 경우에는 정중히 의뢰함
- 용건을 말한다.
- 인사는 간단히 한다.
- 언제, 어디서, 누가, 무엇을, 어떻게, 왜 5W1H 로 요점을 정확히 전달
- 이해도 확인 및 끝인사
- 바꿔줄 경우에는 신속하게 한다.
- 전화기의 멜로디 버튼을 누르거나 송화기를 막은 다음 연결한다.
- 용건을 듣는다.
- 메모를 한다.
- 응답을 하고 책임을 진다.
- 복창한다.
- 끝내기 인사

2) 전화 대화의 요령

가. 메모 할 준비를 한다.	나. 복창한다.
다. 천천히 이야기한다.	라. 말씨는 예의를 갖춘다.
마. 통화를 길게 하지 말 것	바. 짤막하게 구분 지어 전달
사. 상대의 말에 반응한다.	아. 실수하기 쉬운 말을 설명한다.
자. 시작과 끝에는 인사를 한다.	차. 전화 할 때도 웃는 얼굴로

3) 통화 시 주의사항

받아서 전해주는 전화	잘못 걸려온 전화
· 오래 기다리지 않게 신속, 정확 · 같은 성씨인 경우 소속과 이름 확인 · 찾는 사람이 자리에 없으면 전 할 말을 메모해 놓는다. · 찾는 사람이 외출중일 때는 귀사 예정시간을 알려준다. · 메모등에 기재된 내용은 해당자 에게 반드시 전달한다.	· 받을 때는 친절히 응대한다. · 업장을 잘못 연결한 경우 다시 안내 근무자에게 돌려준다. · 직통이면 번호를 알려주고 다시 걸게 한다.

기타 주의사항

- 통화상태가 안 좋으면 크고 똑똑히 말해 줄 것을 부탁한다.
- 너무 여러번 되묻는 것도 실례가 된다.
- 전화가 통화중 끊기면 용건이 있는 쪽에서 다시 건다.
- 상대가 예의에 어긋나도 받는 쪽은 친절을 유지한다.
- 전화요금과 다른사람을 위하여 통화는 간단히 한다.

4. 손님 응대법

1) 응대/접대의 중요성

가. 응대/응접의 방법은 회사의 이미지를 좌우한다.
　　밝은 응대 응접은 자신은 물론 회사의 이미지를 상승시킨다.
　　한 사람의 사소한 말 한마디가 회사의 평판을 실추시킨다.
　　오해나 언쟁의 소지가 있는 응대는 피한다.
　　손님의 의중을 신속히 파악하고 성의를 다한다.

나. 업적 및 실적을 향상시킨다.
　　좋은 느낌, 좋은 첫인상은 일 처리를 부드럽게 해주는 윤활유 역할을 한다.
　　열심히 하고 있다는 느낌을 받도록 해야 한다.

다. 고객에게 신뢰받는 좋은 인간관계를 만든다.
　　약속한 것은 반드시 이행한다.

2) 손님을 맞이하는 방법

가. 바로 일어서서 표정은 부드럽게 예의 바르게 인사한다.

나. 명함을 받는 방법
- 반드시 두 손으로 받는다.
- 명함을 받은 후 소속사 직위 및 성함을 확인한다.
- 명함을 쥔 손은 밑으로 내리지 않는다.
- 한문인 경우 모르는 글자는 정중히 여쭈어 본다.

다. 찾는 사람의 이름을 확인한다.
- 약속 유 무와 용건을 확인한다.
- 잠시 기다려 주시고 담당자에게 연락한다.

3) 손님의 안내 방법

가. 정중히 인사를 하며 가는 곳을 안내한다.
나. 안내 할 때는 손님 보다 2~3보 앞에서 안내한다.
다. 복도 모퉁이나 계단에서는 걸음을 지체하여 예고를 한다.
라. 엘리베이터에서의 안내는 손님이 먼저 타고 내리도록 한다.
마. 좌석에 앉을 경우 손님에게 상석을 권한다.
바. 차 대접 시 손님의 취향을 타진하고 손님에게 먼저 드린다.
사. 소리나지 않게 조용히 놓고 나올 때는 뒷걸음으로 등이 안보이게 나온다.

5. 승차와 보행에 대한 매너

1) 회원이나 상사와 함께 차를 타는 경우

가. 차 문을 연 후 고정시키고 왼손을 뻗어 "타십시오"라고 안내한다.
나. 하차 시 신속히 문 옆에 서서 문을 열고 안전을 확인 후 회원이나 상사에게 하차를 권유한다.

2) 상석과 하석

◆ 응접실일 경우

▲ 입 구 ▲

3) 사내 보행 시

가. 회원이나 고객을 안내 할 때 좌측이나 우측 3보 앞에서 안내한다.
나. 업장 내에서는 절대 뛰지 않는다. (비상시 직원이 서두르면 회원은 동요된다.)
다. 회원을 앞지르기를 하지 않는다.
라. 보행 중 담배를 피우거나 주머니에 손을 넣지 않는다.
마. 손을 잡거나 어깨동무를 하고 걷지 않는다.
바. 여러 명이 함께 걸을 때에는 횡으로 좌측 통행을 한다.
사. 운동화, 구두는 뒤축을 구겨 신지 않으며 슬리퍼는 바닥을 끌고 다니지 않는다.

V. 휘트니스 상황 예시

1. 운동실 및 프론트

상황	응대 방법		금기 사항
	말 씨	행 동	
1. 현관에 들어 설 때	· 어서오십시오. · 안녕하십니까?	· 15° ~ 30° 경례	· 밝지 않은 표정 · 맑지 않은 목소리 · 행동보다 말만 하는 것 · 단정하지 않은 옷차림 · 회원이 들어와도 쳐다보지 않음 · 회원이 들어올 때 앉아있음 · 자리 이석 · 한 분에게 인사하는 것 · 아는 사람만 인사하는 것 · 책이나 개인적 행동을 하고 있는 행위
2. KEY BOX 앞에 도착	· 그날의 관심 등을 이야기 해 친근감을 준다. · 무엇을 도와드릴까요? · 오랜만에 오셨습니다. · 회원카드를 제시하여주십시오.	· 회원카드를 제시 받는다 · 이용 요금표를 제시한다	· 회원이 하는 행동을 보고만 있는 것 · 하던 일을 멈추지 않는 것
3. 회원이 연속 해서 들어올때	· 안녕하십니까? · 죄송합니다만 잠시만 기다려 주십시오	· 들어오는 손님에게 미쳐 인사를 못했을 경우 행 동으로도 예를 표한다. · 순서대로 빨리빨리 해드린다. · 기다리는 회원에게 양해 를 구한다 · 행동을 빨리 한다.	· 손님이 묻는 말에 상관하지 않고 인사만 하는 것 · 회원을 기다리게 하는 것 · 전화 통화가 길어서 회원을 기다리게 하는 경우 · 인사를 하지 않는 것 · 필요 이상 잡담을 하는 것 · 전화벨에 먼저 신경 쓰는 것 · 서두르는 일

PERSONAL TRAINER

상황	응대방법		금기사항
	말씨	행동	
4. 귀중품을 맡길 때	· 예, 잘보관하겠습니다.	· 공손히 반지/귀걸이 등은 종이에 싸서 봉투에 넣고 락카에 보관한다.	· 귀찮아 하는 행동
		· 지갑 및 현금도 위와 같이 실시한다.	· 무표정한 표정
		· 락카 열쇠를 손님에게 준다.	· 귀중품을 가볍게 다루는 것
5. 귀중품을 내어줄 때	· 확인하여 주십시오.	· 귀중품 보관 열쇠를 받아 신속히 가지고 나온다.	· 신속하지 못한 행동
6. 전화를 걸려고 할 때	· 공중전화가 ○○에 있습니다. · 감사합니다.	· 공손히 전화기까지 안내해드린다.	· 손님을 기다리게 하는 것 · 귀찮아하는 것
7. 체련장 문의/ 견학을 위해 방문	· 어서오십시오 · 어떻게 오셨습니까?	· 자세한 설명을 해준다.	· 귀찮아하는 표정 · 손님을 필요 외로 기다리게 하는 것 · 무관심한 것 · 성의 없는 답변
8. 열쇠를 락카에 두고 나왔을 경우	· 죄송합니다만 열쇠를 가지고 나오셔야 합니다 · 회원증 여기 있습니다. · 안녕히 가십시오.	· 최대한 예의를 갖추어 정중히 대한다.	· 당연한 자세 · 퉁명스러운 말투 · 회원을 기다리게 하는 것
9. 열쇠를 분실 후 나왔을 때	· 죄송합니다만 어디서 분실하셨습니까? · 괜찮습니다. 저희들이 찾겠습니다. · 신분증 여기 있습니다. · 안녕히 가십시오.	· 다른 직원을 시켜 손님이 지적한 장소에 가서 열쇠를 찾도록 한다. · 찾지 못할 경우 ○○과에 연락하여 복사한다.	· 투덜대는 행위 · 퉁명스러운 말투 · 회원을 필요 외로 기다리게 하는 것

트레이너가 알아야 할 모든 것

상황	응대 방법		금기 사항
	말씨	행동	
10. 손님의 문의 전화 (전체문의)	· 감사합니다. oo 휘트니스 클럽입니다. · 네, 저희 클럽을 이용 하는 손님이 많습니다. · 자세한 내용은 프론트에 문의하시기 바랍니다.	· 체련장 현황을 살피며 친절한 태도와 말씨로 공손히 받는다. · 손님이 전화를 끊은 후 수화기를 놓는다.	· 와보라는 식의 말투 · 손님 물음에 모르겠다고 답하면서 전화를 끊는 것. · 불친절한 안내 · 글쎄요.. 등의 모호한 답변
11. 준비운동을 하지 않고 운동을 할 경우	· ㅇㅇ회원님 충분한 준비 운동을 하시고 본 운동에 들어가셔야 몸에 무리가 없습니다. · 간단한 체조와 유산소 장비를 이용한 운동을 실시한 후 본 운동에 들어가십시오.	· 적당량의 준비운동을 설명하고 지도한다.	· 운동하는 회원에게 무관심 · 귀찮아하는 태도 · 다른 사람과 잡담 · 운동하는 회원에게 주시하지 않는 것
12. 운동 순서를 모르고 방황 할 때	· 제가 이용 순서 및 방법 을 설명 해 드리겠습니다 · 이 기구를 사용 할 때에 는 ㅇㅇ 때문에 ㅇㅇ을 주의하셔야 합니다. · 이용하시다가 잘 모르실 때 언제든지 불러 주십시오.	· 회원을 기구 앞에 모시 고 간다. · 장비마다 알기 쉽게 설명한다.	· 대충대충 설명하는 자세 · 불친절한 태도 · 무표정 · 단정치 못한 복장
13. 체력 측정을 의뢰 할 때	· 그럼 혈압부터 측정하시고 컴퓨터 장비에 가서 측정 하겠습니다. · 처음부터 무리하시면 건강을 헤치므로 주의 하십시오 · 운동량은 서서히 높여 나가셔야 합니다.	· 혈압을 측정한다. · 컴퓨터 장비에 가서 회원의 체력에 맞는 운동량을 선택한다.	· 대충대충 설명하는 자세 · 불친절한 태도 · 무표정 · 단정치 못한 복장

상황	응대방법		금기사항
	말씨	행동	
14. 조깅 요령을 문의	· 호흡은 편히 입으로 들려 마시고 코로 내쉬는 주법으로 하시고 발바닥은 전체가 닿도록 하십시오 · 처음부터 속도를 높이지 마십시오	· 런닝머신으로 안내 · 조깅신발을 점검한다. · 작동 방법을 알려 드린다.	· 대충대충 설명하는 자세 · 불친절한 태도 · 무표정 · 단정치 못한 복장
15. 체련장 문의 전화	· 안녕하십니까? 체련장 입니다. 시간이 있으실 때 방문하셔서 보시면서 설명을 들으시는 것이 좋을 것으로 생각됩니다. · 신청은 방문하셔서 접수하셔야 합니다.	· 친절한 태도와 공손한 자세로 전화에 응대한다 · 손님이 수화기를 놓은 뒤 전화를 끊는다.	· 와보라는 식의 말투 · 퉁명스러운 말투
16. 기구사용 문의	· 어서 오십시오 · ○○기구는 ○○부위 운동이며 사용법은 ○○하는 것이며 호흡 은 힘을 쓰기 전 들여마신 후 힘을 쓰면서 내뱉 습니다. · 회원님 체력에 맞지 않은 무게는 사용을 자제해 주십시오	· 중량운동의 위험요인과 사용법을 직접 보여 드린다.	· 대충대충 설명하는 자세 · 불친절한 태도 · 무표정 · 단정치 못한 복장

40. 휘트니스 클럽이 망하는 이유는 무엇일까? (15가지 이유)

1. 첫번째 전문가가 없다 _특히 재무 전문가를 조언 필수

2. 클럽 오픈시 인테리어에 너무나 많은 돈을 투자한다. (샤워장에 투자하라!)

3. 자기자본금이 없이 시작한다 즉 프리세일로 충당하며 클럽을 시작한다!

4. 직원이 너무 많다. 믿고 맞길 수 있는 오른팔과 왼팔과 같은 직원 딱 2명이면 충분하다

5. 특히 FC의존도가 너무 높아 수익이 남지 않는다. (수익의 최소 40%이상 지출- 부가세 10%, FC수당 10%, 카드수수료+가맹점 수수료 5%+ 홍보 마케팅 비용 15%등)

6. 연회원+ 월회원 꾸준한 매출 구성을 통해 매출구조를 확보하지 못한다. (비수기, 성수기를 굴곡이 크다.)

7. 회비 & PT 매출 외에 부수익을 창출하라!

8. 너무 비싼 장비에 투자한다. (리퍼를 활용하자.)

9. TARGET 고객을 여성, 아동 그리고 실버에 정조준 하라!

10. 쓸 때 없는 GROUP EXERCISE를 폐지하라!

11. 클럽 매뉴얼화를 통해 고객에게 빠른 결과를 제공하라!

12. 대한민국 휘트니스 클럽 처럼 재미없는 곳도 없다.

13. 리셉션 데스크를 카페로 만들어라!

14. 차별화하라!_ 대한민국 휘트니스 클럽 이젠 가격으로만 경쟁한다. (가격 경쟁은 제일 마지막 활용하는 방법)

15. 건물주와 친해져라 !!!

41. 세계 피트니스 박람회 리스트 (World Fitness Show List)

	장소	명칭	논평	사이트
2월 (4일간)	COEX	SPOEX	Korea No1. FITNESS SHOW	www.spoex.com
2월 (4일간)	SNIEC	IWF	상해 피트니스 및 건강장비 박람회	www.ciwf.com
2월 (4일간)	NCIEC	ISPO	북경 스포츠용품 박람회 (ISPO BEIJIN)	www.ispo.com
3월 (4일간)	Las Vegas	IHRSA	USA No1. FITNESS SHOW (서부)	www.ihrsa.org
3월 (4일간)	Taiwan	TaiSpo	타이베이에서 열리는 FITNESS SHOW	www.taispo.com.tw
4월 (4일간)	KOEL	FIBO	World No.1 Sports & Fitness Show	www.fibo.de
5월 (4일간)	Beijing	China Sport Show	Asia No.1 Sports & Fitness Show	www.sportshow.com
5월 (4일간)	Sydney	FSS	시드니 피트니스 박람회	fitness-show.com
7월 (3일간)	Tokyo	HFJ	Japan No.1 Fitness Show	www.hfj.jp
10월 (3일간)	Chicago	club industry	USA No2. FITNESS SHOW (서부)	www.clubindustryshow.com

트레이너가
알아야 할
모든것

Chapter 6.

센터 내 사고 발생 유형

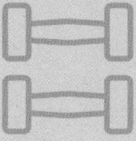

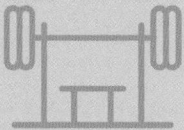

Chapter 6. 센터 내 사고 발생 유형

휘트니스센터를 비롯한 모든 체육 관련 업종은 안전사고, 도난, 분실 등 각종 사건 사고에 노출되어 있습니다. 이에 따른 책임은 시설 관리자가 지게 되며, 사고를 미연에 방지할 업무상 주의의무를 다하였는지 여부에 따라 손해배상책임 여부가 판단됩니다.

1. 휘트니스 센터 안전사고 발생 사례

가. 덤벨 사고사례

2012년 어느 날, 송파구에 위치한 휘트니스 센터에서 한 회원이 벤치에 누워 덤벨 프레스 동작을 하던 중 세트를 마치고 휴식을 위해 트레이너에게 덤벨을 넘기게 됩니다. 하지만 힘이 빠진 회원은 트레이너가 덤벨을 미처 넘겨받지 못하였을 때 손을 놓아버려 회원 자신의 얼굴 위로 덤벨이 떨어져 치아가 파절되는 상해를 입게 되었는데요. 위 사안에서 법원은 트레이닝을 지도하는 트레이너라면 회원이 트레이너에게 덤벨을 넘길 때 회원의 실수로 회원이 덤벨을 떨어뜨리더라도, 덤벨이 회원의 몸으로 떨어져 다치지 않도록 회원의 가슴 옆에서 덤벨을 넘겨받거나 적어도 회원이 트레이너가 덤벨을 제대로 넘겨받았는지 확인할 수 있는 위치에서 받도록 할 트레이너의 주의의무가 있음에도 트레이너가 이를 게을리하였으므로 사고가 발생했다고 판단하여 휘트니스 센터에 700만 원을 배상하라는 판결이 내려졌습니다(회원 과실 40%).

나. 러닝머신 사고사례

한 헬스장에서 회원이 러닝머신을 빠른 속도로 걷는 정도 수준의 속도로 러닝머신에서 운동하던 중, 잠시 전화 통화를 위해 러닝머신을 켜둔 채 자리를 비웠습니다. 그런데 갑자기 다른 회원이 아직 러닝머신이 작동되고 있음을 미처 확인하지 못한 채 해당 러닝머신에 올라서다가 미끄러져 넘어지는 바람에 얼굴과 어깨 부위에 상해를 입었습니다. 위에서 설명한 덤벨 사고 사례와 마찬가지로 법원은 이용되지 않는 러닝머신이 계속 작동되는 경우 그 작동을 멈추게 하는 등 사고가 발생하지 않도록 관리·감독 할 주의의무가 있음에도 이를 다하지 않아 회원이 다치게 되었다며 휘트니스 센터 측의 책임을 물어 580만 원가량을 회원에게 배상하라는 판결을 내렸습니다(회원 과실 50%).

기타 체육시설 안전사고 발생 사례
다. 스크린골프장 사례

스크린골프장에서 손님 A가 친 골프공이 스크린을 맞고 튕겨 나와 그 일행인 손님 B의 오른쪽 눈에 맞아 손님 B가 우안 맥락막 파열, 우안 앞방각 뒤 물림에 의한 녹내장, 우안 황반 위축 등 상해를 입은 사안에서, "골프 연습장 관리자는 골프 연습장을 운영하면서 설비 안전점검으로 안전망을 설치하는 등 골프공이 스크린 등에 맞아 튕겨 나오지 않게 하여 사고를 미연에 방지할 업무상 주의의무가 있습니다."라며 스크린 골프장 관리자의 손해배상책임을 인정한 사례가 있습니다.

라. 골프장 낙뢰 사망사례

이 사례는 고객이 골프장에서 경기 중 낙뢰에 의하여 사망한 경우 제반 사정에 비추어 골프장 운영자의 공작물 설치, 보존상의 하자로 인한 손해배상책임을 부정한 사례입니다.

이 사건 당일 오전에는 골프 경기를 하기에 아무런 이상이 없는 날씨였던 점, 천둥은 불규칙하게 떨어지고, 소나기구름의 성장 정도에 의해서 낙뢰 상황은 다르므로 낙뢰 지점을 국지적으로 예측하는 것은 극히 곤란한 점, 우리나라의 장마철에는 천둥, 번개를 동반한 비가 내리므로 낙뢰 사고의 발생 가능성이 있으나, 사람이 평생 낙뢰를 맞을 확률은 60만분의 1로서 그 확률이 희박한 점을 들어 예측하기 힘든 자연재해였음을 인정하여 골프장 측의 손해배상 책임이 부정되었습니다.

단, 낙뢰의 위험이 상당한 정도로 예상되는 경우에는 체육시설업자인 골프장 운영자에게 이용자에 대하여 피난 지시를 내릴 주의의무 또는 신의칙상 안전 배려의무를 진다고 판시했습니다. 결국, 여러 사정에 비추어 낙뢰 사고를 자연재해로 보아 골프장 운영자의 이용자에 대한 안전 배려의무 위반을 부정한 사례입니다.

* 맺음말 *

시설물 관리자는 언제나 시설이용자가 시설물을 이용하면서 사고를 당하지 않도록 미연에 안전조치를 취할 의무가 있고, 이를 게을리하여 이용자가 사고를 당한 경우 손해배상의 책임(때에 따라서는 형사상 과실치상 등의 책임)을 부담하게 되기 때문에 이를 각별히 유의하여 안전조치를 완비할 필요성이 있습니다.

트레이너가
알아야 할
모든것

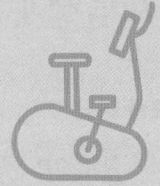

Chapter 7.
센터 화재보험 및 재무 설계

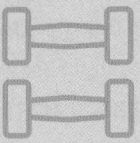

Chapter 7. 센터 화재보험 및 재무 설계

1. 비정규직 트레이너에게 재무 설계가 필요한 이유

대부분의 사람은 안정적인 삶을 원합니다. 안정적인 급여, 직장, 결혼 생활 등. 하지만 과연 지금 당신의 삶이 정말로 안정적인가? 대한민국이 OECD 국가 중 노인 빈곤율, 자살률 1위라는 사실을 알고 있는가? 이러한 사실이 남의 일처럼 느껴지는가? 그렇다면 당신의 노후는 결코 안정적이지 않을 것이라고 확신합니다. 혹시 한국인의 직장인 10명 중 3명은 첫 직장이 '비정규직'이라는 통계를 본 적이 있는가? 비정규직이란 일정한 기간의 노무 급부를 목적으로 사용자와 근로자가 한시적으로 근로관계를 맺는 모든 비조직화 된 고용 형태로서, 주로 파트타이머(part timer) 혹은 회사와 자유계약을 맺는 프리랜서 (freelancer) 등을 말합니다. 흔히 고용 관계가 아닌 비정규직 프리랜서들은 월 급여의 3.3%를 제외하고 받은 경험이 있을 것입니다. 이는 프리랜서가 근로소득자가 아닌 개인사업자로 취급되기 때문인데, 이에 따라 프리랜서는 기타소득세(4.4%)가 아닌 사업소득세(3.3%)에 대한 부분을 신고하는 것입니다. 또한, 프리랜서는 매년 5월 종합소득세 신고 기간에 소득 신고를 해야 하며, 프리랜서 소득신고가 되면 지역가입자에 해당하여 4대 보험(건강보험과 국민연금)에 대한 납부 의무가 생깁니다. 비정규직 트레이너(필라테스 강사)들 또한 프리랜서에 대한 개념을 정확히 이해해야 하며, 이에 따른 체계적인 '재무 설계'가 이뤄져만야 보다 안정적인 삶을 영위할 수 있음을 명심해야 합니다. 2019년 기준으로 대한민국의 최저임금은 8,350원이며, 법정근로시간은 주 40시간입니다. 여기에 주휴 8시간과 월평균 주 수인 4.345주를 곱하면 한 달 동안의 근로시간은 총 209시간이 됩니다. 그렇다면 이제 한번 계산해보자. 주 최저임금 8,350원 x 월 소정 근로시간 209시간=1,745,150원. 이것이 당신이 최소한으로 보장받을 수 있는 월평균 급여가 됩니다. 여기서 프리랜서들은 사업소득세(3.3%)를 제외한 급여를 받으며, 4대 보험 중 (프리랜서는 고용보험, 산재보험 대상자가 아님) 국민연금, 건강보험에 대한 금액을 추가로 의무 납부하여야 합니다. 국민연금은 월 소득액의 9%, 건강보험은 소득자의 소득+자동차+재산을 합산한 금액 x183.3원을 계산한 금액이 보험료로 책정됩니다. 그리고 매년 5월 종합소득세 신고 기간에 소득세, 건강보험, 국민연금 납부에 대한 내용을 신고하는 것입니다. 대부분의 프리랜서 트레이너들은 4대 보험에 들어가는 보험료가 아깝다는 이유로 가입을 하지 않고, 근로소득자에 비해 적은 소득세(3.3%)를 떼다 보니 정규직보다 더 많은 급여를 받는다고 착각하는 경향이 있습니다. 그러나 트레이너의 급여는 수업의 단가와 커미션에 비례한 월 수업 횟수에 따라 매월 변동되며, 성수기와 비수기 때의 변동적인 매출과 직업 특성상 직접 몸으로 뛰어야만 수익이 발생한다는 점에서 질병, 상해와 같은 건강상의 문제가 발생했을 시 수익이 끊긴다는 점 등을 명심해야 합니다. 또한,

비정규직이기 때문에 사회보장제도의 혜택에서 제외되는 부분이 많다는 점을 분명하게 인식하고 있어야 합니다. 살면서 한 번쯤은 재무 설계를 받아보라는 권유를 받아본 기억이 있을 것입니다.

재무 설계가 필요한 이유는 바로 '안정적인 미래'를 준비하는 것으로, 삶을 살아가며 돈을 벌고 (수입) 사용하는 (지출)과정이 매우 불규칙하고 불안정하기 때문에 비교적 젊고 건강할 때 비노동 수익구조와 은퇴자산에 대한 준비를 시작하는 것입니다. 특히, 트레이너란 직업의 특성상 수업을 하는 만큼 수입이 창출되는 구조이며, 직업적 수명이 짧기 때문에 수입에 있어서 더욱 불안정할 수밖에 없는 것이 현실입니다.

재무 설계란 본인의 수입과 지출을 정확히 파악하고, 이에 맞게 구체적으로 저축, 보장, 투자 등의 재무 목표를 계획하고 실천하는 것을 말합니다. 본인의 재무 상태를 파악하기 위한 지표로 사용되는 것이 바로 라이프사이클(Life cycle)이다. 라이프사이클, 즉 생애 주기표는 사람의 일생을 4가지(사회 초년기, 가족 형성기, 노후준비기, 경제적 정년이) 단계로 나누어 단계마다 변화하는 모습을 분석하는 것으로, 본인의 수입과 지출 등을 비교적 정확하게 파악할 수 있습니다. 살아가며 일어나는 여러 지출뿐만 아니라 학자금부터 자동차, 집 등을 살 시 발생하는 대출(부채)비용까지 생각한다면, 자산을 형성한다는 것이 절대 쉽지 않다는 것을 느낄 것입니다. 게다가 당신은 프리랜서가 정규직보다 대출이 쉽지 않다는 점을 잘 알 것입니다. 물론 무보험자인 프리랜서들도 대출을 받을 방법은 있습니다. 그러나 프리랜서는 원천징수에서 소득이 모두 인정되지 않고, 경비를 제외한 일부분만 소득으로 인정되기 때문에 근로소득자보다 대출 한도가 낮습니다(연 소득을 바탕으로 은행에 대출 신청하면 신용대출 기준으로 근로소득자의 약 50% 정도밖에 소득이 잡히지 않음).

*소득 증빙 방법 3가지

증빙 소득 : 근로소득 / 소득세 자료 (프리랜서 x)
인정소득 : 국민연금 / 건강보험료 (4대 보험 미가입자 x)
신고소득 : 임대료 / 카드사용액 (프리랜서 o)

따라서 당신이 정말 안정적인 노후를 원한다면 지금부터 현명한 방법으로 저축하고, 낮은 금리의 대출을 받을 방법을 강구해야 할 것입니다. 좋은 예로 최근 보험사에 종신보험을 활용한 저축상품을 많이 판매하고 있습니다. 본래 종신보험 사망 시 사망보험금을 지급해주는 생명보험으로 보통

상속을 위한 보험으로 여겨왔습니다. 그러나 시간이 지남에 따라 여기에 복리와 비과세, 그리고 유니버설이라고 하는 기능을 집어넣어 보장과 저축을 동시에 활용할 수 있도록 만든 것입니다. 보통 은행의 저축상품들은 단리 이자와 이자 소득에 대한 세금을 떼는 이자 과세를 부여하며, 매월 변동되는 공시이율의 적용을 받습니다. 하지만 종신보험은 복리 이자가 확정 금리 또는 최저보증이율과 같이 공시이율에 적용받지 않고, 처음 상품이 만들어졌을 때 책정된 금리대로 붙게 됩니다(단리와 복리의 차이가 궁금하다면 인터넷에 검색해 보기를 바랍니다). 여기에 비과세의 기능으로 세금을 떼지 않으며, 유니버설이라고 하는 기능을 활용하여 내가 낸 원금에 대한 해지 환급금에서 낮은 금리로 대출을 받거나 중도에 인출을 할 수도 있습니다.

흔히 부자가 되고 싶으면 부자들이 하는 방법을 따라 하라는 말이 있습니다. 부자들치고 보험을 활용하지 않는 사람은 거의 없을 것입니다. 세계 최고의 투자가 워런 버핏은 본인의 성공 비결 중 하나를 '복리'라고 말했으며, 세계적인 과학자 아인슈타인은 복리를 세계 8대 불가사의에 이름을 올리기도 했습니다. 이미 우리나라의 많은 부자는 이러한 보험의 혜택을 충분히 활용하고 있음을 잘 생각해 보기 바랍니다. 당신이 정말 안정적인 노후를 원한다면 지금 당장 자신의 수입과 지출에 대해 라이프 사이클을 그려보고 현명한 저축을 하고 있는지, 새어나가는 돈이 없는지 확인해야 할 것입니다. 또한 질병, 상해와 같은 건강상의 문제로 인한 예상치 못한 변동지출 또한 만만치 않습니다. 예를 들어보자. A와 B라는 쌍둥이 형제가 있는데, A는 매월 100만 원씩 저축했고, B는 매월 90만 원씩 저축함과 동시에 10만 원씩 질병, 상해에 대한 보장으로 보험료를 지불했다. 5년뒤, 각각 A는 6,000만 원(이자 제외), B는 5,400만 원을 모으게 되는데, 이때 똑같이 암에 걸렸다고 가정해보자. 한국인의 사망률 1위 질병이 암이며, 통계적으로 3명 중 한 명이 암 환자라고 합니다. 암 치료비는 평균 2,877만 원이며, 완치까지 4~5년 정도가 걸린다고 합니다. 암 수술, 입원, 치료비와 더불어 치료받는 동안 경제적 활동을 하지 못하기 때문에 생활비까지 고려한다면 A는 모아뒀던 돈을 치료비로 전부 소진하게 될 것입니다. 반면, B는 5,400만 원이라는 돈을 저축함과 동시에 본인이 들었던 보험에서 암 진단비 및 수술, 입원 치료 등의 금액으로 부담 없이 치료를 받게 될 것입니다. 물론 이것은 암에 걸렸을 때를 가정한 것입니다. 즉, '확률'에 대한 개념인데, 보장성 보험을 드는 이유는 우리가 언제 어떻게 하면 아플지 예측할 수 없기 때문입니다. 트레이너들이 해부학에 대해 공부를 하면 가장 먼저 접하는 것이, 인간의 몸 구조일 것입니다. 인간은 직립보행을 하므로, 사족보행을 하는 여타 동물들보다 중력의 영향을 많이 받을 수밖에 없습니다. 이는 척추에 많은 부담을 주게 되며, 목부터 등, 허리, 골반, 무릎, 발목까지 여러 근골격계 질환으로부터 인간을 노출하게 됩니다. 또한 사족보행일 때 수평관계에 있던 뇌와 심장, 여러 장기가 직립보행으로 진화하는 순간 중력에 역행하는 수직관계로 바뀌게 되어 혈액순환에 문제를 일으키게 되고, 나이가 들수록 이러한 문제들은 더욱 심해집니다. 그렇기 때문에 나이가 들수록 치매, 뇌졸중과 같은 뇌혈관 질환, 급성 심근경색과 같은 허혈 심장질환 등 여러 질병이 발생하는 것입니다. 이러한 문제들을 해결하기 위해 운동을 하는 것인데, 운동 중 당하는 상해 사고에 대해서는 어떻게 대비할 것인가? 상해 사고는 급격, 외래, 우연적인 요소들에 의해 일어납니다. 우연히 발생하는 사고에 대해서는 그 누구도 안전하다고 장담할 수 없습니다. 트레이너 본인이 운동하다가 다치게 되었을 때 무보험자라면 수술, 치료, 입원에 대한 혜택도 받지 못할뿐더러 완치까지 손에서 일을 놓을 수밖에 없을 것입니다. 프리랜서 트레이너들의 특성상 직장에서 건강검진에 대한 혜택을 받기 힘들기에 질병에 대한 검진율 및 예방률이 낮을 수 있다는 점과 운동 중 상해 사고를 입을 확률이 타 직업군보다 상당히 높다는 점을 고려한다면 적어도 4대 보험 및 질병, 상해에 대한 보장성 보험이 꼭 필요할 것입니다. 또한 휘트니스 센터를 운영하는 사업자와 직접 회원에게 운동을 지도하는 트레이너는 휘트니스 센터 내에서 발생하는 사고에 대한 배상에 관련된 보험 담보도 필수적으로 가지고 있어야 합니다.

내가 운동을 지도하던 회원이 데드리프트 동작을 수행하다가 허리를 다친다면 어떻게 할 것인가? 트레드밀을 타다가 넘어져서 다친다면? 질병이나 상해와 같은 사고는 언제나 뜻하지 않게 찾아옵니다. 부상을 예방하기 위해 예방 운동(prehab exercise)을 공부하고 회원들에게 지도하는 것과 마찬가지로, 보다 넓은 차원의 예방(질병, 상해)을 원한다면 당신은 지금 당장 보험을 주제로 공부하고 준비해야 할 것입니다.

2. 스포츠센터에 꼭 있어야 하는 화재보험

대부분의 트레이너는 자신만의 센터를 운영하는 것을 최종적인 목표로 삼는다. 수년간 열심히 일해서 저축하고, 대출까지 껴서 본인만의 센터를 차렸을 때 그 성취감과 행복감은 말로 표현하기 힘들 것이다. 그런데 만약 본인이 운영하는 센터에서 어떠한 사고가 발생한다면? 실제로 내가 근무하던 센터에서 회원들이 다치는 사고가 종종 있었는데, 가장 기억에 남는 것은 회원이 트레드밀을 타다가 넘어져서 아킬레스건 부위가 찢어지는 사고였다. 트레드밀에서 넘어진 것은 회원 본인의 잘못이 아니냐고 생각할 수도 있겠지만, 체육시설을 운영하는 사업장에서 일어난 사고였기 때문에 결과적으로 회원에게 약 300만 원가량의 배상금을 물어줘야 했다. 그 외에도 한 아주머니 회원은 혼자 폼롤러로 몸을 풀다가 갈비뼈에 실금이 가는 상처를 입기도 했다. 이처럼 운동을 하는 사업장은 언제 어디서든 사고가 일어날 수 있는 위험이 도사리고 있습니다. 또한, 사업장에 화재가 일어나는 경우도 빈번한데, 혹시 건물에 불이 나면 국가에 벌금을 내야 한다는 사실을 알고 있습니까?

예를 들어, 내 사업장에서 발생한 화재가 같은 건물에 있는 다른 사업장까지 번졌다고 해보자. 나는 내 사업장은 물론 다른 사업장이 입은 피해에 대해 보상까지 해야 하며, 실화법에 따라 국가에 벌금까지 내야 합니다. 불난 것도 억울한데 벌금까지 내야 한다고? 이러한 억울한 일을 당하지 않기 위해서 우리는 <유비무환> 미래에 닥칠 위험에 대하여 미리 대비할 필요가 있는 것입니다.

휘트니스 센터는 필수적으로 체육 시설업에 관련된 화재보험을 가지고 있어야 하는데, 휘트니스 센터에 꼭 있어야 하는 화재보험 담보로는 건물화재보험, 영업 배상책임, 체육시설업자배상책임, 체육시설배상책임, 시설소유자 배상책임 등이 있습니다. 쉽게 구분하자면 건물 화재보험은 사업장에 불이 났을 때, 또는 건물 및 인테리어, 헬스 기구 등의 집기 비품 등의 손해를 입었을 때 보상받을 수 있는 보험이며, 영업 배상보험은 회원이 체육시설 이용 중 넘어지거나, 운동 중 상해를 입었을 때 발생한 손해에 대한 배상책임을 받을 수 있는 보험이다.

화재보험 - 불이 났을 때, 건물 및 인테리어, 헬스 기구 등의 집기 비품 손해를 보상
영업 배상 - 체육시설 이용 중 넘어지거나, 운동 중 상해를 입었을 때 배상 책임 손해
*보험료는 시설 면적, 건물급수, 보상한도액에 따라서 차이가 발생

3. 트레이너들이 꼭 가지고 있어야 할 개인보험 담보

건물에 대한 화재보험 이외에도 트레이너 개인에 의한 문제 발생 시, 회원이 민사소송을 거는 경우가 자주 있습니다. 통계에 따르면 휘트니스 센터에서 가장 많이 제기되는 민사소송 사유는 환불에 대한 문제이며, 6개월, 1년 등의 장기 등록한 회원이 어떠한 이유에 의해 센터 이용을 못 하게 되어 환불을 요청했을 때 제대로 된 환불처리가 이루어지지 않으면서 발생합니다. 또한 트레이너의 부주의로 인해 회원이 사고를 입었을 경우에도 민사소송으로 넘어갈 수 있는데, 이때 필요한 것이 바로 민사소송법률비용과 일상생활 배상책임 담보이다.

민사소송은 개인 사이에 일어나는 사법상의 권리 또는 법률관계에 대한 다툼을 법원의 재판으로 해결하는 것을 말하는데, 민사소송법률비용 담보는 피보험자에게 소송제기의 원인이 되는 사건이 발생하여 약관에서 정한 소송사건이 대한민국 법원에 제기되어 그 소송이 판결, 소송상 조정 또는 소송상 화해로 종료됨에 따라 피보험자가 부담한 법률비용을 보장해 주는 담보이다.

일상생활 배상책임(일 배 책) 담보는 일상생활에서 발생한 다양한 사고에 대하여 배상해주는 담보이며, 보장범위에 따라 일상, 자녀, 가족 등으로 나누어진다. 대물에 대한 배상은 자기부담금이 발생하지만, 대인에 대한 배상은 자기부담금이 없기 때문에 특히 대인사고가 많이 발생할 수 있는 휘트니스 센터 종사자들은 꼭 가지고 있어야 할 담보라고 할 수 있습니다.

이외에도 트레이너 개인이 가지고 있어야 할 중요 담보로는 후유장해가 있는데, 후유장해는 피보험자 혹은 피해자가 사고에 의해 상해를 입고, 그 직접의 결과로서 신체의 일부를 잃거나 신체의 기능에 영구히 장애가 남은 경우 가입금액 x 장해율(%)을 계산한 금액을 지급해 주는 담보이다.

운동이라는 것은 잘하면 약이 되지만, 잘못하면 독이 되는 양날의 검과 같다. 이는 회원뿐만 아니라 트레이너 본인에게도 해당이 되는 말이다. 우리가 운동을 통해 상해를 예방하고, 건강을 지키기 위해 노력하는 것처럼, 더 큰 범위의 예방을 생각한다면 보험은 필수적이다. 헬스케어란 전반적인 건강관리 시스템을 뜻하며, 질병의 치료, 예방, 건강 관리 과정을 모두 포함하고 있습니다. 당신이 진정한 건강전문가, 헬스케어 전문가가 되길 원한다면 꼭 보험에 대한 지식을 키우기 바란다.

더 자세한 상담 및 문의는 lhw5512@naver.com 연락하시기 바랍니다.

트레이너가 알아야 할 모든것

Chapter 8.

트레이너 및 운영자라면 알아야 할 (세무, 회계, 노무) 상식

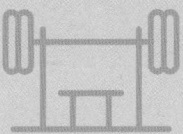

Chapter 8. 트레이너 및 운영자라면 알아야 할 (세무, 회계, 노무) 상식

1. 프리랜서 선생님은 3.3%의 원천세를 공제하던데, 왜 그런 건가요?

→ 대한민국에 거주하는 모든 이는 종합소득세 납세의무를 가지고 있다. 근로 형태에 따라 직장 근로자, 사업소득자, 일용근로자 등의 형태가 있는데, 프리랜서 선생님은 사업소득자로 분류된다. 사업소득자는 급여가 확정되는 경우 3.3%를 공제하고 96.7%만 실수령하게 되는데 예를 들면 1,000만 원의 강사료를 받을 게 있더라도 33만 원을 제외한 967만 원만 받게 된다. 강사료를 지급하는 사업주는 원천징수한 33만 원을 지급하는 다음 달 10일까지 프리랜서 선생님 대신 국세로 3%, 지방세로 0.3%를 납부하게 된다.

> 10,000,000원 = 선생님에게 9,670,000원 + 소득세 300,000원 + 지방세 30,000원

12개월간 강사료가 1천만 원씩 발생한 프리랜서 선생님 A는 이렇게 1년을 보내고 나면 1.2억 원의 강사료 수입이 있었을 테고, 360만 원의 국세와 36만 원의 지방세를 공제한 116,040,000원을 수령하게 된다. (세전 금액*0.967로 계산)

> 120,000,000원 = 선생님 116,040,000원 + 소득세 3,600,000 + 지방세 360,000원

A를 고용한 사업주는 4대 보험 등 다른 부담 없이 매월 1천만 원씩 인적 용역비라는 항목으로 경비처리가 가능하고, A 선생님은 각자 알아서 종합소득세 신고를 완료한 후 건강보험료와 국민연금을 지역가입자 또는 피부양자, 또는 각자의 방법에 맞게 납부하면 된다.

5월 종합소득세 신고 시 A 선생님 이름으로 발생한 모든 수입을 합산하고, 사업용으로 지출한 경비와 소득공제를 차감한 뒤 누진세율을 고려해 세금이 산출된다.

> 총수입금액 (A 선생님 이름으로 발생한 모든 수입, 여러 사업장인 경우 합산)
> - 필요경비 (A 선생님 이름으로 발생한 모든 사업용 지출)
> - 소득공제 (A 선생님의 부양가족, 국민연금, 노란우산공제 등)

과세표준

*종합소득세율 (6~42%)

상기 과정을 거쳐 납부할 소득세가 4,000,000원으로 확정되면 기존에 1년간 부담한 소득세와 지방세가 3,600,000원, 360,000원이었으므로 소득세 400,000원, 지방세 40,000원을 추가로 내면 납세의무가 종결되고,

상기 과정을 거쳐 납부할 소득세가 3,000,000원으로 확정되면 기존에 1년간 부담한 소득세와 지방세가 3,600,000원, 360,000원이었으므로 초과부담했던 소득세 600,000원과 지방세 60,000원은 국가에서 환급해준다. (소득세는 6월 말까지, 지방세는 7월 말까지)

통상적으로 연간 총수입이 2,000만 원 미만인 경우 부양가족이 없더라도 환급이 발생하는 게 일반적인 편이고, 연간 총수입이 4,000만 원을 넘는다고 하면 환급이 없거나, 납부가 발생할 수 있다.

※ 세율 적용 방법 : 과세표준 × 세율 - 누진공제액

〈예시〉 2018년 귀속
과세표준 30,000,000원 × 세율 15% - 1,080,000원 = 3,420,000원

종합소득세 세율 (2018년 귀속)

과세표준	세율	누진공제
12,000,000원 이하	6%	-
12,000,000원 초과 46,000,000원 이하	15%	1,080,000원
46,000,000원 초과 88,000,000원 이하	24%	5,220,000원
88,000,000원 초과 150,000,000원 이하	35%	14,900,000원
150,000,000원 초과 300,000,000원 이하	38%	19,400,000원
300,000,000원 초과 500,000,000원 이하	40%	25,400,000원
500,000,000원 초과	42%	35,400,000원

2. 세금은 적게 내거나 환급받는 게 무조건 좋을까요?

→ 휘트니스 업은 업종 특성상 초기 시설 투자비를 제외하고 광고비, 강사비 등을 제외하면 특별한 비용이 발생하지 않아 손익분기점을 돌파하는 속도가 빠른 편이다. 그리하여 소득세나 법인세를 납부할 경우 가급적 적게 내는 게 유리하다는 생각을 하는 경우가 있다.

그러나, 적절한 소득신고를 하지 않으면 본인과 가족 명의로 재산을 형성할 수 없거나, 세무조사의 대상에 선정될 수 있으니 각별히 유의하여야 한다.

신용카드사용명세, 해외 출국기록, 재산형성명세와 신고된 소득명세에 이상기류가 확인되는 경우 국세청 소득분석지출시스템을 통해 자동으로 자금출처에 대한 소명 요청을 받게 된다. 신고된 소득 없이 부동산을 구매하거나 지속적인 소비가 발생하는 경우 현금매출 누락 또는 재산을 증여받고 나서 신고를 빠뜨린 것으로 추정하기 때문이다. 또한, 신고된 소득이 적다면 신용카드 개설을 거부당하거나, 전세자금, 주택자금, 사업 운영자금 등의 대출이 불가능하다. 금융기관은 매출이나 이익이 없는 사업자보다는 탄탄한 매출과 일정한 납세실적을 가진 사람에게 대출을 승인해주기 때문이다.

4대 보험에 가입했더니 너무 많은 돈이 나가요. 왜 이런 걸까요?

→ 프리랜서를 제외한 정규직, 아르바이트 없이 운영하는 경우에는 피부양자로 별도의 건강보험과 국민연금을 납부하지 않거나, 지역가입자라는 이름으로 부과 고지된 금액을 납부만 하면 건강보험, 국민연금 납부 의무가 종료된다.

그런데, 4대 보험을 한 명 가입하게 되면 예상보다 높은 지출로 인해 놀라게 된다. 기본급여를 170만 원에 채용한 경우를 가정하여 설명하면 다음과 같다.

세전급여	1,700,000원
본인부담 4대보험	(144,500원)
근로자 실수령액	1,555,500원

근로자 실수령액	1,555,500원	근로자 명의의 계좌로 입금
근로자 부담 4대보험	144,500원	293,250원 사업주가 공단에 직접 납부
사업주 부담 4대보험	148,750원	
사업주 총 지출액	1,848,750원	(사업주 및 근로자 사회보험료+급여)

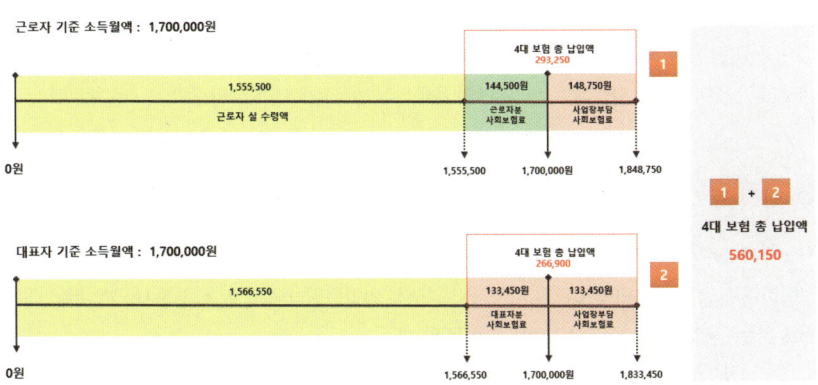

* 근로자 추가 됨에 따라, 대표자도 사회보험료를 납부해야함 (단, 대표자의 경우 고용, 산재보험료 "0"원으로 계산)

공동사업자의 경우에는 직원을 단 한 명만 채용하더라도 모든 공동사업자에게 건강보험료와 국민연금이 각각 부과되므로 4대 보험 지출금액에 대한 계획을 세우고 채용전략을 수립하는 것이 안전한 현금흐름을 확보할 수 있다.

3. 정책자금이 많다던데, 휘트니스 업은 어떤 지원금을 받을 수 있을까요?

→ 정책자금은 시설자금융자, 운전자금융자, 조건부 지원, 무상지원 등으로 시설자금은 건물을 취득하거나, 기계장치, 인테리어 등 대규모 투자가 필요한 경우에 자금계획 승인 후 저금리로 진행 가능하며, 운전자금은 인건비 및 일반운영비로 집행할 금액, 통상 1억 원 전후로 신속하고 간편하게 대출이 가능하다.

시설자금과 운전자금은 중소기업시장진흥 공단, 소상공인시장진흥공단, 기술보증기금, 신용보증기금에서 주로 취급하며 생각보다 문턱은 높지 않으나, 대출이 실행되기까지 1개월 정도의 기간이 소요되므로 여유를 가지고 자금 계획을 수립해야 한다.

또한, 대표가 만 39세 미만, 3년 이내 초기 창업자인 경우 창업진흥원과 한국공인회계사회를 통해 상환 의무 없는 무상지원을 최대 200만 원까지 받을 수 있어 세무신고 비용부담을 2년가량 덜 수 있으며, 이전 또는 폐업하는 경우에도 소상공인시장진흥공단을 통해 철거 및 원상복구 비용을 최대 200만 원까지 무상지원해주고, 2년간의 세무신고 비용을 최대 120만 원까지 지원해준다.

4. 퇴직 후 다른 곳에서 근무를 못 한다는데, 경업금지 조항은 무엇인가요?

경업금지 조항은 근로자가 재직 중 또는 근로관계 종료 후에 경쟁업체에 전직하거나 경쟁업체를 설립하여 운영하는 등의 방법으로 사용자와 경쟁적 영업행위나 직업 활동을 하지 않을 것을 내용으로 하는 근로자와 사용자 간의 계약 조항을 말한다.

그런데, 직업선택의 자유와 근로의 권리는 국민의 기본권에 속하므로 근로자가 사용자와 사이의 근로관계 종료 후 사용자의 영업부류에 속한 거래를 하거나 동종의 업무에 종사하지 않기로 한 경업금지 약정이 유효한 것인지 문제 될 수 있다.

최근 판례에서는 경업금지 조항의 효력은 근로자의 자유와 권리에 대한 합리적인 제한으로 인정되는 범위 내에서만 유효한 것으로 제한하여 해석하여야 한다는 기본원칙을 제시하고 있다.

그리고, 경업금지 조항의 유효성을 인정할 수 있는 제반 사정 (사용자의 영업비밀이나 노하우, 고객 관계 등 경업금지에 의하여 보호할 가치 있는 사용자의 이익 존재, 영업 제한의 기간과 지역 및 대상 직종, 근로자에 대한 대가의 제공 여부, 근로자의 퇴직 전 지위 및 퇴직 경위, 공공의 이익 등)은 사용자가 주장하고 증명할 책임이 있다고 판시하였다.

◆ 관련 판례

> 직업선택의 자유와 근로의 권리는 국민의 기본권에 속하므로, 근로자가 사용자와 사이의 근로관계 종료 후 사용자의 영업부류에 속한 거래를 하거나 동종의 업무에 종사하지 아니하기로 하는 등 경업금지 약정을 한 경우에, 그 약정은 사용자의 영업비밀이나 노하우, 고객 관계 등 경업금지에 의하여 보호할 가치 있는 사용자의 이익이 존재하고, 영업 제한의 기간과 지역 및 대상 직종, 근로자에 대한 대가의 제공 여부, 근로자의 퇴직 전 지위 및 퇴직 경위, 그 밖에 공공의 이익 등 관련 사정을 종합하여 근로자의 자유와 권리에 대한 합리적인 제한으로 인정되는 범위 내에서만 유효한 것으로 인정된다. 그리고 경업금지 약정의 유효성을 인정할 수 있는 위와 같은 제반 사정은 사용자가 주장·증명할 책임이 있다(대법원 2016.10.27. 2015다221903).

5. 프리랜서도 계약서를 써야 하나요? 센터에서 안 써주면 요구해도 되나요?

근로자의 경우에는 근로기준법 등 관계 법령에서 사용자에게 계약서서면 교부의 의무를 부과하고 있지만, 프리랜서는 근로자의 경우처럼 계약서 작성이 강제되거나 서면 교부를 안 하면 벌금이나 과태료가 부과되지는 않습니다. 그렇지만 프리랜서의 경우에 프리랜서 계약서의 작성이 실질적으로 중요합니다.

모든 계약서 작성이 그렇듯이 분쟁을 예방할 수 있고(미리 정해두는 것이 가장 합리적이기 때문에), 분쟁이 발생하더라도 신속하고 명확하게 정리될 수 있기 때문입니다.

특히 필라테스 강사의 경우에 근로자인지 아닌지가 다양한 분쟁의 핵심이 된다. 따라서, 프리랜서의 경우에는 명확하게 근로자인지 여부(시간, 계약 기간, 전속 의무 여부, 담당업무의 내용, 수익 배분, 작업 도구 등의 부담자 등)를 정해두어야 이후에도 다툼 없이 건강한 협업 관계를 계속할 수 있을 것입니다. 따라서 법정 의무는 없으나 계약서를 작성하는 것을 권장하고 싶습니다.

6. 계약서 작성 시 주의할 사항은? (표준근로계약서, 강사계약서)

근로계약은 '근로자가 사용자에게 근로를 제공하고 이에 대하여 사용자는 근로자에게 임금을 지급하기로 하는 계약'을 말한다(근로기준법 제2조 제4호).

근로계약은 구두로도 체결될 수 있지만, 당사자 간 분쟁의 예방과 분쟁 발생 시 신속하고 원만한 해결을 위해서는 그 계약 내용을 서면으로 작성하는 것이 바람직하다.

근로기준법과 같은 법 시행령은 임금(구성항목, 계산 방법, 지급 방법), 소정근로시간, 주휴일, 연차휴가 등 핵심적인 근로조건에 관한 사항은 반드시 서면으로 그 내용을 명시하여 근로자에게 교부하도록 사용자에게 의무를 부과하고 있다. 연소근로자, 기간제 근로자, 단시간 근로자 등에 대해서도 관련 법에서 유사한 규정을 두고 있다.

따라서 근로계약을 체결할 때는 임금에 관한 사항을 명확히 하고 (월급으로 정한 것이 아니라면 주휴수당의 포함 여부 등을 명확히 해야 좋다) 근로시간 중 쉬는 시간이 언제인지도 구체적으로 적어야 한다. 일주일에 하루는 반드시 주휴일로 정해야 하는데 꼭 일요일이 아니어도 되므로 운영에 맞게 미리 정해두고 연차휴가는 최근의 법 개정이 된 부분을 확인해서 분쟁이 발생하지 않게 해두는 것이 좋다.

이 밖에도 근로계약 기간을 정확히 해두는 것이 필요하고, 시용기간이나 수습 기간을 정했다면 구두로 하지 말고 계약서에 명시해야 인정받을 수 있다는 것을 체크해야 한다. 근로계약은 법에서 의무적으로 적으라고 한 것뿐만이 아니라 꼼꼼하게 작성해야 분쟁의 소지가 줄어든다는 것을 명심해야 한다.

개업 준비 단계에서 가장 먼저 마주치는 부분은 임대차 계약서 작성 입니다.

PT를 포함한 일반적인 헬스장은 '체력단련장업'으로 '신고' 대상 체육시설업에 해당하며, 체력단련장업은 건축물 용도가 1,2종 근린생활인 경우에만 신고 가능하니 임대차계약서 작성 전 반드시 건축물 용도를 확인하여 신고 가능한 건축물 인지 여부를 확인해야 합니다. 부동산 계약전 구청 문화체육부에 문의하시면 신고 가능한 대상인지 확인 할 수 있으니, 사전 문의 하시기 바랍니다.

◆ 관련법령

※ 근로기준법 제17조(근로조건의 명시)
① 사용자는 근로계약을 체결할 때에 근로자에게 다음 각 호의 사항을 명시하여야 한다. 근로계약 체결 후 다음 각 호의 사항을 변경해도 또한 같다.
1. 임금
2. 소정근로시간
3. 제55조에 따른 휴일
4. 제60조에 따른 연차 유급휴가
5. 그 밖에 대통령령으로 정하는 근로조건
② 사용자는 제1항 제1호와 관련한 임금의 구성항목·계산 방법·지급 방법 및 제2호부터 제4호까지의 사항이 명시된 서면을 근로자에게 교부하여야 한다. 다만, 본문에 따른 사항이 단체협약 또는 취업규칙의 변경 등 대통령령으로 정하는 사유로 인하여 변경되는 경우에는 근로자의 요구가 있으면 그 근로자에게 교부하여야 한다.

※ 근로기준법 시행령 제8조(명시하여야 할 근로조건)
법 제17조 제1항 제5호에서 "대통령령으로 정하는 근로조건"이란 다음 각 호의 사항을 말한다.
1. 취업의 장소와 종사하여야 할 업무에 관한 사항
2. 법 제93조 제1호부터 제12호까지의 규정에서 정한 사항
3. 사업장의 부속 기숙사에 근로자를 기숙하게 하는 경우에는 기숙사 규칙에서 정한 사항

※ 기간제 및 단시간근로자 보호 등에 관한 법률 제17조(근로조건의 서면 명시)
사용자는 기간제 근로자 또는 단시간 근로자와 근로계약을 체결하는 때에는 다음 각 호의 모든 사항을 서면으로 명시하여야 한다. 다만, 제6호는 단시간 근로자에 한한다.
1. 근로계약 기간에 관한 사항
2. 근로시간·휴게에 관한 사항
3. 임금의 구성항목·계산 방법 및 지급 방법에 관한 사항
4. 휴일·휴가에 관한 사항
5. 취업의 장소와 종사하여야 할 업무에 관한 사항
6. 근로일 및 근로일별 근로시간

7. 필라테스나 요가는 오피스텔이나 아파트에서 사업자등록을 할 수 있나요?

필라테스, 요가의 경우 현재 문체부에서는 체시법상 신고 및 등록 대상이 아닌 자유업종으로 판단하고 있습니다. 자유업종의 경우, 체시법에서 건축물 용도를 특정하거나 제한하지 않고 있습니다. 즉, 아파트(주택)나 오피스텔(업무시설)에서 필라테스를 운영하더라도 체시법상 위배되는 사항은 아닙니다. 다만, 업무시설이나 주택에서 체육시설업을 영위 하실 경우 건축법상 임의용도변경에 해당하여 최종적으로 과태료가 부과될 수 있습니다.

결론은, 사업자등록증 발급 여부와 관계없이 아파트나 업무시설에서의 필라테스/요가 스튜디오 운영은 건축법 위반사항 이며 추후, 이행강제금 등 과태료가 부과될 수 있음에 유의 하셔야 합니다.

8. 필라테스나 요가 창업시 체력단련장업 신고를 해야 하나요?

결론부터 말씀 드리면, 웨이트기구 등 중량저항기구가 없는 필라테스 및 요가 스튜디오는 체력단련장업 신고 대상이 아닙니다.

'체육시설의 설치, 이용에 관한 법률' 에서는 체육의 세부 업종에 대한 정의를 하고 있지 않습니다만, 문화체육관광부에서는 중량저항기구(웨이트 기구 등)를 보유하고 있는 업종의 경우 체력단련장업으로 보고 신고 대상으로 판단 하고 있습니다. 문화체육관광부는 중량저항 기구가 없는 필라테스 및 요가 의 경우 신고 및 등록 대상이 아닌 자유업종으로 보고 있습니다.

만약, 필라테스 및 요가 스튜디오라 하더라도 중량저항기구(웨이트기구 등)을 보유한 경우 체력단련장업 신고를 해야 함에 유의 하셔야 합니다.

9. 간이과세가 유리할까요 일반과세가 유리할까요?

신규 사업자의 경우, 일부 지역을 제외하고 최초 선택에 따라 일반/간이과세자 선택이 가능합니다. (단, 포괄사업양수도시 양도인이 일반과세자인 경우 간이과세자 선택이 불가 할 수 있음)

기간	X1년(최초)		X2년		X3년		X4년	
	상반기	하반기	상반기	하반기	상반기	하반기	상반기	하반기
공급대가 과세유형	ⓐ 선택		ⓑ ⓐ 기준 판정		ⓒ ⓑ 기준 판정		ⓓ ⓒ 기준	

기간	X1년(최초)		X2년		X3년		X4년	
	상반기	하반기	상반기	하반기	상반기	하반기	상반기	하반기
공급대가 과세유형	ⓐ 1.2억원 간이		ⓑ 6억원 일반(ⓐ 기준)		ⓒ 8억원 일반(ⓑ 기준)		일반(ⓒ)	
과세기간	간이	간이	간이	일반	일반	일반	일반	일반

이라면, 2021년 하반기(7월)부터 일반과세자로 전환이 됩니다.

초기 투자금이 많지 않은 경우, 일반적으로 간이과세자가 일반과세자보다 부가세 부담이 적습니다. 다만, 매입세액이 매출세액을 초과하는 경우 일반과세자는 부가세 환급이 가능하지만 간이과세자는 별도의 환급이 없습니다.

상반기에 창업한 사업자의 경우, 누적 3기수 그리고 하반기에 창업한 사업자의 경우 누적 2기수의 투자수익률을 최선의 추정치로 예상하시어 선택하셔야 합니다.

투자수익률산정시 고려해야 할 사항이 많으니, 자세한 사항은 세무대리인에게 상담 받으시길 권해 드립니다.

결론은, 초기 투자비용이 높은 체육시설업의 경우 간이과세와 일반과세 절대적으로 어느한쪽이 유리하지는 않습니다. 다만, 향후 매출액이 일정 수준 이상을 달성할 것이라고 판단되는 경우 일반적으로 간이과세자가 부가세 부담이 적다고 말할 수 있습니다.

10. 일반대출보다 사업자 대출이 유리한가요?

부동산 담보대출을 제외한 일반 개인 신용 대출 보다 사업자 대출이 세부담 측면에서 유리합니다.

일반 마이너스대출을 포함한 신용대출의 이자비용은 업무무관경비로써 사업용경비로 인정이 어렵습니다.

담보대출의 경우, 임대사업자의 경우 해당 임대물건의 담보대출인 경우 사업경비로 인정 가능하나, 사업과 무관한 주택담보대출등은 업무무관경비로써 경비 인정이 어렵습니다.

따라서, 사업자라면 일반대출보다 사업자대출이 유리하며, 대환이 가능할 시 사업자대출보다 일반대출을 먼저 상환하시는게 세부담 측면에서 유리합니다.

11. 필라테스도 부가세 면세가 가능한가요?

먼저, 부가가치세법상 면세하는 교육용역은 주무관청의 허가,인가 또는 승인을 얻어 설립하거나 주무관청에 등록 또는 신고한 학원, 강습소 및 청소년기본법에 의한 청소년 수련시설 등에서 학생, 수강생, 훈련생, 교습생 또는 청강생에게 지식, 기술 등을 가르치는 것으로 한다.

필라테스 및 요가는 체시법상 자유업종으로 분류되어 신고나 등록 대상 업종이 아니며, 표준산업분류상 '기타 스포츠 교육기관'으로 분류 되고 있습니다.

즉, 필라테스 스튜디오는 주무관청의 허가, 인가 또는 승인을 얻거나 주무관청에 등록 또는 신고를 하지 않은 시설이기 때문에 부가가치세 면세 대상이 아닙니다.

다만, 국세청 질의 회신에 따르면 평생교육법에 따라 교육청에 신고된 평생교육시설은 부가가치세법상 면세 사업자에 해당하며, 평생교육시설에서 제공하는 필라테스 교육이 교육청에 신고된 교육과정인 경우 해당 교육과정은 면세가 가능합니다.

필라테스교육원에 대한 내용은 스튜디오의 상황 및 영업 내용에 따라 설립 불가능 할 수 있으니 전문가의 정확한 진단이 필요 합니다. 지인세무회계는 필라테스 및 요가 , PT를 포함한 스포츠시설업 그리고 스포츠교육 관련 평생교육시설 국내 최고의 전문가 집단 입니다.

더욱 자세한 상담 문의는 카카오톡 플러스 친구 @진엔컴퍼니에 문의 주시거나, www.jinen.kr로 방문 부탁 드립니다.

개업 절차

개업 절차	개업 준비	개업 초기	세무 신고
	·임대차계약 (세금계산서 관련사항 필수 체크) ·체력단련시설업 신고 (구청) ·사업자 등록 및 확정일자 신청 ·인테리어 및 운동기구 계약 ·양수도 계약서 작성 (기존 사업장 양수시) ·신용카드 및 현금영수증 단말기 설치	·사업자 전용 통장 개설 ·국세청 홈택스 가입 ·사업자 신용카드 발행 ·4대보험 사업장 가입 ·직원 채용 및 홍보	·부가가치세 신고 ·근로자 연말정산 신고 ·4대보험 관련 신고 ·종합소득세 및 법인세 신고

주요사항: 포괄양수도 계약서 | 인테리어 | 운동기구 구매 | 세금계산서 수취 | 체육시설업 신고 | 사업자등록

개업 주요 사항

개업공통

- **임대차 계약**
  신고/등록 대상 체육시설업은 1종 및 2종 근린생활시설만 가능 (사전 구청 문의)

- **양수도 계약서 작성**
  - 일반적으로 양수도 계약시 포괄양수도계약을 주로 체결함. 이유는, 부가가치세 문제 때문임.
  - 포괄양수도계약시 계약서 첨부 서류인 자산 및 시설장치 명세서를 상세히 작성(추후 이를 근거로 양수한 자산 계상 가능)
  - 권리금은 양도자의 기타소득, 양수자의 영업권(무형자산)에 해당하며, 양수자는 원천징수 및 신고/납부 의무가 있음.

- **인테리어 및 운동기구 구매**
  - 세금계산서 발행 필수
  - 인테리어 및 운동기구 구매는 자산 계상 항목임. 자산내용연수 기간 동안 감가상각비를 발생시키기 때문에 센터의 가장 주요한 경비 대상 항목임. 적격증빙(세금계산서,신용/체크카드,현금영수증)이 아닌 증빙(간이영수증)등은 부가세 공제대상이 아니며 가산세(2%) 부과 대상임에 유의.
  - 만약, 세금계산서 및 신용카드영수증 발행이 불가능 할 시에는, 계약서+견적서+영수증이라도 수취해야 자산계상이 가능함.

체력단련시설업 신고

- **체육시설업의 종류**
  - 등록체육시설업 : 골프장,스키장,레이싱
  - 신고체육시설업 : 종합체육시설업, 수영장업, 체육도장업, 골프연습장업, 체력단련장업 등

- **체육시설업 신고**
  - 구청(문화체육과)에 방문하여 체육시설업 신고(임대차계약서, 지도자 자격증, 시설 및 설비개요서 등 필요서류 지참)
  - 필라테스/요가는 자유업종으로 체육시설업 신고 대상이아님. 단, 중량저항기구 있을 시 체육시설업 신고대상

- **체력단련장업 판단에 대해**
  - 현재 '체육시설의 설치, 이용에 관한 법률 ' 에서는 체육의 세부 업종에 대한 정의를 하고 있지 않음. 문체부에서는 웨이트트레이닝 기구 등 중량 저항 기구 유무로 체력단련업을 판단하고 있으며,유산소운동 기구만 보유하고 있는 스피닝, 필라테스는 체력단련장 업으로 판단하기 어려움.
  - 체력단련장업 해당 여부에 따라, 관련 법및 소방법에서 요구하는 안전,편의,관리,소방법관련 시설 등의 적용 여부가 달라 지므로 정확한 내용은 문체부 나 구청에 문의가 필요함

개업 주요 사항

사업자등록

- **필요서류 및 신청방법**
  사업자등록신청서, 신분증, 체력단련시설업신고증, 임대차계약서
  법인추가서류 : 정관, 법인등기부, 주주명부, 인감증명서
  홈택스 신청 및 가까운 세무서 방문

- **간이과세 vs 일반과세**
  - 종합소득세(법인세)에 대해서는 간이와 일반은 동일하며 부가가치세는 세율 측면에서 간이과세자가 일반과세자보다 유리함.
  - 간이과세는 부가세 환급이 안되기 때문에, 초기 인테리어, 운동기구 구매 환급부가세와 연간 매출액을 충분히 고려후 간이/일반을 선택.
  - 영업양수도시 양도자가 일반과세자였다면 간이안됨. 지역에 따라 간이불가 지역이 있음

사업장 초기 셋팅

- **사업용 계좌 등록**
  - 사업자등록증 발급 이후 주거래 은행에 사업용 계좌 발급. 단, 개인의 경우 기존 통장을 사업용계좌로 등록 가능
  - 카드매출, 현금매출(신고대상) 이외의 입금(개인적 대여금 등)은 비사업용계좌로.
  - 홈택스에 사업용 신용카드 등록(복식부기자만 해당, 복식부기대상 이후 6월 이내)

- **사업용 신용카드 등록**
  - 원할 한 부가가치세 신고를 위해 사업용 신용카드는 홈택스에 등록
  - 사업용 신용카드가 아니더라도, 대표자 명의의 사용 신용카드도 함께 등록

- **근로자 계약사항 검토**
  - 급여대상 근로자와 근로계약 체결 및 4대보험 취득신고(급여, 근무시간, 퇴직금 등)
  - 프리랜서(3.3%, 지급대상)의 경우 위탁계약시 근로계약과 별도의 용역 계약 작성, 근태/보수/겸직 등 세부 사항 명시 필요.

- **세무대리인 등록**

사업의 포괄적 양수도 주요 사항 정리

사 업 의 포 괄 적 양 수 도	의의	• 부가가치세법상의 사업양도란 사업장별로 그 사업에 관한 모든 권리와 의무를 포괄적으로 승계시키는 것을 말함. • 즉, 사업양도시점에 양도자의 권리(인적,물적시설)와 의무(부채)등을 포괄적으로 승계 하는 것을 말함.
	사업장별 승계	• 2 이상의 사업장이 있는 사업자가 그 중 1 사업장에 관한 모든 권리와 의무를 포괄적으로 양도하는 경우 O • 과세, 면세 사업을 겸영하는 사업자가 사업장별로 과세사업에 관한 모든 권리와 의무를 포괄적으로 양도하는 경우 O (단 , 미수금에 관한 권리와 미지급금에 관한 의무는 "모든"에서 제외 함)
	권리와 의무의 범위	• 사업장별로 미수금, 미지급금 및 당해 사업에 직접 관련없는 토지/건물을 제외하고 기타의 그 사업에 관한 모든 권리와 의무승계(자발적 퇴사를 제외한 임직원의 고용관계 또한 승계->퇴사 직원의 사직서 반드시 수령해야 함.) • 따라서, 포괄적양도시 양수전 기존 회원의 잔여 센터 이용권은 의무로써 양수인에 승계가 됨. • 종업원의 경우 포괄적양도시 인수/인계되지만, 모든 종업원이 인수/인계 되지 않았더라도 사업양도에는 해당됨(ex, 자진퇴사)
	업종의 동일성 유무	• 사업의 포괄적 승계 후, 사업의 업종 변경 및 업종 추가 시에도 사업양도에 해당함. • 다만, 휘트니스센터의 사업주가 약국 사업자에게 양도하는 경우와 같이 양도시점에 업종이 상이한 경우는 사업양도에 해당 X
	사업양도 신고서 제출	• 포괄적 사업양도에 해당되는 경우 사업양도신고서를 세무서에 제출 해야 함.(사업양도내용은 양도일 현재의 재무제표로 갈음) • 사업양도양수계약서 작성은 의무는 아니지만, 양수자의 입장에서 '자산/시설 장치 명세서'가 필요하기 때문에 양수도계약서를 반드시 작성해야 함. • 권리금의 경우, 양도인의 입장에서 기타소득에 해당되며, 양수인은 4.4% 원천징수 및 신고 의무 • 실무적으로, 양도인은 기타소득 반영에 대한 세부담으로 ,'자산 시설장치 명세서' 상에 자산을 과대 계상하여 표면상 무권리금으로 신고 하는 경우가 다수. (권리금=양도금액-(자산-부채)) • 양수인의 입장에서 권리금은 무형자산, 기타 시설장치는 유형자산에 해당 모두 상각비로 인정되기 때문에 구분의 실익은 크지 않음. • 단, 추후 관할 세무서에서 사업양도신고서에 첨부된 양도인의 재무제표와 양수도 명세서의 차이에 대해 소명 요청 가능성

매출 및 매입 세무 회계 (1)

매출	매출 형태별	신용카드	• 포스기, 국세청, 여신금융협회에서 조회 가능.
		현금 영수증	• 포스기, 국세청 조회가능.
		기타현금	• 현금영수증 의무발행업체가 10만 이상 현금영수증 미발행시 미발행금액 20% 가산세 • 네이버 스마트 스토어 레슨 등 소셜 마켓을 통해 결제된 수강료는 국세청에 집계되지 않기 때문에, 부가가치세 및 사업장현황신고시 각 사이트 별로 조회 하고 합산 신고 해야함. • 2020년 부터 체력단련시설 운영업이 현금영수증 의무발행 업종에 포함되었음. 따라서, 10만원 이상 현금매출에 대하여 고객의 요구가 없더라도 의무적으로 현금영수증을 발행 해야 함.
	매출 유형별	일반회원	• 일반적으로 1년 이내의 기간동안 시설을 이용하기로한 일반 회원 매출로, 법인세 및 소득세법상 매출인식 시기는 Fast(사용시작일, 현금수입일)임. • 고객 환불시, 환불일이 속하는 부가세 신고 기간에 매출액에서 차감
		PT매출	• 강사에게 PT소득 지급시에는 사업소득 원천징수 필수(3.3%공제) • 매달 지급 보수 산정시, 회원 이용 횟수 비율에 따라 보수 지급을 권장함. • 강사료는 부가세 공제 대상이 아니기 때문에 강사료 지급시 안분 대상 매출은 '부가세 제외 금액'으로 산정해야함. (ex_ 부가세 포함 110만원 결제 & 강사와 5:5계약시, 강사료는 55만원이 아닌 50만원이 되야 함)
		기타매출	• 건강보조식품(보충제등) 판매를 위해서는 원칙적으로 업종(도소매) 추가가 필수적이며 판매 제품(건강보조식품)에 따라 구청등의 허가가 사전적으로 필요 할 수 있음. • 상품(보충제등)매출과 서비스(시설이용)매출은 구분해야 하며, 상품 구매시에는 반드시 세금계산서를 수취하여 재고 및 매출원가 관리에 유의 해야함. • 네이버 스마트 스토어 레슨 등 온라인 판매시 통신판매업 등록이 필수임.

매출 및 매입 세무 회계 (2)

매출	인건비	근로소득
		• 사업자 등록 후 4대보험 사업장성립신고 필수(4대보험관련) • 매월 혹은 반기(반기신고신청시) 근로소득 원천징수 신고 필수 • 월 7일 이상 근로한 일용직도 국민연금, 건강보험 가입 대상 • 최저임금의 120% 이내 급여 근로자에 대한 정책 지원금 적극 활용 →사업주 부담 완화 • 인건비와 감가상각비가 주요 경비인 휘트니스센터의 경우 인건비 신고가 필수적임.
		사업소득
		• 일반적으로 PT 강사들은 근로계약이 아닌 프리랜서 계약 체결을 하기 때문에 계약서 작성시 근로시간, 수입금액 정산 방식등 구체적인 내용이 계약서에 기재되어야 추후 노사문제시 근거 자료가 됨. • 사업소득 지급 시 매달 3.3%를 원천징수하여, 원천세 신고하고 대리납부 해야함. • 지급명세서 미제출 혹은 누락시 지급금액의 1%의 가산세가 부과 됨에 유의 • 근로자에 비해 프리랜서가 노무 및 세무 적인 측면에서 사업주에 유리하나, 추후 프리랜서 퇴사시 퇴직금 정산 등에 이슈가 발생할 가능성 높음.
	유/무형 자산	감가 상각비
		• 초기투자비용이 높은 휘트니스센터의 특성상 시설자금, 운동기구 등 유형자산 감가상각비가 경비의 높은 부분을 차지하고 있기 때문에, 인테리어/ 시설자금/ 운동기구 매입시 반드시 세금계산서 수취가 필요함(포괄양도시 계약서 및 세부명세서로 갈음) • 적격증빙(세금계산서, 현금영수증, 신용카드내역서) 미수취시 부가가치세 매입세액 공제는 불가능하지만, 2%의 적격증빙미수취가산세를 부담하고 자산 계상 및 경비처리는 가능함.적격증빙 발급이 불가능 할 경우 계약서, 견적서, 영수증, 이체내역 등은 필수. 다만, 이경우 세무서에서 시공자 및 판매자에게 세금을 추징할 가능성이 있음.
		무형자산 상각비
		• 영업양수도시 발생한 영업권(권리금)또한 5년간 무형자산상각비를 계상할 수 있음 • 영업양수도에 대한 세무 자산명세서를 공급자가 발행하지 않을 경우, 양수인 입장에서 전액 또는 계약상의 권리금을 영업권 계상 및 원천징수 신고/납부 하여 세부담을 경감

매출 및 매입 세무 회계 (3)

매입	업무용 차량 관련비용	개인 VS 법인	• 법인의 경우 차량관련 비용을 경비로 인정 받기 위해서는 임직원 전용차량보험에 의무적으로 가입해야함. • 개인의 경우 임직원전용차량보험이 없기 때문에 해당 사항 없음. • 개인사업자도 리스/ 렌탈 구매 가능.
		리스 VS 렌탈 VS 구매	• 세무적으로 리스/렌탈/할부/일시불 구매에 따른 효과 차이는 미미함. • 운용리스와 렌탈은 매달 일정 한도 내 경비처리, 금융리스 및 구매는 5년간 감가상각비 처리 • 세무적인 차이는 없지만, 은행 및 리스사 금리에 따른 CF가 중요하기 때문에, 사전에 차량구매시 세무대리인에게 CF 시뮬레이션 검토 요청을 하는 방법을 추천
		개별 소비세 과세대상	• 개별소비세과세대상이 아닌 경차, 화물차, 11인승 이상 승합차 (9인승 이상 카니발 포함) 등은 2016년 시행된 업무용승용차 규제 대상이 아님. 따라서, 영업용 차량 일 시 부가세 공제가 가능하며 운행기록부 작성이 면제가 됨.
		부가 가치세	• 개별소비세과세대상 차량의 경우 차량 구매 및 차량관련 경비(유류비등)에 대해서 부가세 공제 안됨. 다만, 해당 부가세는 소득세 및 법인세의 경비로 인정 가능
		감가 상각비	• 내용연수 5년, 연간 8백만원까지 감가상각비로 인정됨 • 8백만원 초과 감가상각비는 상각종료 후 경비인정

		차량관련 비용인정 및 운행기록부	• 일반경비(감가상각비 포함 금액)
			   연 1,000만원 이하: 관련 비용 전액 인정
			   연 1,000만원 초과 : 업무용 사용 비율 만큼 비용 인정
			• 복식부기자인 개인 및 법인은 운행기록부 작성이 필수이며, 연간 차량 관련 비용 1,000만원초과시 운행기록부 상에 업무용 사용 비율을 기재 해야함.

매출 및 매입 세무 회계 (4)

매입	기타 비용	세금과 공과금	• 전기료, 수도, 가스, 통신, 관리비는 해당 기관에 사업자등록번호 등록 후 세금계산서 및 계산서 수취시 부가가치세 매입세액 공제 및 비용처리 가능 • 사업주 부담 직원 4대보험, 영업용자동차세, 학회비 등 경비처리 가능
		광고비 임차료	• 전기광고비 및 임차료 등 사업관련 비용은 적격증빙 (세금계산서, 신용카드매출전표, 현금영수증) 수취가 필수이며, 적격증빙 수취시 부가세 매입세액 공제 가능 • 단, 간이과세자는 세금계산서를 발행 할 수 없기 때문에, 간이영수증 만으로도 비용처리가 가능함.
		이자비용	• 일반 가사용 대출에서 발생한 이자비용은 경비로 인정안됨. • 사업과 관련된 사업용 대출에 대해서만 이자비용이 인정됨 • 금융기관이 아닌 개인(특수관계자 등)에게 빌리는 경우 금전소비대차계약서 작성시 이자비용 경비처리 가능. 다만, 대부업자가 아닌 개인에게 차입시 이자지급할 때마다 27.5%(비영업용대금)을 원천징수 신고 및 납부 해야함. • 가사관련 대출과 사업용 대출이 동시에 있을 시 가사용 대출을 우선 상환하는것이 세무적으로 유리
		일반경비	• 접대비의 경우 1만원 이상 적격증빙자료를 갖춰야 함. 다만, 경조사비의 경우 20만원을 한도로 적격증빙 없이 경비처리가 가능함. 경조사비의 경우 청첩장 등을 적격증빙에 갈음함.(모바일/실물 청첩장 보관) • 일반적으로 세금계산서수취, 신용/체크카드사용, 현금영수증수취 (사업자번호로)한 경비는 전산에 집계가 되기 때문에 추가적으로 모을 필요가 없음. 다만, 직원이 본인의 자금으로 선결제하고 영수증을 사업자에게 제출한 경우는 영수증을 모아야 함. • 가급적, 국세청 홈택스에서는 등록한 사업용신용카드 사용내역이 세부적으로 구분이 되기 때문에 사용하는 모든 신용카드를 사업용신용카드로 등록하는 것이 효율적임.

연간 주요 세무일정

1월	·부가세 2기 확정신고 (1월 25일) ·종합소득세 중간 예납분 분납 ·근로소득 간이지급명세서
2월	·면세사업자 사업자 현황 신고 ·지급명세서 제출(일부)
3월	·법인세 신고납부 (3월 31일) ·연말정산지급명세서 (사업,근로,퇴직,봉사)
4월	·부가세 1기 예정신고 (4월 25일) ·일용직 지급명세서
5월	·종합소득세확정신고 (5월 31일) ·법인세 분납 (5/31)
6월	·성실사업자 종합소득세 확정신고 (6월 30일)
7월	·부가세1기 확정신고 (7월 25일) ·종합소득세 분납 ·재산세, 주민세 납부
8월	·법인세 중간예납 ·성실사업자 ·종합소득세 분납
9월	
10월	·부가세 2기 예정신고 (7월 25일) ·일용직지급명세서
11월	·종합소득세 중간예납
12월	·개인/법인 결산

· 종합소득세 및 소득세 할 지방소득세 : 다음연도 5월 31일(성실신고확인자 6월30일)까지 신고
· 법인세 및 법인세 할 지방소득세 : 사업연도종료일로부터 3(지방소득세 4)개월 이내 신고 (상기 연간 세무 일정은 법인의 경우 12월말 결산 법인 기준으로 작성 되었습니다.)
· 종합소득세 중간 예납세액 납부 및 중간 예납 추계 액 신고 : 11월30일까지
· 법인세 중간 예납 : 중간 예납기간(해당 사업연도개시일부터 6개월간)이 종료 한 날로부터 2개월 이내 신고 납부
· 부가가치세 신고(예정신고 : 4월 25일, 10월 25일 / 확정신고 : 7월 25일, 1월 25일)
· 매월 10일은 원천세, 4대보험 납부일

트레이너가 알아야 할 모든것

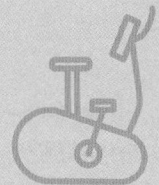

Chapter 9.

최신 트레이닝 방법?

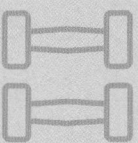

Chapter 9. 최신 트레이닝 방법?

스포츠 시장이 성장하고, 스포츠의 과학이 발달하면서, 측정 및 데이터 기반의 다양한 장비와 프로그램이 도입되기 시작하고 있습니다. 이러한 영향으로 기존의 트레이닝 시장 또한 빠르게 변화하고 있습니다. 이러한 시장의 변화와 트렌드는 어떻게 변화하고 있는가를 ACSM의 트렌드 발표를 참고하여 살펴보고, 이외에도, 고객이 요즘 유행하는 ooo 트레이닝 아세요?? 라고 질문했을 때 뭐라고 대답할 것인가? 시장에 새롭게 등장하는 트레이닝의 컨셉들과 효과 방법들에 대해 알아보도록 하자.

Ⅰ. ACSM Trend (2020~2015)
Ⅱ. 펑셔널 트레이닝
Ⅲ. EMS 트레이닝 센터
Ⅳ. 가압 트레이닝 센터
Ⅴ. 스트레칭 센터
Ⅵ. 체형 운동 센터
Ⅶ. 심박 트레이닝 센터
Ⅷ. 크로스핏 박스
등.

PERSONAL TRAINER

매년 미국 스포츠의학회 ACSM은 해가 바뀌기 전 다음 해의 트렌드를 예측하고 발표를 합니다. 운동을 지도하는 지도자라면 이 트랜드에 맞춰 트레이닝을 연구하고 개발하며, 최신 트레이닝 방법을 통해 효율적인 프로그램을 제시할 수 있도록 업데이트하는 노력을 지속해서 해야만 합니다. 2019년도에 새롭게 강조된 점은 바로 "운동은 약이다(EIM)"라는 말로 1차 진료 의사와 다른 의료인이 환자가 방문할 때마다 신체적 활동 평가 및 관련 치료 권고사항을 포함하고 환자를 운동 전문가에게 소개하도록 권장하는 데 초점을 맞춘 세계적 보건 발의다. 라는 것이 10위에 추가되었고, 이에 맞추어 국내에서 EIM 운동이 강조되기 시작하였고, 관련 교육이 진행되고 있습니다. 2020년에는 10위였던 "운동은 약이다(EIM)"이 6위로 올라오고, 노인을 위한 피트니스 프로그램이 8위로 진입하고, 헬스/웰니스 코치가 새롭게 9위로 올라 온것을 보면 국내의 노인 체육 정책과도 이와 같은 트렌드와 유사한 점을 알 수 있기 때문에 지난 트렌드를 참고하여, 앞으로의 변화도 예측해 보시기 바라며 준비해야만 합니다.

트레이너가 알아야 할 모든 것

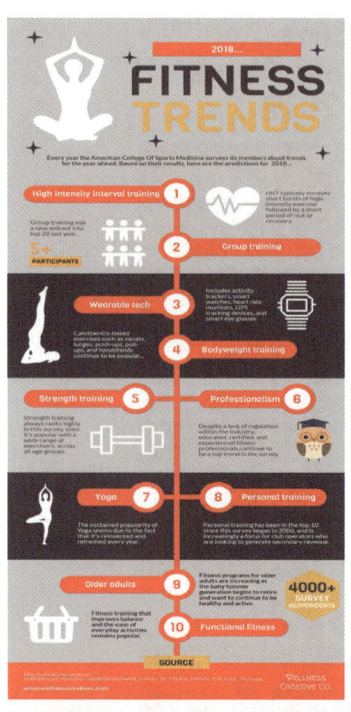

1. 펑셔널 트레이닝(Functional Training)이란?

펑셔널트레이닝의 개념은 전 세계 휘트니스 업계 종사자들에게 펑셔널 트레이닝 (기능성 운동)이라는 트랜드는 2007년부터 시작되어 한국에서는 2009년부터 굉장한 관심을 받으며 관련 교육들이 많이 성행하였고 퍼스널 트레이닝 수업 현장에서 꾸준히 프로그램화되어 10년이 지난 2019년 현재까지(ACSM FITNESS TRNDS 2007~2019) 상위 TOP10 랭크 안에 꾸준히 언급되고 있는 운동 종류이다. 이것은 인간이 지니고 있는 움직이는 기능 즉, 일상생활 속에서 꼭 필요한 반복적인 움직임의 형태를 가져와 그 움직임을 개선, 발전시키는 데 도움이 되는 트레이닝의 형태를 말합니다.

* 종류 : 대표적인 펑셔널 트레이닝 툴(도구)로는 TRX SUSPENSION TRAINER, TRX RIP TRAINER, ViPR, BOSU, FREE FORM 등을 들 수 있습니다.

① TRX SUSPENSION TRAINER : 두 가닥의 줄로 된 운동 도구로서 전 세계에서 가장 많이 교육이 이루어지고 널리 사용되고 있는 장비이다. 항상 PLANK 자세가 유지가 되며 운동을 위한 6가지의 포지션에서 운동하게 되면 전신 근육들이 항상 함께 사용됩니다.

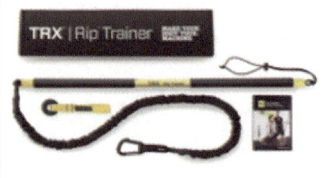

② TRX RIP TRAINER : 쇠로 된 본체와 밴드를 이용한 비대칭 운동 툴로서 비대칭이 가져다주는 인체에서의 대칭을 만들기 위한 회전에 대한 저항을 이용한 운동 도구이다. 도구를 잡는 순간 전신이 항상 함께 CORE가 되어 운동에 사용되는 강력한 도구입니다.

③ ViPR : 원통 모양의 도구로서 무게 중심 이동을 이용해 일상적인 기능적인 움직임을 다양하게 만들어내는데 가장 유용한 툴로서 신장성 수축을 사용하는 운동 최고의 기능성 도구입니다.

④ BOSU : 반원 모양의 운동 도구로써 두루 사용하는 툴 중 하나이다. 대표적으로 두발 혹은 한발로 중심을 잡고 밸런스 운동을 하는 데에 유용하고 가장 대표적인 도구입니다.

⑤ FREE FORM : 바퀴를 이용한 가동성 운동의 대표적인 툴로서 스트레칭과 신장성 수축을 이용한 다양한 트레이닝을 만드는데 유용한 툴입니다.

* 효과 : 일반적인 보디빌딩식의 덤벨, 바벨, 머신을 이용한 웨이트 트레이닝 도구들은 관절을 고립시킨 상태에서 특정 근육을 최대한 운동에 집중시키는데 유용한 방식이지만 기능성 운동 도구들은 큰 움직임을 만드는 데 초점을 두어 많은 근육군이 함께 일을 하며 트레이닝에 참여하므로 지구력이 필요하거나 특정 직업군에 속한 사람들의 반복적인 움직임의 단점을 개선하고 발달시키는 데 유용하다. 기능성 운동의 대표적인 효과로는 관절 가동성과 움직임의 개선, 심폐/근지구력의 향상, 근육의 선명도를 증가 및 체지방을 감소시키는데 효과적인 트레이닝 방법입니다.

2. 왜 퍼스널 트레이너에게 펑셔널 트레이닝이 필요한가?

현장 활용 사례 : 한국 휘트니스는 미국의 영향을 받아 보디빌딩식의 운동이 2000년대 초까지 최고의 강세를 이루었다. 그 결과 마니아층의 헬스 운동으로 자리 잡음 하며 육체미, 헬스 문화를 이끌었다. 하지만 일반적인 휘트니스 시장의 주 고객들의 목표인 삶의 질 향상, 신체 기능증진, 내적인 건강개선, 체지방 다이어트에는 보디빌딩식의 운동만으로 프로그래밍하기에 부족했다. 그래서 맨몸을 이용하거나 본인의 체중을 이용하여 관절의 가동성을 확보하고 움직임과 관련된 여러 가지 근육을 함께 사용하는 펑셔널 트레이닝이 그 부족한 점을 보완할 수 있게 되었다. 수많은 정보를 스마트폰이라는 작은 컴퓨터 안에서 실시간으로 받아들일 수 있는 현재 휘트니스 시장의 주 고객층에게 더욱 양질의 운동 프로그램을 제공하여 단순한 반복적인 움직임이 아닌 고객 맞춤형 프로그램 구성에 있어 트레이너의 역할이 더욱 분명하고 고객 운동의 목적에 더욱 정확함을 위해 펑셔널 트레이닝이 꼭 필요하다고 할 수 있습니다.

공부 방법 및 교육소개

현재 다양한 교육기관에서 좋은 기능성 운동을 교육하고 있습니다.

대표적으로 KFTA, NAUM FIT, NNEDU FIT에서 기능성 운동 도구를 교육하고 있으며 세미나 혹은 정규과정을 통해 공식 수료증을 발급받을 수 있습니다.

적게는 5만 원에서 많게는 40만 원까지 비용이 드는 만큼 본인이 배우고자 하는 툴에 대해 사전에 인터넷을 통해 정보를 얻고 세미나를 먼저 들어보길 권합니다. 처음부터 정규과정을 비싼 돈을 지불하고 들었는데 본인의 기본기가 부족한 경우 수업을 이해하는데 힘들어지는 경우가 종종 생길 수 있습니다. 그래서 시간과 금액 부담이 비교적 적은 세미나를 통해 본인의 부족한 부분을 알고 이후 충분히 보완한 다음 심화 과정으로 정규과정을 택하길 추천합니다.

기능성 운동을 공부하다 보면 한때는 운동 프로그램이 복잡하고 다양해질 것이다. 시간이 지나면 다듬어지고 본인만의 운동 철학을 펑셔널 트레이닝 프로그램에 녹여내면 정리가 될 것입니다.

3. EMS 트레이닝 센터

운동을 한다는 것, 트레이닝을 한다는 것은 계획적이고 반복적인 근육의 움직임을 통해서 신체의 형태 및 기능적 발달을 도모하는 것이라고 볼 수 있습니다. 즉 트레이닝은 근육, 특히 그중에서도 골격근을 움직이는 것에서부터 시작됩니다. 골격근의 수축은 우리의 명령에 따라 중추신경을 지나는 전기적 신호가 목표로 하는 근육에 전달되어 이루어지는데 이러한 일련의 과정은 움직여야겠다는 생각과 거의 동시에 움직임이 일어나듯 우리가 의식하지 못하는 매우 이른 시간에 이루어집니다. EMS(Electrical Muscle Stimulation:전기근육자극요법) 트레이닝은 중추신경에서 전기적 신호를 전달하듯 미세 전류를 국소 근육 부위에 직접 전달하여 우리의 의지나 명령과는 상관없이 직접적으로 근육을 수축하는 방법으로 기계 조작을 통해 부위, 근육의 타입, 근수축의 강도를 정할 수 있습니다.

피부를 통한 근육으로 직접적 전기적 자극을 위해서 물을 뿌리고 타이트한 수트를 입고 진행하는 것이죠. 국내에는 선수 재활용으로 부위별 트레이닝이 가능한 제품들이 쓰이다가 2013년경부터 전신에 한 번에 자극이 가능한 WB-EMS(Whole Body-Electrical Muscle Stimulation) 장비들이 들어오면서 EMS 전문 트레이닝 센터들이 생겨났는데요. 20분에 6시간 운동 효과라는 타이틀을 앞세워 연예인, 셀럽들의 운동으로 유행하기 시작했습니다. 실제 어느 정도 과장된 면들이 있지만, 전신의 근육을 수축시킨 후 운동을 진행하기 때문에 20분에 사용하는 실제 대사량은 타 운동들보다 월등히 높을 수 있습니다. EMS 트레이닝의 경우 전신의 근육을 한 번에 사용하고, 특정 운동을 할 때 운동을 주도하는 주동근 외에 길항근도 수축한 상태이기 때문에 신장성 수축의 강도 (Eccentric force)가 강할 수밖에 없습니다.

또한 수의적으로 할 수 있는 일정 강도 이상의 수축과 평소 잘 사용하지 못하던 근육들의 수축, 속근과 지근의 동시 수축 등으로 근육통이 심하게 나타나게 됩니다. 몸에 전달되는 강도가 강하기 때문에 2주에 3번 정도의 빈도로 진행해야 하기도 합니다. 현재 EMS는 신체 구성, 심혈관 기능, 근력, 내분비계, 대사 질환, 요통 등 다양한 분야에서 효과가 검증되고 있고, 특히 부종과 관련해서는 큰 효과를 보입니다. 근육이 소실되는 노인을 대상으로 한 연구들에서도 근 손실을 줄여주고, 심폐 능력을 향상한다는 연구들이 계속 발표되고 있습니다. 상업적 측면에서 살펴보면 짧은 시간 고강도 운동, 주 1회의 짧은 시간으로 운동 효과를 볼 수 있다는 것은 바쁜 현대인들에게는 매우 매력적인 요소가 될 수 있었고, 거기에 더하여 평소 느낄 수 없었던 근육의 수축감과 근육통은 운동 초보자에게 운동 효과가 비교적 크게 느껴질 수 있기 때문에 많은 인기를 얻을 수 있었습니다. 꼭 EMS 트레이닝 전문 센터가 아니더라도 EMS 장비를 이용한다면 관절에 문제가 있어서 웨이트 베어링이 힘든 고객, 운동할 시간을 내기 힘든 고객, 동작이 잘 안 나와서 운동한 느낌을 못 받는 고객, 운동 자체를 즐기지는 않지만, 필요성을 느끼는 고객 등 일반적인 웨이트트레이닝으로 만족을 주기 힘든 고객층에게 효과적인 트레이닝 방법이 될 수 있습니다. 단, EMS 트레이닝은 인위적이고 강하며, 직접적인 자극을 주는 방법이기 때문에 몇 가지 금기사항이 있는데, 가령 부정맥 등의 사유로 심박 조율기(Pace maker)를 삽입된 경우나 임신 등 특수한 사항에 있는 고객의 경우 위험할 수 있음으로, 트레이닝 전 확실한 문진을 통해 고객의 프로파일을 숙지하고 있는 것이 중요합니다. 또한 가시적인 근육 떨림이나 고객의 표정, 움직임을 세심히 체크하고 지속적인 구두적 확인을 통해 강도를 실시간으로 조절해야 EMS를 제대로 활용한 좋은 트레이닝이 될 것입니다.

4. 가압 트레이닝 센터

가압트레이닝(Kaatsu training)은 1966년 요시야키 사토 박사에 의해 개발된 운동으로 사지에 혈류를 제한시킨 후 저강도의 운동을 하면 마치 고강도의 운동을 한 효과가 나오는 트레이닝 방법입니다. 이 트레이닝 방법의 특징은 저강도의 운동으로 성장호르몬(Growth hormone)의 분비가 극대화된다는 점인데 성장호르몬은 트레이닝 측면에서 매우 중요한 역할을 하는 호르몬이기 때문에 간단히 알아보도록 하겠습니다. 성장호르몬은 뇌하수체 전엽에서 분비되는 호르몬으로 흔히들 알다시피 성장기에 뼈, 연골 등의 신체 기관들을 성장시키는데 주요한 역할을 하며 단백질을 합성하여 근육의 성장뿐만 아니라 지방의 분해에도 작용합니다. 성인이 된 이후에도 골밀도를 높이거나 근육량 증가와 지방 연소를 위해 꼭 필요한 호르몬인데 20세까지 왕성하게 분비가 되다가 20세부터 10년마다 14%씩 분비량이 감소합니다. 보통 멜라토닌의 영향을 받아 밤 10시에서 새벽 2시까지의 시간에 분비량이 많으며, 스쿼트, 데드리프트 등 전신의 대 근육군을 사용하는 고강도 웨이트트레이닝 시에 많은 분비를 유도할 수 있습니다

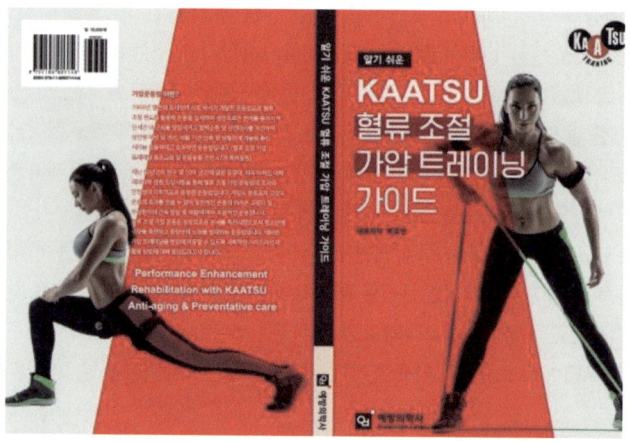

성장호르몬이라는 이름 때문에 미용 측면에서 피부 재생이나 노화 방지 등의 효과가 있다고 홍보를 하는 것도 심심치 않게 볼 수 있습니다. 성장호르몬을 투여하는 방법으로 체지방 감량, 혈관 탄성 개선, 고혈압 완화, 혈중 지질 상태의 개선, 인지기능 향상, 피부 탄력 증가, 골밀도 증가, 성 기능 향상, 노화 방지 등 다양한 측면에서 효과 검증이 이루어지고 있지만 아직은 조금 더 연구가 필요한 실정입니다. 인위적으로 다량의 성장호르몬은 투여하는 경우에는 당뇨나 근육병, 부종, 관절 통

증, 심장 질환, 암 등을 야기할 가능성도 있기 때문에 성장호르몬 투여가 권장되는 특수한 질환 외의 사람들에게는 건강한 생활습관과 운동으로 성장호르몬 분비를 유도하는 방법이 가장 권장되고 있습니다.

가압트레이닝을 했을 때 평소의 290배나 되는 성장호르몬이 분비된다는 일본의 연구 결과가 있을 만큼 가압트레이닝을 통한 성장호르몬의 분비량 증가는 굉장히 드라마틱하게 나타나는데 이는 혈류를 제한한 팔이나 다리에서 운동을 통해서 나오는 대사산물들과 울혈이 뇌를 자극하여 다량의 성장호르몬을 분비하게 되는 것입니다. 조금 더 자세히 알아보면 운동을 통한 대사산물인 젖산이 팔이나 다리에 많이 모이게 되면 해당 부위의 화학수용기 들이 이를 감지하여 시상하부를 자극하게 됩니다. 중추신경계에서는 팔이나 다리에 발생한 이상 상태를 해결하기 위해서 심장에서 나가는 혈류를 증가시키고, 혈관을 확장하며 성장호르몬의 분비 등으로 원래의 몸 상태로 회복시키려고 작업하게 됩니다. 우리의 인체는 안정된 상태를 유지하려는 성질인 항상성을 가지고 있는데 몸의 이상 상태를 감지하면 원래의 상태로 만들려는 동시적인 반응들이 나오게 됩니다. 가령 체온이 올라가면 혈관을 확장하고, 땀 분비를 유도해 체온을 떨어트리는 것이 그 대표적 예입니다. 가압트레이닝은 팔이나 다리에 혈류를 제한하여 국소 부위 환경을 고강도의 운동을 한 것처럼 만들어 과하게 회복에 대한 반응을 끌어내는 과정, 즉 뇌를 속여 고강도 운동의 효과를 얻는 것이라고 이야기 할 수 있습니다. 가압트레이닝의 효과는 앞서 이야기한 성장호르몬의 분비 외에도 혈관의 탄성 및 혈액 순환 개선, 속근과 지근의 동시적 자극, 근육 발달 등이 있습니다. 그 때문에 고강도 운동이 불가능한 노인이나 중장년의 운동 외에 수족냉증 등 순환이 잘 안 되는 사람이나 재활을 목적으로 하는 분들에게도 효과적인 트레이닝 방법이 될 수 있습니다. 또한 근육의 합성이 매우 중요해 성장호르몬을 복용하거나 투여하기도 하는 보디빌더에게도 안전한 성장호르몬 분비량 증가를 유도하는 방법으로 적용이 가능합니다. 물론 다이어트나 일반적으로 근육을 만들고 싶은 사람에게도 좋은 트레이닝 방법이 될 수 있습니다.

5. 고강도 인터벌 트레이닝(HIIT) 센터(심박 트레이닝 센터)

ACSM(American college sports medicine)에서 발표하는 휘트니스 트렌드 발표에서 2014년 1위를 차지하며 등장한 고강도 인터벌 트레이닝(High Intensity Interval Training)은 그 뒤로 2015년부터 지금까지도 1~3위에 선정되며 그 인기를 이어오고 있습니다. 수년 전 인기를 끌던 타바타 운동 등이 대표적 고강도 인터벌 트레이닝 방법이라고 할 수 있습니다. 고강도 인터벌 트레이닝은 고강도 운동과 휴식을 짧은 인터벌로 반복하여 운동의 효과를 극대화하는 방법으로 운동 후에도 소비되는 칼로리가 많다는 특징이 있습니다. 여기서 알아두어야 할 개념이 운동 후 초과 산소 소비량(Excess Exercise oxygen consumption, EPOC)입니다. 이는 운동 시에 우리가 운동 강도 대비 충분히 섭취하지 못한 산소를 운동이 끝난 후에 섭취하게 되는데 부족량보다 추가로 더 섭취한다는 내용입니다. 운동을 통해 일어난 대사산물의 제거와 회복을 위해서 더 많은 산소를 섭취하게 되는데 이 과정에서 많은 칼로리를 소비하게 됩니다. 고강도 인터벌 트레이닝은 이런 운동 후 초과 산소소비량을 늘려 많은 칼로리를 소비하고 운동의 효과를 높이는 방법이라고 이야기 할 수 있습니다. 인터벌 트레이닝은 운동 시에 다양한 에너지 체계의 사용을 유도하는데 흔히 알고 있는 ATP-PC 시스템, 해당 과정, 유산소성 대사 등 모든 에너지 체계를 사용하게 됩니다. 일반적으로 고강도 구간에서는 무산소성 역치(Anaerobic threshold, AT) 이상의 강도로 ATP-PC 시스템과 해당 과정 체계를 동원하고, 저강도 구간에서는 ATP-PC 시스템의 회복 및 젖산을 산화하여 유

산소성 대사과정이 쓰이게 하는 강도로 운동을 시켜 다양한 자극을 주는 방법을 사용합니다. 실제 현장에서 고강도 인터벌 트레이닝을 이용한 컨셉의 센터를 보면 미국과 유럽에서 수년 전부터 심박수를 이용하여 그룹으로 고강도 인터벌 트레이닝을 시키는 센터들이 생겨나고 유행하고 있습니다. 현장에서 가장 간단하고 가시적으로 운동의 강도를 확인할 수 있는 심박수를 이용하여 각 회원의 심박수를 대형 모니터에 띄우고 색상을 통해 강도를 직관적으로 확인 할 수 있기 때문에 운동을 독려하고 진행하기 매우 편리한 시스템이라고 할 수 있습니다. 고강도 인터벌 트레이닝의 장점은 운동 능력의 향상, 특히 심폐 능력을 빠르게 향상할 수 있고, 심혈관계 개선, 인슐린 반응성, 혈중 지질, 체지방 감소에 큰 효과를 보이지만 고강도의 운동이 포함되어 있기 때문에 노약자나 부상의 위험이 있는 사람들에게는 실시하지 않는 편이 좋습니다. 고강도 인터벌 트레이닝은 강도의 설정 및 강도별 운동 시간, 인터벌 횟수에 따라서 다양하게 프로그래밍이 가능합니다. 보통은 고강도와 저강도의 시간 비율을 1:1로 설정하는 방법들을 사용하지만, 개인과 특성에 맞추어 얼마든지 조절하여 효율적 트레이닝을 만들어도 무방합니다. 현장에서는 간단하게 심박 수를 기반으로 하며 인터벌 트레이닝을 시킬 수 있는데, 최근에는 개인형 심박계가 많이 보급되어 쉽게 접근 할 수 있습니다.

6. 측만증 개선을 위한 슈로스 센터

현대사회가 좀 더 편하게 좀 더 쉽게 가는 방법이 갈수록 어쩌면 우리 몸에는 더 무리가 가는 경향이 있을 수도 있습니다. 예전에는 많이 걸어서 허리의 움직임을 만들고 허리 주변의 근육을 만들었다면 요즘에는 자동차라는 도구 예전에는 푹신한 논이나 바닥을 걸었다면 딱딱한 바닥의 삶은 다리의 피로를 또한 컴퓨터라는 문명의 최대혜택이 우리의 몸은 점점 일자목의 형태로 바꾸어 버린 것일 수도 있습니다. 그와 더불어 예전에는 몸을 좀 더 크게 만들고 싶다면 이제는 나의 모양이 올바르지 않다는 것을 알 수 있는 계기가 많아지고 그와 더불어 좀 더 건강하고 바르게 살고 싶은 리즈 층이 생기기 시작했습니다. 이에 따른 체형을 전문적으로 보기 시작하는 소규모 센터들이 생기기 시작하였고, 현대사회에서 거북목인 사람들처럼 원칙적으로 어느 한쪽이 과하게 쓰이게 되고 그에 따른 통증이 보상작용 현상을 만들면서 다른 잘못된 동작을 쓰이게 된다. 그래서 과부하게 되는 근육들을 스트레칭과 근막 이완 툴(IASTM, 폼롤러, 하이퍼 볼트) 등으로 잡아주고 반대되는 작용을 하는 근육들을 강화해서 도움을 주는 방법으로 고객들을 만들곤 합니다. 센터 형식은 꼭 체형교정을 전문으로 하는 센터가 아니더라도 자신들의 개인 피티 회원들에게 도움 주는 형태로도 가능하다. 예를 들어 측만 운동을 한번 이야기해보자면 측만 개선 운동은 통증이 없는 미용상의 요소를 많이 가지고 있는 증상이다. cobb's angle 45도 이상 일시에는 병원에서 수술을 권하는데 그전에 병원에서 하는 입장은 지켜보자 가 많다. 실제로 많은 사람이 가지고 있을 15도 이하일 경우에는 그냥 병적인 문제가 없기 때문에 따로 조치하지 않습니다. 그러면 이 고객들은 자신이 보기에 삐뚤어 보이고 우리가 얼굴에 점이 있으면 그 점이 싫으면 점점 커 보이는 증상처럼 자신의 척추가 틀어져 보이는 게 너무나 싫을 수도 있습니다. 그래서 이런 것을 해결하려고 요가, 필라테스, 교정센터 등을 찾는 것이다. 전 세계적으로 척추측만에 관해서 인기가 많은 운동법은 많은데 그중에 대표적인 게 슈로스라는 방법입니다. 슈로스는 독일에서 전해지는 측만 개선 운동법이고 전 세계적으로 가장 널리 퍼져있는 운동 방법이다. 이런 전문센터에서 각자의 영역에서 고객들의 원하는 바를 하는 실정입니다. 또한 수술 후나 병원 치료 후 그리고 병원치료를 받지 않으려고 하시는 고객들이 개인 센터들에 와서 수술 후에 재발하지 않게 예방하는 차원에서 그리고 병원치료를 받지 않으려고 센터에서 강화나 자세교정을 통해서 더욱 심해지는 것을 예방하려고 합니다. 이 같은 센터의 장점으로는 많은 기구를 살 필요성은 없다. 많은 도구보다는 소도구나 기능성 도구를 이용해서 접목하는데 그만큼 많은 공부와 항상 연구하는 자세가 필요하다. 실제로 고객층들은 좀 더 디테일한 요구를 하는 게 실정이고 남들과 같은 일상적인 것들을 그대로 접목하면 고객들의 요구를 다 충족시킬 수 없고 고객들이 점점 떨어지는 현상을 가지게 될 것이다. 항상 공부하는 자세를 가지고 있어야 하고 매일 공부하면서 자신을 업데이트하는 자세가 꼭 필요한 덕목입니다.

PERSONAL TRAINER

7. 체형교정 운동센터 (닥터플렉스)

요즘 새롭게 시작되는 트레이닝 바람은 여러 가지 형태일 것이다. 예를 들어 대형센터화 그리고 아파트 커뮤니티에서 연결되어서 아파트 단지 내 주민들이 저렴하게 이용할 수 있는 아파트단지 형 센터들이 생겨나갈 것이다. 그래서 이와 같은 사회적인 흐름으로 반대의 급수가 나올 수밖에 없다. 소형 센터 그리고 조금은 한적하게 일대일로 진행되는 센터, 그리고 또한 조금은 과격한 운동보다는 자기 삶의 질을 업그레이드시켜줄 수 있는 근골격계를 조화롭게 이용할 수 있는 센터, 그와 같은 센터 중 하나가 ㈜휴먼워커스의 DOC.FLEX의 운동센터이다.

Doc. Flex의 기구는 총 7가지로 구성된 스트레칭 및 근력운동을 할 수 있는 순수한 자작나무로 구성된 기구이다. 이 Doc.Flex의 기구는 메인 대상으로 요즘 현대사회 특성상 앉아서 많은 시간을 할애하고 잘못된 자세를 유지하면서 일하고 있는 모든 사람 더 쉽게 스트레칭을 보다 효과적으로 할 수 있게 도와주는 기구이다.

실제로 스트레칭을 하려고 하면 유연하지 못한 사람들은 쉽게 할 수도 없고 잘못된 자세로도 진행하기가 쉬워서 부상을 더욱 만들어지는 경우가 많다. 이 Doc.flex는 이 같은 오류를 고치고자 나이가 아무리 많거나 적어도 자신의 유연성의 능력의 유무와 상관없이 쉽게 스트레칭을 하게 만든다는 장점이 있습니다. 접목할 수 있는 사례는 요가센터, 병원, 한의원, 개인 체형 운동센터, 휘트니스 VIP센터 어느 곳에서도 접목할 수가 있고 인테리어적인 면에서도 많은 장점과 효과와 효율성에서도 너무나 장점이 있습니다. 이 같은 형태로 현재 중국 내에서도 스타트업 경진대회에서 Doc.Flex

를 이용한 운동센터가 많은 호응과 투자를 유치해서 외국시장과 우리나라의 발 빠른 사람들은 운동센터를 계획 실제로 이용을 하는 실정이다. 전망: 앞서 이야기 한 대로 대형화가 가속이 진행되고 있다. 그의 반대급수로 단수한 운동센터보다 개인의 원하는 바를 1대1로 코치해주고 근골격계의 잘못된 부분을 바르게 운동시켜주는 것이 필요하고 또한 나이의 유무와 상관없이 저 강도로도 운동을 시킬 수 있는 그런 시장이 더욱더 필요할 것이다. 그런 대한으로 앞으로의 사장성은 무궁무진하다고 볼 수 있습니다.

8. 선수트레이닝 전문센터

선수 트레이너(Athletic trainer)란 팀이나 재활병원, 선수트레이닝 센터 등에서 운동선수들의 의료와 운동에 관해 선수가 상해를 입은 시기부터 완전히 나아 스스로 연습 또는 경기에 복귀할 때까지 전반적인 회복 기간 선수를 관리하는 역할을 합니다. 선수트레이닝은 팀에서 하는 훈련과 외부 전문센터에서 하는 훈련은 차이가 있습니다.

예를 들면, 병원에서는 주로 선수들이 수술 후 재활이나, 부상 관련 훈련 프로그램을 목적으로 하지만, AT 센터에서는 선수 개인의 보강 운동 개념인지, 재활 목적인지, 시즌 오프 후에 하는 비시즌 훈련의 특성을 이해하고 있어야만 그에 맞는 프로그램을 제시하고 운영할 수 있습니다.

팀에서 하는 훈련은 선수단 모두가 동일한 시간에 동일한 프로그램으로 훈련하므로 전체를 위한 트레이닝 중심으로 진행하기 때문에, 이러한 팀 훈련은 시즌 및 시합하는 동안 선수단 전체의 컨디션을 효과적으로 조절해 나가는 것을 목표로 합니다. 그러나 이러한 환경에서는 선수 개개인의 각기 다른 강점과 약점을 보완하고 개선하기 위한 맞춤형 트레이닝은 어려울 수밖에 없습니다. 반면 외부 전문 트레이닝 센터에서 하는 훈련은 선수 개인별 평가를 통하여 개인별 맞춤 트레이닝을 하므로 선수 개인의 부족한 부분을 보완하고 능력을 향상할 수 있는 집중적인 트레이닝이 가능한 차이가 있습니다. 그렇기 때문에 특히 개인종목의 경우 더 많이 외부 훈련에 참여하는 비중이 특히 높으며, 대표적인 종목이 골프, 빙상에서 피겨, 수영, 핀수영 같은 종목이 대표적으로 외부 개인 PT 센터에서 시즌 중에도 개인보강 훈련을 받는 경우가 많은 종목입니다. 그렇기 때문에 선수 개인별, 종목별 특성과 니즈를 분석하여 맞춤형 트레이닝을 할 수 있는 특화된 프로그램 운영이 가능해야만 운영이 가능하며, 코치와 감동과의 관계뿐만 아니라 학생운동선수 같은 경우 학부 영과의 관계 또한 신경 써야만 하는 부분이기 때문에 일반인들 대상으로 하는 경우보다 어려운 점이 매우 많이 있습니다.

PERSONAL TRAINER

선수트레이닝을 하기 위해서 준비해야 할 것들이 있나요?

국내 실정상 선수 트레이너의 학과 부재로 인하여 학부 때 직접적으로 접하기는 힘든 점이 있습니다. 물론 대학원에서는 선수 트레이닝 전공이 최근에 생겼지만, 아직 극소수에 불과하고, 학부에서는 체육 관련학과 혹은 스포츠의학, 건강관리, 운동 처방 등등 학부를 통하여 기회를 접하게 됩니다. 또는 물리 치료학과를 통하여 선수 트레이너의 길을 가기도 합니다. 요즘은 많이 선수 트레이너가 활성이 되어서 일찍부터 외부 교육 (대한선수트레이너협회, 대한운동사협회, 대한체력코치협회, 한국선수트레이너협회) 등을 통하여 공부도 하며, 운동부가 있는 대학이라면 학교 자체에 AT 실을 운영하거나 혹은 동아리 활동을 통하여 사전에 경험을 쌓는 경우도 있습니다. 종목 혹은 단체마다 체육 관련 학과 학생을 선호하거나 혹은 물리치료 학과를 선호하기도 합니다. 팀에서는 업무의 분장이 명확히 구분되어 있지 않기 때문에 트레이닝과 치료를 서로가 겸업하기도 합니다. 개인적인 의견이지만 해외처럼 명확히 분업 되기는 한국인의 정서상 쉽지 않을 것으로 예상됩니다.

그렇기 때문에 기본적으로 해부학, 운동생리학, 트레이닝 방법론, 운동 손상학, 도핑과 영양학, 테이핑과 마사지 등을 공부하고 준비해야 하며 관련 지식과 실무 능력을 고루 갖추어야만 합니다. 이 외에도 가장 중요한 부분은 선수를 만나고 모집하는 것인데 선수들은 국가대표, 프로팀, 실업팀, 아마추어, 고등학교, 중학교, 초등학교 선수와 팀 종목과 개인종목으로 분류를 할 수 있습니다. 각 특성에 따라 접근 방법과 전략이 좀 달라질 수 있는데, 일반적으로는 인맥으로 이루어지기 때문에 주로 본인이 선수 출신인 경우 관련 종목으로 선수 활동을 하며 쌓은 인맥을 활용하는 경우가 첫 번째이고, 두 번째는 근무했던 종목을 기반으로 팀에서 나오더라도 인연을 계속 이어나가거나, 소개 소개를 받게 되는 경우가 가장 일반적입니다. 하지만 이러한 두 가지 경우를 제외하고, 처음 시작하는 경우 가장 막막한 게 바로 선수트레이닝을 하고 싶어도 선수를 볼 기회조차 없는 문제가 있는데 이러한 문제를 해소하는 방법이 관련 협회나 관련 선수트레이닝 센터에서 교육이나 인턴십을 하거나 근무를 하는 방법이 세 번째 방법입니다. 이렇게 일을 하게 되면 자연스럽게 시합장에 의무지원을 나가게 되고, 선수들을 접하게 되면서 경험도 쌓고 인맥도 쌓게 되는 경우가 있습니다. 이외에도 체육대학을 나오게 되면 동기들이나 선후배들이 선수거나 선수 출신인 경우가 많기 때문에 대학의 인맥을 활용하는 경우 또한 있습니다.

이외에도 드물지만, 선수들이 운영하는 역도, 러닝, 사이클 등 동호회 활동을 통해서도 간접적으로 접촉할 수도 있습니다. 선수 트레이너와 선수 트레이닝에 대해 더 궁금한 점은 아래 보이는 "선수 트레이너가 알아야 할 모든 것"이라는 책을 참고하시기 바랍니다. ^^

9. 크로스핏 박스

최근 점점 대형/체인화되어가는 국내 휘트니스 시장에 맞서, 크로스핏 박스와 PT 샵은 철저하게 실력과 개성으로 대결부하는 곳이라고 할 수 있습니다. 박스 VS PT 샵은, (G.X 메인 + P.T 서브) VS (P.T 메인 + G.X 서브)으로 운영방식에, 차이가 있습니다. 크로스핏은 미국에 본부를 둔 프렌차이즈 휘트니스 체육관입니다. 크로스핏 창시자인 그레그 그라스만은 다음과 같이 정의했습니다. "어느 한 분야에 특화된 휘트니스가 아닌, 10가지(심폐 지구력, 최대근력, 유연성, 협응력, 민첩성, 균형감각, 정확성, 파워, 스태미나, 속도가 들어간다.) 육체의 다양한 능력을 골고루 극대화하려는 시도입니다" 그래서 크로스핏(Cross + Fit)입니다. 그리고 미국 본사에 정식인증을 받고, 자격을 이수한 코치들이 지도하는 정식지부를 '박스'라고 부릅니다. 박스는 크로스핏을 지도하는 하는 방식으로 그 특성상 그룹 수업(G.X)의 방식으로 운영되어 집니다. 그룹으로 운영되기에 일반적인 PT 샵, 대형 휘트니스와 차이가 있습니다. 크로스핏 박스의 특성은 첫째, 고가의 PT보다는 상대적으로 저렴하고, 운동을 계속 지속 할 수 있게 되는 비용의 장점이 있습니다. 둘째, 박스는 여러 명이 그룹 운동을 함께 하기에, 혼자 운동하는 것보다는 상대적으로 다양한 사람들과 교류할 수 있어, 커뮤니티의 역할도 수행합니다. 셋째. 기존 보디빌딩 (고립 운동 위주) 운동 프레임에서 벗어나, 체조/역도/고강도 심폐훈련을 활용하여 신체의 기능적 발달에 초점을 맞춥니다. 이와 반대로 PT 샵

PERSONAL TRAINER

은 1:1 PT 수업방식을 전문으로 하며, 트레이너 혹은 오너의 방향에 따라, 다양한 컨셉을 가지고 운동을 지도하는 곳입니다. PT 샵의 특성은 첫째, 한사람만을 위한 프로그램으로 진행되기에 그룹 수업보다 편안하게 자신에게 맞춤형 수업을 받을 수 있습니다. 둘째, 대형휘트니스보다, 프라이빗을 강조해 훨씬 더 고가의 럭셔리한 곳도 있으며, 오히려 최근에는 지역에 따라 그룹 수업의 비용으로 PT를 받을 수 있는 저렴한 PT 샵도 있습니다. 셋째, 샵마다 컨셉/철학에 따라 차이가 있고, 자신의 전문성으로 다양한 트레이닝들이 존재합니다. 선수전문샵은 스포츠구단과 연계되어, 직접 선수들을 케어하는 곳도 있으며 재활/체형교정 전문 샵의 경우에는 병원과 연계되어 신뢰 가는 수준의 지도자들이 운영하는 곳들도 종종 있습니다. 이러한 휘트니스 업계를 공부에 비유하자면, 퍼블릭 휘트니스(독서실) : 크로스핏(학원) : PT 샵(개인 과외방)으로도 비유 할 수 있습니다. 최근에는 대형휘트니스가 직접 내부에 크로스핏 정식지부를 직접 운영하는 경우도 있으며, 박스에서도 전문성 있는 1:1 PT를, PT 샵에서도 수준 있는 그룹 수업을 하는 곳들이 많이 생겨나고 있습니다. 서로의 차이를 인지하고, 장점을 채우며, 단점을 최소화하려는 것이 중요하겠습니다.

10. 러닝 전문 트레이닝 센터 (BM Running LAB)

내가 생각하는 트레이너는 사람들이 원하는 라이프스타일을 함께 고민하고 올바른 방향을 제시하는 동반자라고 생각한다. 비엠러닝랩의 목적은 러너들이 부상 없이 즐겁게 달리기를 지속할 수 있도록, 러닝, 마라톤에 관한 정보를 쉽게 얻고 공유하여 러너들이 달리기 좋은 환경을 만드는 데 목적이 있다. 과학적인 장비를 통한 분석과 체계적인 훈련을 통해 러너로서 성장은 물론이고, 그 과정을 다른 러너들과 함께 공유할 수 있는 곳이 바로, BM Running LAB 이다.

나는 2015년 러닝을 시작했다. 5K, 10K, half, 풀코스, 47Km 화대종주를 완주하며 수많은 러너들을 만났다. 달리기의 매력을 느끼며 2만명 동호회의 매니저를 역임하며 감사하게도 재능기부 강의를 진행할 수 있었다. 이를 통해 러너들의 니즈와 러닝 랩의 필요성을 절실히 체감했다.

그들은 러닝을 사랑하고, 그를 통해 얻은 긍정적인 에너지를 사회 곳곳에서 나누며 살고 있다. 러닝의 매력 덕분에 사람들은 더 많이 달리고, 더 빨리 달리고, 더 멀리 달리게 됐지만 과사용과 잘못된 자세로 인해 부상을 당하는 사람들 또한 급증했다. 러너의 80%는 부상을 경험한다는 통계자료를 볼 때, 어딘가 잘못됐다.

사람들은 러닝이 가장 단순하고 쉬운 운동이라고 생각하지만 러닝은 복잡하고 정교한 운동이다. 자세, 호흡, 가동성, 안정성, 심폐지구력, 근력, 밸런스, 리듬까지 어느 것 하나 소홀히 할 수 없는 운동이기 때문이다. 이런 러닝을 기초부터 체계적으로 배울 수 있는 곳은 없다. 그렇게 러너들은 부상을 당하고, 운동을 쉬고, 통증을 참고, 다시 달리다 또 부상을 당하는 악순환을 반복한다. 결국은 달리기를 그만두게 된다.

비엠러닝랩은 과학적인 장비를 도입하여 러닝 자세를 분석하고, 문제가 되는 움직임을 교정한다. 운동 전 도움이 되는 스트레칭, 웜업 방법을 공유하고, 다양한 러닝 훈련 프로그램을 통해 효율적인 달리기를 교육한다. 또한, 달리고 나서는 어떻게 몸을 관리를 해야 하는지, 병행하면 좋은 운동들을 안내한다. 달리기는 물론이고, 소도구 필라테스, 웨이트리프팅, TRX, 펑셔널트레이닝, 요가, 명상, 크라이오테라피등 다양한 경험을 할 수 있는 프로그램을 기획하고 운영한다. 러닝 코치들을 교육하고 자격증을 발급하는 교육기관으로서 코치들의 발전과 긍정적인 영향력을 끼치도록 노력할 것이다.

뿐만 아니라, 같은 취미를 가진 러너들과 함께 운동하고 경험을 공유할 수 있는 따뜻한 커뮤니티가 되어 러너의 라이프 스타일을 이해하고 건강하고 안전한 러닝 문화를 함께 만들어 나갈 것이다. 비엠러닝랩은 러닝을 사랑하는 사람들이 오래오래 부상 없이 달리기를 즐겁게 지속할 수 있도록, 러너를 위한 연구소가 될 것이다.

11. 홈 PT란 무엇인가?

컴퓨터의 기능은 핸드폰으로 들어가고, 피트니스는 이제 집으로 들어가기 시작했다.

이제는 홈 피티, 홈 트레이닝 이라는 단어가 우리에게 익숙하지만 막상 창업 하기에는 많은 어려움들이 있다. 홈 피티를 준비하는 트레이너를 위해 홈피티코리아를 운영해 보면서 느낀 경험과 노하우에 대해 공유해 보도록 하겠다.

먼저 홈 피티는? 현대인의 새로운 라이프스타일에 맞춰 운동시간 부족 등 다양한 제약사항으로 운동하기 어려운 분들에게 전문강사가 직접 찾아가 합리적인 가격에 제공하는 프리미엄 운동케어 서비스 이다. 홈피티의 특성은 본질에 더 집중할 수 있다. 무슨 본질이냐고 물어보겠지만

실제적으로 우리가 건강이라는 큰 테두리안에 운동이라는 것을 하지만 운동보다는 관계 재미 유행 등 타인에 시선을 의식 해서 많이들 하고 있다. 하지만 홈 피티를 하는 사람들은 조금 특별한 경우가 많다. 부족한 시간으로 헬스장으로 이동 할 시간이 없거나 임산부 노약자, 그리고 사고 등으로 공개적인 공간에서 운동진행이 힘이 드는 사람, 온전히 나만의 공간에서 운동을 하고 싶어 하는 사람들이 홈피티를 원하기 때문에 홈 트레이닝 트레이너는 사람을 잘 이해하고 공감대가 뛰어나며 운동에 대한 명학한 전문성이 있어야 한다.

트레이너 준비생들에게 홈 피티는 많은 제약이 있을 수도 있다. 고객들은 대부분 집에 운동도구가 구비 되어 있지 않기 때문에 처음에 애로사항이 많다. 필자는 다음과 같은 단계별로 도구를 추천한다. 기본적으로 트레이너가 방문 시, 고객에게 필요한 소도구를 미리 챙겨서 가는 것이 기본원칙이다. 그 이후 트레이너가 수업 후 사후관리를 위해 고객들에게 단계별 운동도구 기본구성에 대하여 전달하고, 각 도구의 활용법 설명을 통하여 자연스럽게 구매가 일어날 수 있도록 한다.

[기본구성]

매트 폼롤러

기본구성의 핵심은 운동진행 시 필요한 것을 구매하는 것이 아니라 사후관리를 위한 구매라는 점을 인식 시켜야된다. 홈 피티의 장점중에 하나가 일상생활, 특히 집에서 할 수 있는 프로그램을 누구보다 정확하게 검토하고 컨설팅이 가능하다. 왜냐하면 집에서 트레이닝을 진행하다 보면 트레이너는 고객의 생활패턴 등 환경적인 부분을 정확하게 볼 수 있기 때문이다. 이는 조금 더 구체적으로 홈트레이닝 프로그램을 줄 수 있다는 뜻이다. 그래서 매트 폼롤러는 수업 외적으로도 셀프운동에 필수 용품이라는 점을 인식 시켜야 한다.

트레이너가 알아야 할 모든 것

단계별 도구 활용법
평가결과와 고객의 운동니즈에 따라 도구 활용법이 다르지만 필자는 운동레벨을 지정해서 매 수업마다 혹은 정기적으로 도구를 달리 활용한다.

1단계 밸런스 도구
밸런스가 없다는 것은 신체의 운동기능이 없다는 이야기와 같다. 술에 취한 사람이 비틀비틀 거리는 것은 단순히 술에 취해서가 아니라 신체 밸런스의 기능이 떨어진 것이다. 권투 선수가 펀치를 맞고 비틀거리는 것도 신체 밸런스의 기능이 떨어진 것이다. 이처럼 밸런스 운동은 신체 기능향상에 가장 먼저 진행되어야 하는 운동이고 홈에서 트레이닝하기에도 공간적, 환경적, 시간적으로 이상적인 운동이므로 밸런스 도구를 반드시 갖추도록 하자.

2단계 코어운동 도구
홈피티를 받는 분들이 가장 원하는 운동이다. 고객들은 단순히 코어의 강화를 넘어 항중력에 대응하여 자기움직임을 통제하고 자연스럽고 효율적인 움직임을 하고 싶어 한다. 시중에 다양한 코어운동 도구를 추천한다.

3단계 유산소 운동기구
러닝머신이나 사이클이 아닌 케틀벨이나 스텝박스 등 소도구를 통해 집에서도 누구나 손쉽게 유산소 운동을 할수있게 해준다.

[주의사항]

시간
홈 피티의 신뢰는 시간이다. 고객과의 약속에서 미리 10분전에 도착해서 준비하는 것을 원칙으로 한다. 예를들어 오후2시에 수업이면 적어도 1시 50분에는 초인종을 눌러야 한다. 그리고 수업 준비와 상담을 진행하고 2시 정각에는 운동이 바로 시작되어야 한다.

계약
중간관리자가 없고 트레이너 스스로가 계약을 진행할 경우 가장 문제가 심각한 부분이다.

유효기간과 연기횟수, 연기 유효시간, 환불 규정 그리고 트레이닝 시 안전사고 부분을 계약서 작성 시 꼼꼼하게 작성해야 한다.

홈 피티와 피티샵, 헬스장 운동의 차이점은 무엇인가요?

일단, 헬스장과 피티샵을 구분 하자면, 헬스장은 시설이용을 하는데에 대한 요금을 지불하는 것이 이용금액의 상당 부분입니다. 물론 트레이너가 상주해 있으면서 여러분의 운동에 도움을 주기는 하지만 수십명의 회원들을 관리해야함으로 집중 트레이닝을 받는데 어려움이 있습니다.

그래서 1:1 로 집중 트레이닝을 하는 피티샵이 생겨났지요. 피티샵은 한 시간 동안 오로지 나 하나 만을 위해 트레이너가 집중적으로 트레이닝 합니다. 따라서 헬스장보다 훨씬 전문적인 운동을 하여 속성으로 원하는 것을 얻을 수 있습니다.

그렇다면 홈 피티는 무엇일까요? 일반적인 홈 피티는 (홈 퍼스널 트레이닝: Home Personal Training) 피티샵의 운동기구를 집으로 가져와서 운동하는 형태입니다. 그러나 홈 피티는 접근방식이 조금 다릅니다. 선진국에서는 대부분 개인 변호사와 담당의사가 있습니다. 여기에 플러스로 개인 트레이너를 고용합니다. 왜냐하면 우리 사회가 점점 고령화가 되어가고 있고 예방의학에 관심이 집중되고 있기 때문입니다. 현재 우리나라에서는 일부 스포츠 선수들이나 연예인이 개인 트레이너를 고용하고 있습니다. 단순히 몸짱이 되기 위해서라기 보다 훌륭한 몸매와 함께 균형잡힌 식단, 통증완화, 체형교정, 마음 수련 등 우리의 건강 전체에 집중합니다. 따라서 홈 피티는 피티샵의 운동기구를 가져와 집에서 트레이닝하는 개념에서 확장하여 개개인의 특성과 목적에 맞게 야외활동 또한 진행하기도 합니다. 홈 피티라고 하여 집에서만 한다는 생각은 금물이며 공원, 기타 체육시설, 수영장 등을 이용하여 더욱 액티브한 퍼스널 트레이닝을 제공하는 것이 일반적인 피티샵과 헬스장의 공간의 한계와 다른 점입니다.

홈 피티는 주로 어디서 진행 하나요?

홈 피티 (Home Personal Training)는 말 그대로 퍼스널 트레이너가 집으로 방문하여 트레이닝 하기 때문에 집안에서 운동하기 편한 곳을 지정하여 하는데 주로 거실에서 트레이닝 받고 있으나 한국도 외국처럼 방 한칸을 홈짐 (Home Gym)으로 마련하여 개인 전담 트레이너와 운동하는 분들이 점점 늘어나고 있습니다. 또는 회사에서 마련된 운동공간을 활용하는 경우도 많습니다.

홈짐을 만들고 싶은데 어떻게 하면 좋을까요?

방문 트레이닝 시 필요한 운동 도구를 구비하여 방문하기 때문에 개인적으로 도구를 살 필요는 없습니다. 그러나 개인 트레이너를 두고 운동이나 건강관리를 꾸준히 받으시는 분들은 외국의 경우처럼 집안에 홈짐 (Home Gym)을 만들고 싶어합니다. 개인 홈짐은 전담 트레이너가 회원의 건강 상태를 고려하여 개개인 마다 필요한 운동기구를 배치하여 맞춤형 트레이닝을 할 수 있게 됩니다.

트레이너가 알아야 할 모든 것

예를 들면 무릎관절이 좋지 않은 회원에게는 러닝머신이 꼭 필요하진 않습니다. 허리가 좋지않은 회원에게 중량이 나가는 바벨이 필요하지 않습니다. 그리고 요즘은 홈짐 전용으로 다양한 기능을 가진 멀티렉과 같은 장비 또한 많이 나오기 때문에 이러한 장비 1대와 소도구만 있어도 충분한 운동 효과를 낼 수 있기 때문에 홈트족이라고 불리는 인구가 늘어나고 있습니다.

12. 온라인 PT란 무엇인가?

운동을 온라인으로 배워? 그게 말이되 이랬던 시절이 있었지만 이제는 온라인PT를 전문으로 하는 회사들이 많이 생기고, 이를 이용한 트레이닝 프로그램 또한 다양해 지고 있는 현실이다.

이러한 온라인 PT가 성공하려면 지속 가능한 방법이 필요한데 첫번째로 개개인에 맞는 운동 난이도와 종류를 제공할 수 있어야 운동을 즐겁게 꾸준히 할 수 있게 만들 수 있다. 두번째로는 무조건 굶거나, 닭가슴살만 먹는 것이 아니라 모든 사람들이 처해 있는 환경이 다르기 때문에 학생은 급식을 먹어야 하고, 직장인은 회식을 피할 수 없기에 내 상황에 맞추어 꾸준히 지킬 수 있는 작은 변화부터 시작해서 점차 개선해 나아가는 것이 필요하다. 세번째는 끊임없는 동기부여와 훈련이 필요하다. 이러한 운동은 심리싸움으로 아무리 의지가 강한 사람도 스트레스 앞에선 무너질수 있기 때문에, 온라인 PT코치는 이러한 사람들에게 동기부여야 훈련을 계속 제공해야 하만 한다. 이처럼 온라인 PT는 모든게 모바일에서 이루어 지며 코치와 앱에서 소통하며 매일 다른 운동 콘텐츠를 제공 받으며, 각 분야의 영양전문가, 운동전문가 등의 노하우를 통해 지속 가능한 다이어트를 도와주며, 다양한 운동 동작과 프로그램으로 개인의 체력 수준과 운동 목표에 맞추어 제공 되며, 요즘은 유전자 검사 기반으로 좀 더 전문적인 프로그램을 제시하는 곳 또한 생겨나고 있다. 초기 온라인 PT는 다이어트 위주에 프로그램만을 제공했지만, 이제는 점점 다양화 되어 웨딩케어, 임신과 출산, 갱년기 이후, 노년기 등 다양한 대상자에 맞춤 서비스를 제공하기 위해 세분화 되며 전문화 되고 있으며, 초고속 인터넷이 발달 하면서 라이브 운동도 가능해지고, 다양한 IOT 기반에 운동 도구를 활용해서 이루어지기도 한다. 처음에는 개인이 단순히 제공받은 컨텐츠를 따라 하는 개념이였다면 이제 팀 미션이나, 공통된 미션을 정해서 서로 게임을 하거나, 경쟁을 통해 동기부여를 강화하고, 서로 응원을 해줄 수 있는 시스템 또한 생겨나며 점차 발전하고 있으며, 국가를 초월해 해외에서도 동시에 활용 되고 있는 사례 또한 나타나고 있다.

시간과 경제적 부담이 적으면서 건강함과 지속 가능성까지 갖추게 되자 점점 수요는 증가하고 품질대비 가격은 점점 내려가고 있으며 이와 관련된 다양한 홈 트레이닝 상품들 또한 개발되고 있다. 이외에도 오프라인 PT와 결합하여 동시에 진행을 하기도 하고, 주말에는 오프라인에서 평일에는 온라인에서 진행하고, 개인에 운동 기록을 관리받기도 하는 등 앞으로 더 성장해 나아갈 수 있는 시장이며, 트레이너로서 노하우가 많다면 도전해 볼 가치가 있다.

트레이너가
알아야 할
모든것

Chapter 10.

트레이너의 미래와 비전을 위한 조언

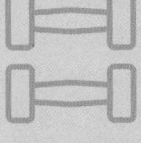

Chapter 9. 최신 트레이닝 방법?

트레이너가 만드는 피트니스와 기술의 만남 [Fitness x Tech]

 지금은 인식이 비교적 좋아 졌지만 과거에는 많은 사람들이 트레이너라는 직업을 젊었을 때 잠깐 아르바이트처럼 그저 스쳐 지나가는 직업으로 생각할 때 나는 몹시도 속상하고 자존심이 상하기도 했다. 그리고 그런 것들에 저항하려는 마음이 모여 지금의 내 20년 트레이너 경력을 만들어진 것 같다. 이제는 선배 트레이너 격으로 누구보다 시작하는 후배 트레이너들에게 새로운 비전을 제시하고 싶었다. 물론 내가 좋아해서 시작했고 운동에 사용되는 도구들을 제일 많이 사용하는 우리 트레이너가 만드는 것이 더 잘 만들 수 있겠다는 확신이 있었기 때문이다. 청년, 창업, 융합, 과학기술, 사물인터넷이라는 키워드가 대한민국에서 가장 많이 들리는 지금 우리 트레이너들이 반드시 도전해봐야 할 분야가 있다. 그것은 바로 "피트니스와 기술을 융합하는 일"이다.

세상은 우리가 사는 동안 많이 바뀌었고, 지금 이 순간에도 빠르게 바뀌어 간다고 생각한다. 1970년대 중반 우리가 아이폰을 통해 잘 아는 스티브 잡스는 워즈니악과 함께 부모님의 차고에서 인류 최초의 개인용 컴퓨터인 "애플"을 만들었다. 그리고 그 차고가 있던 곳은 지금의 "실리콘밸리 "가 되었다. 컴퓨터를 개인이 편하게 사용할 수 있게 되고 가지고 다닐 수 있는 노트북이 생기면서 우리가 앉아서 일하는 곳이 곧, 사무실이 되었다.

개인용 컴퓨터의 탄생으로 우리는 한번 "기술이 주는 혁신적인 삶의 변화"를 만끽하게 되었다. 두 번째 큰 변화를 준 것은 우리가 대부분 지금 사용하는 "스마트 폰"을 사용하면서이다. 이 스마트 폰이 대중화되면서 여러 가지 웹 기반의 서비스회사들은 폭발적으로 성장하였다. 특히 온라인과 오프라인을 연결해주는 오투오(online to offline) 플랫폼 서비스를 하는 회사들인데 미국으로 치면 "우버 Uber"(공유 자동차 서비스)이고 한국은 "배달의 민족 " 같은 회사를 예로 들 수 있다. 스마트폰을 사용하지 않았다면 미국의 우버도 한국에 배달의 민족이라는 회사는 존재하지도 않았을 것이다. 개인용 컴퓨터 그리고 스마트 폰 사용까지 이렇게 두 번의 혁신적인 삶의 변화를 우리는 겪어오고 있다. 그리고 이제 "세 번째 기술이 주는 혁신적인 삶의 변화"를 앞두고 있다. 그것은 바로 "사물과 인터넷이 연결되는 세상 "이다.

사물 인터넷(Internet of Things)은 우리 주변에 존재하는 유형 혹은 무형의 여러 가지 것들이 다양한 방식으로 서로 연결되어 개별 객체들이 제공하지 못했던 새로운 서비스를 제공하는 것을 말한다. 단어의 뜻 그대로 분석하면 '사물들(things)'이 '서로 연결된(Internet)' 것 혹은 '사물들로 구성된 인터넷 '을 말한다. 기존의 인터넷이 컴퓨터나 무선 인터넷이 가능했던 휴대전화들이 서로 연결되어 구성되었던 것과는 달리, 사물인터넷은 책상, 자동차, 가방, 나무, 애완견, 운동기구 등 세상에 존재하는 모든 사물이 연결되어 구성된 인터넷이라 할 수 있다. 모르긴 몰라도 피트니스 분야에서 사용되는 운동도구들이 가장 많이 사물인터넷 방식의 도구로 발전하리라 예상한다. 가장 큰 이유는 운동을 하는 동안 일정 부분은 운동기구와 우리 신체가 접촉해있기 때문이다.

어디서부터 어떻게 시작을 해야 하는가?

대학을 다닐 때 제일 학교를 잘 다니는 방법 중 하나는 학자금을 내지 않고 전액 장학금을 타서 학교를 다니는 것이라 한다. 무엇을 만드는 일도 마찬가지이다. 지금은 누가 뭐래도 정부의 각 부처에서는 특히 청년(만 39세 미만)에게 창업을 매우 독려하는 시기이다. 우리가 낸 세금들이 모여 예상치도 못한 만큼 큰 지원사업들이 이루어지고 있다. 누군가 내게 그런 말을 해주었다. 세계에서 제조업(만드는 것)을 경영하는데 있어 가장 지원을 많이 받을 수 있는 나라가 지금 대한민국이라고 실제로 지금 대한민국이 그렇다.

아이디어가 떠올랐다면 구체화해야 한다. 그려보고 글로도 써보고 가까운 변리사를 찾아가서 이 아이디어가 특허가 나올 수 있는지 또는 실용신안, 디자인 등이 가능한지 전문가에게 조언을 얻을 필요가 있다. 그리고 구체화 되었다면 여러 지원사업이나 경진대회 같은 곳에서 객관적인 검증을 받아 볼 필요가 있다. 다양한 사람들의 의견이 자신의 아이디어를 더 발전시키는 계기가 될 것이다. 물론 좋은 이야기만 들을 수는 없을 것이지만 피가 되고 살이 될 것이다.

아래는 계속 스스로 질문해봐야 할 사항 들이다. 왜 만들어야 하는지? 정말 이게 실현 가능한지? 꼭 만들어야 하는지? 내가 만들 수 있는지? 그리고 가장 중요한 만들면 팔 수 있는지? 그런 과정을 겪어보다 보면 아이디어는 더 구체적이고 다듬어질 것이다. 그리고 계속해서 지원하다 보면 자연스럽게 특허 지원사업부터 창업까지 자연스럽게 몸으로 배우게 된다. 우리가 만드는 제품이 만약 운동기구라면 문화체육관광부 사업공고에서 지원이 가능할 것이고 IoT 사물인터넷 관련 사업이라면 중소기업진흥공단이나 과학기술정보 통신부 같은 부처 공고사업에도 지원이 가능할 것이다. 각 시도별 지역에서도 창업 관련된 사업이 많고 대부분이 무언가를 만들 때 지원해주는 사업이 많다.

만들려고 하는 것이 정확히 어떤 분야에 속해 있는지 알아야 한다. 지금 내가 만드는 것처럼 스마트 폰 과 연동되어 데이터가 축적되는 방식의 운동기구라면 지원할 수 있는 폭이 넓어지는 것이다.

트레이너가 알아야 할 모든 것

아마 경험상 무엇을 만든다고 하면 대부분 질문이 그것을 만들 수 있는지 질문을 하는데 그때 전문가와 협업해서 만들겠다고 하는 것이 모범 답안이다. 현실적으로 트레이너가 갑자기 공학적인 또는 전기, 전자, 기계적인 전문성이 필요한 운동기구를 만든다고 하면 그게 더 현실적이지 않기 때문이다. 실제로 전문가와 협업 할 수 있는 기회에 계속 참여하고 네트워크를 구축하는 것이 매우 중요하다. 그렇다면 네트워크를 어떻게 만들까? 돌아보면 내 경우에는 시작은 정말 우연히 찾아왔다. 트레이너로서 공감하겠지만 나 역시 트레이닝을 잘 하기 위해 모든 시간을 피트니스센터, 트레이닝 교육 등에서 시간을 보냈다. 오로지 고객들의 레슨을 위해 몰입한 시간들 이였다. 어느 분야건 몰입하면 다른 분야를 잘 볼 수 없게 되는 건 마찬가지라 생각한다. 한 분야의 전문가가 된다는 것은 그런 것 같다. 자신만의 몰입하는 시간이 필요한 것이고 반대로 다양성과 대중성을 잃어버리는 시간이다. 우연히 내게 이런 극단적인 몰입을 깨뜨린 계기가 있었다. 바로 2013년 콘텐츠진흥원 융합지원 C-School 프로그램에 참여한 것이다. 지금 돌아보아도 그 프로그램에 참여한 것은 내게는 너무나 큰 행운이었다. 평생을 노력해도 만나보지 못할 다양한 친구들을 한꺼번에 만나게 된 것이다.

30 여명의 기획자, 디자이너, 하드웨어 개발자, 소프트웨어 개발자, 의사, 예술가 등 정말 다양한 사람들이 모였고 그 자체가 나에겐 "다양한 세계"로 다가왔다. 나이도 나보다 대부분 어린 친구 들이였지만 나는 그들에게 진심으로 마음을 열고 가까워지려 노력했으며 그러면서 서서히 "다름을 인정"하게 되었다. 프로젝트를 하면서 같은 사물을 보아도 그 친구들은 다르게 해석한다는 것을 배웠다. 그리고 나는 다양한 관점으로 보는 눈을 가지기 위해서 노력했다. 다른 분야의 사람들과 이야길 나눌 때는 그들의 언어를 알기 위해 노력했고 그럴수록 그들도 나의 언어를 알아가려고 하는 것이 느껴졌다. 6개월이 지난 후 우리 팀은 프로그램 내에서 1등을 하였고 그 결과 나는 "세상을 바꾸는 15분"이라는 강연 프로그램에 강연자로 서게 되었다. 우리가 만든 할머니와 함께 할 수 있는 근력운동 1N1 Training Band [상호작용 근력운동 밴드]의 이야기가 누군가 에게는 공감 할 수 있는 이야기 될 수 있다. 라는 제작진의 권유가 있었기 때문이다. 한때는 분명히 몰입하는 시간이 필요하다. 하지만 그 시간이 지나면 꼭 다양한 사람들의 관점을 이해하는 시간이 필요하다. 그래야 많은 사람들의 욕구를 충족할 수 있는 서비스나 제품이 탄생 할 수 있는 것이다. 최대한 다양한 사람들을 만나고 그들의 관점을 이해하길 추천한다.

김광연트레이너 UBIO 대표

PERSONAL TRAINER

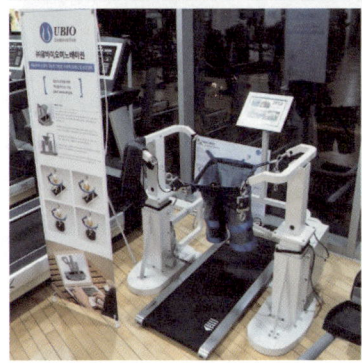

사람이 중심이 되는 건강관리 플랫폼 서비스로 새로운 혁신을 이룬다.
[Virtual Mate Solutions]

트레이너는 트레이닝만 해야할까요?

트레이너는 이제 1:1 트레이닝을 넘어서 트레이닝 플랫폼 개발에도 참여를 하는 경우가 많이 있습니다. 여기 한가지 예시로 버추얼 메이트라는 장비를 개발한 회사는 ㈜아시아월드짐의 경험과 노하우를 바탕으로 기술력을 더해 ㈜마이베네핏

을 설립하고 15년 이상의 피트니스 센터 운영 및 건강관리 서비스를 운영한 경험을 바탕으로 네이버 지식백과 내 운동관리 컨텐츠 서비스 제작을 약 500여개 하였습니다.

또한 카카오 운동생활백과 및 카카오미니 컨텐츠 서비스를 약 300여개를 제작하고, 3년 연속 보건복지부, 한국보건산업진흥원과 항노화 사업 개발 및 운영을 하였습니다. 그리고 이러한 경험을 바탕으로 스마트한 건강관리, 사람 중심이 되는 편안한 서비스를 실현 하고자 측정을 통한 데이터 기반 고객관리와 스마트한 회원관리 및 운동 동기 부여를 위한 근거 있는 프로그램을 연구개발 하는 회사입니다. 이러한 하나의 건강관련 서비스가 만들어 지기 위해서는 다양한 전문가들이 필요 하겠지만 프로그램을 만들 IT 전문가 뿐만 아니라 인체를 잘 이해하고 있는 트레이너의 참여 또한 핵심 요소 입니다. 사람의 체형과 체력의 정확한 측정을 위한 기준을 제시하고, 측정 결과를 기반으로 한 목적별 운동 프로그램을 만들어야 하며 정확한 운동 자세를 제시할 수 있게 모델링해주는 역할 등 운동을 지도하기 위해 우리가 공부했던 운동역학, 해부학, 근육학, 체형학, 생리학 등 이 모든게 필요합니다. 이처럼 트레이너라는 직업이 젊을 때만 하는 일시적인 일이 아니라 젊을 때는 직접 현장을 뛰며 지도를 하는데 집중을 한다면 지식과 경험이 축적되면 이러한 분야로 진출하여 더 넓은 영역에서 활동이 가능해 집니다.

1. 측정을 통한 맞춤처방이 정확한 데이터를 기반으로 가능해 졌습니다.

체격, 체력, 자세 측정 3가지 파트로 측정이 가능하며 개개인에 맞춤 운동 프로그램을 제시할 수 있어야 하는데 더 이상 감으로 하는 것이 아니라 누적되는 데이터를 기반으로 가장 효율적인 프로그램을 만들고 이를 통해 회원에게 제시할 수 있는 시대가 되고 있기 때문에 이러한 데이터를 제공받았을 때 이를 어떻게 해석하고 활용할지에 대한 연구 또한 트레이너에게 필요 합니다.

· 체격 측정 : 체성분 분석, 체중, 체형 등
· 체력 측정 : 코어 안정성, 근력, 기능성 체력 평가
· 자세 측정 : 정면 측면 비대칭 측정에 따른 맞춤 처방

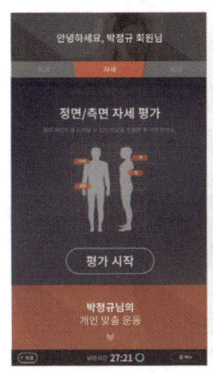  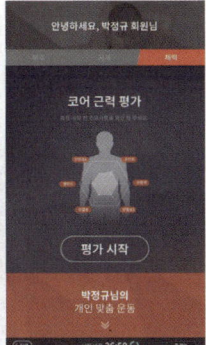 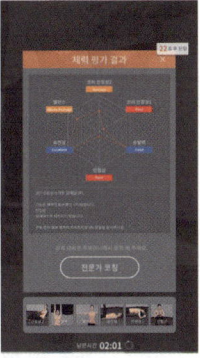

2. 맞춤 운동 관리를 이제 데이터 기반으로 체계화 되었습니다.

체격 분석 결과에 기반한 목적별 운동관리 및 체력 분석 결과를 반영한 개인별 맞춤 운동법과 자세 분석 결과에 따른 코어 운동이나 복부, 허리 등 신체 부위별 근력강화 및 기능개선 운동 등을 제시해 주며 맞춤운동 기간 세팅 가능한데 3개월, 6개월, 12개월 등 회원에 요구에 맞춰 이를 수정 보완해 줄 수 있는 역할을 트레이너가 수행해 주어야 합니다. 아무리 기술이 발전해도 회원의 수많은 케이스를 모두 만족 시켜 줄 수는 없기 때문에 서포트 받는다고 생각하시면서 이를 어떻게 활용할지 지속적인 연구가 필요합니다.

트레이너가 알아야 할 모든 것

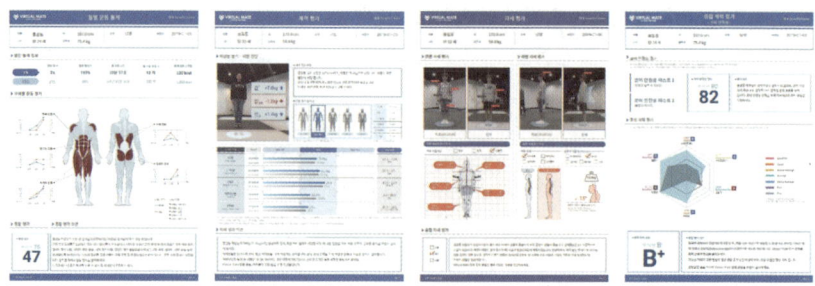

정확하게 바로바로 (Virtual PT) 트레이닝 피드백을 주는 것이 가능해졌습니다.

24개의 골격 및 관절 위치를 센싱하여 운동자세가 잘못될 때마다 바로바로 알려주고 나의 운동결과와 체력데이터는 자동으로 저장되어 핸드폰에서 확인할 수 있습니다. 이제 트레이너가 카운터만 세준다는 말은 이제 듣지 않겠죠.

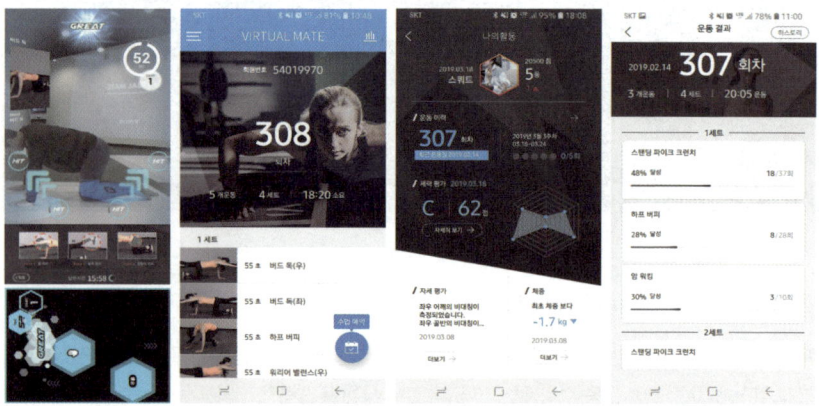

다양하고 자유로운 (Team Training) 트레이닝이 가능해졌습니다.

버추얼메이트와 함께 다양하고 신나는 서킷 프로그램을 진행 합니다. 트레이너 앱에서 간편하게 원하는 프로그램과 운동시간을 설정하고 버튼 하나로 편리하게 시작할 수 있습니다. 서킷운동, 타바타, 인터벌 트레이닝이 가능하도록 타이머 기능은 물론 카운트다운, 스톱워치 기능을 통해 자유로운 형식의 트레이닝을 진행할 수 있습니다. 이러한 서킷 프로그램을 개발하는 것 또한 트레이너가 해주어야 하는 부분 입니다.

PERSONAL TRAINER

운동을 재미있게 (Virtual Challenge) 피드백을 줄 수 있게 되었습니다.

실시간 순위 비교와 기록 갱신 및 랭킹 시스템을 갖춘 게임입니다. 옆에서 실시간으로 경쟁하는 재미는 물론, 함께 있지 않아도 모바일 앱에서 친구를 초대해서 경쟁할 수 있고 나의 기록은 앱에 자동 저장됩니다. 각 챌린지 운동마다 정해진 운동 횟수를 최소한의 시간으로 끝내거나 정해진 시간 안에 최대한 많은 횟수의 운동을 하는 챌린지 중 선택할 수 있습니다. 이제 1:1이 아닌 1대 다수도 좀 더 정확하고 효과적인 운동을 지도할 수 있는 시대로 변해 가고 있는 것을 볼 수 있습니다.

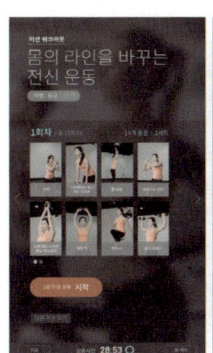 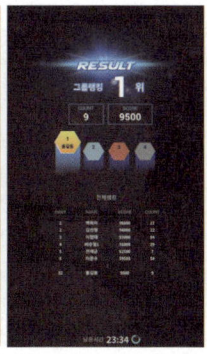  

운동 포인트를 생생하게 (Video Training)

운동 목적별 트레이닝 : 통증예방, 신체 기능개선, 마사지, 스트레칭 등 각 운동포인트를 생생하게 코칭 및 소도구 활용 더욱 효과적인 워크아웃 등을 계속 해서 업데이트 해주어야 하는 것이 트레이너가 해주어야 할 역할 이라고 볼 수 있습니다.

'충성고객을 만드는 고객관리 시스템'

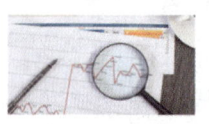

데이터 기반 고객 관리

고객 이용패턴을 고려한 가장 성공 확률이 높은 마케팅으로 매출 향상 수기관리의 부담을 줄여주는 솔루션 (예약, 결제, 마일리지 사용, 고객 DB 등)

스마트한 회원관리

개인별 체력 데이터, 운동로그, 수업 자동관리까지 트레이너의 관리업무의 양과 시간 절약, 편리성 ▲

압도적인 운동 동기 부여

개인 기록 향상 로그, 실시간 순위 확인, 마일리지 및 레벨 시스템 자동 관리 회원들의 동기부여 및 흥미 지속

트레이너와 사회적 경제

최근 몇 년 동안 사회적기업(Social Enterprise), 소셜벤처(Social Venture), 사회적 경제(Social Economy), 사회적 가치(Social Value) 등의 단어가 매스컴에 부쩍 많이 등장하고 있습니다. 그럼 왜 이런 말들이 지속적으로 나오는 걸까요?

현재 우리가 채택하고 있는 자본주의 시장경제는 각 경제 주체가 이윤의 극대화를 위한 활동을 하면 시장의 가격이 각 경제 주체를 조절하여 공동체에 발전과 이익을 가져다 준다고 생각했습니다. 하지만 시장 경제를 통한 이익 극대화가 공동체에 이익을 주는 것이 아니라 피해를 주는 경우가 많이 생겨나면서 시장경제의 문제점을 보완할 시스템이 필요해 졌고, 그 대안으로 '사회적경제'가 떠오르고 있는 것입니다.

사회적 경제는 이윤의 극대화가 최고의 가치인 시장경제와 달리 사회적 가치를 이윤극대화 만큼 높은 가치로 지향하는 경제체제를 말합니다. 이를 한마디로 줄인다면, 바로 '공동체중심의 경제'라고 할 수 있습니다

 이런 사회적 경제의 협의의 주체는 사회적기업, 소셜벤처, 협동조합, 비영리재단, 마을기업, 자활기업 등이 될 수 있고, 광의의 주체는 경제적 가치뿐만 아니라 사회적 가치도 지향하는 기존의 기업들도 사회적 경제 주체라고 할 수 있습니다 .

[협의]
- 마리몬드: 위안부할머니를 돕는 기업으로 잘 알려진, "인권을 위해 행동하고 폭력에 반대하는 라이프스타일 기업
- 두손컴퍼니: 자리를 통해 빈곤을 퇴치하고자 하는 사회적기업
- menTory(멘토리): 농산어촌 청소년들과 지역에서 살아갈 수 있는 힘을 기르기 위한 프로젝트를 진행하는 농산어촌 청소년 전문 비영리 교육 스타트업
- 헬스브릿지: 고령자의 건강상실로 인한 사회적, 경제적 문제를 노-노(老-老)케어의 자립생활공동체 모델의 정착을 통해 스스로 해결하는 사회적 건강관리 체계 구축과 사회문제 해결방안 제시를 목표로 하는 사회적기업

[광의]
- SK: 경제적 가치와 사회적 가치 동시 추구, 기업자산의 공유인프라 전환, 사회적기업 생태계조성 등의 활동
- 매일유업: 경제적 손실을 감수하고 희귀병 신생아를 위한 특수분유 제작

사회적 경제의 협의와 광의의 주체는 지속적으로 늘어나고 있습니다. 이런 추세는 우리나라에만 국한된 것이 아니라 전세계적인 것으로, 이익 극대화의 대표적인 투자회사 골드만삭스도 앞으로 환경오염을 일으키는 제품을 생산하는 업체에 투자를 하지 않겠다고 선언하고, UN에서도 17개의 지속가능목표 (SDGs: Sustainable Development Goals, SDGs)를 선정하여 빈곤, 기아, 성불평등, 환경 문제 등을 전세계가 2030년까지 해결할 수 있게 노력하기로 결의했습니다.

그러면 트레이너는 사회적 경제와 어떤 관련이 있을까요?

트레이너로서 우리 공동체 구성원의 건강을 위해 운동을 지도하고 관리하는 것 자체가 광의의 사회적 경제 주체라고 생각합니다. 하지만 조금 더 사회를 들여다보면 트레이너로서 해결해야할 사회문제가 보입니다. 헬스장은 많아졌지만 운동이 꼭 필요한 장애인 분들이 편하게 찾아갈 수 있는 공간과 트레이너는 많지 않고, 운동을 배우고 싶어도 PT 비용이 부담이 되어 배울 수 없는 취약계층 분들도 아직 많이 있습니다.

그리고 트레이너들의 업무 환경 또한 개선할 부분이 있습니다. 대부분 트레이너들은 계약직 혹은 프리랜서로 안정적인 일자리와 수입을 보장 받지 못하고 있고, 이는 잦은 이직과 경제적 불안으로 수업의 질에 영향을 주는 것은 당연한 일입니다. 이는 단순히 헬스장 대표와의 관계 문제가 아니라 현재 헬스 시장의 전반적인 시스템을 변화를 고민하면서 해결해야 할 문제라고 생각합니다.

SK는 사회적가치를 선택한 이유를 기업의 지속 성장과 생존을 위해서라고 말합니다. 과거에는 경제적 가치 창출만으로도 고객의 지지를 받고 사회로부터 존재 가치를 인정받을 수 있었습니다. 그러나 이제는 경제적 가치뿐만 아니라 고객과 사회가 요구하는 여러 가치를 충족시켜야만 기업의 지속 성장과 생존이 가능하다는 것을 알게 된 것입니다. 사회 변화에 가장 민감하고 빠르게 대응하는 대기업이 이런 선택을 한 것은 굉장히 많은 것을 시사한다고 볼 수 있습니다.

트레이너도 마찬가지입니다. 트레이너라는 직업이 단순히 경제적 수단이 아니라 공동체를 위한 사회적 가치를 창출하는 직업이라고 생각했을 때 지속가능한 성장과 생존이 가능할 것입니다. 물론 그 길은 쉽지 않겠지만 너무나 행복한 길이라는 것을 확신합니다. 그리고 이 길을 같이 갈 동료 트레이너들도 많이 생겨나길 바랍니다.

맺음말

트레이너를 준비하는 지망생부터 현직 트레이너, 예비 창업자, 현재 운영 중인 CEO 분들을 위해 책을 쓰기 시작했습니다. 궁금하지만 딱히 물어볼 곳이 없고, 정보 공유의 한계를 느꼈습니다. 어려운 질문과 그에 대한 해답은 경험을 통해서만 배울 수 있었습니다. 제가 겪었던 시행착오들을 공유함으로 더 나은 시장을 만들고자 처음 글을 쓰기 시작했습니다. 그리고 이 책을 완성하기까지 2년이라는 시간이 걸렸습니다. 초반에는 열정을 갖고 시작했는데 막상 스스로 역량에 대해 한계를 느끼며 잠시 책 작업을 중단했던 시간도 있었습니다. 마음속에 있는 내용 들을 정리하는 시간을 통해 책의 필요성을 다시 깨닫기도 했습니다. 돌이켜 보면, 지난 시간 들이 쉽지만은 않았습니다. 하지만 바쁜 시간을 쪼개 적극적으로 참여 해주신 많은 선생님들의 노력 덕분에 이 책이 탄생할 수 있었습니다. 더 담고 싶은 내용들이 아직도 많습니다. 이 책을 계기로 저 또한 부족한 점들을 채워 나가며 선생님들과 함께 성장하고 좋은 기회를 만들어 나가겠습니다. 담아내지 못한 내용들은 개정판이나 후속편을 통해 지속적으로 공유하도록 하겠습니다. 참여해 주신 모든 공동저자 분들께 진심으로 감사드리며 앞으로 피트니스 발전에 조금이라도 도움이 될 수 있는 사람으로 최선을 다하겠습니다. 감사합니다.

트레이너가
알아야 할
모든것

부록

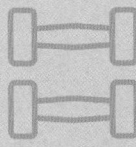

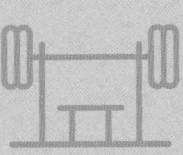

추천도서

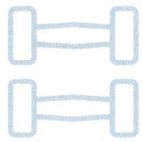

트레이너가 알아야 할 모든 것

전문가 완성을 위한 필독서

해부학 쉽게 공부하기
박민주 외 4명 지음
예방의학사
12,000원

**필라테스 지도자와
교습생을 위한 교과서 1**
[재활필라테스 매트]
국제재활코어필라테스협회 지음
예방의학사
45,000원

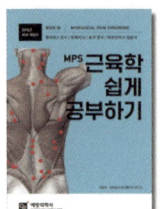

MPS 근육학 쉽게 공부하기
김보성 외 4명 지음
예방의학사
12,000원

**필라테스 지도자와
교습생을 위한 교과서 2**
[재활필라테스 리포머]
국제재활코어필라테스협회 지음
예방의학사
45,000원

자세평가 쉽게 공부하기
백형진 외 3명 지음
예방의학사
15,000원

**필라테스 지도자와
교습생을 위한 교과서 3**
[재활필라테스 C.C.B]
국제재활코어필라테스협회 지음
예방의학사
45,000원

근막이완 테크닉
백형진 외 9명 지음
예방의학사
15,000원

PMA-NCPT 합격공식
박상윤 외 명 지음
예방의학사
12,000원

PERSONAL TRAINER

폼롤러 필라테스 교과서
백형진 외 7명 지음
예방의학사
12,000원

토닝볼 필라테스 교과서
이국화 외 14명 지음
예방의학사
15,000원

밴드 필라테스 교과서
양지혜 외 6명 지음
예방의학사
15,000원

아크배럴 필라테스 교과서
이미령 외 13명 지음
예방의학사
15,000원

짐볼 필라테스 교과서
양홍석 외 6명 지음
예방의학사
15,000원

서클링 필라테스 교과서
김춘매 외 11명 지음
예방의학사
15,000원

스파인코렉터 필라테스 교과서
오수지 외 12명 지음
예방의학사
15,000원

스프링보드 필라테스 교과서
박상윤 외 12명 지음
예방의학사
15,000원

전문가 완성을 위한 필독서

선수 트레이너가 알아야 할 모든 것

백형진 외 54명 지음
예방의학사
15,000원

와두볼 테라피

백형진 외 9명 지음
예방의학사
10,000원

태권도 품새 트레이닝의 교과서

전민우 외 7명 지음
예방의학사
20,000원

소방관을 위한 셀프 통증관리법

박주형 외 9명 지음
예방의학사
12,000원

하이퍼볼트 컨디셔닝 테크닉

백형진 외 7명 지음
예방의학사
10,000원

KAATSU 혈류 조절 가압 트레이닝 가이드

박호연 외 8명 지음
예방의학사
15,000원

플로스밴드 쉽게 적용하기

김성언 외 7명 지음
예방의학사
15,000원

MPS 1 컨디셔닝 마사지 테크닉

백형진 외 4명 지음
예방의학사
10,000원

PERSONAL TRAINER

프리햅 운동
마이클 로젠가트 지음
백형진 외 10명 옮김
대성의학사
50,000원

오버커밍 그라비티
스티븐 로우 지음
박주형 외 22명 옮김
대성의학사
45,000원

연부조직 관리를 위한 프리햅 운동법
마이클 로젠가트 지음
백형진 외 10명 옮김
대성의학사
16,000원

Miracle EMS 트레이닝 가이드
김경호 외 16명 지음
예방의학사
15,000원

과학적인 근력운동과 보디빌딩
더그 맥거프, 존 리틀 지음
김성언 외 16명 옮김
대성의학사
30,000원

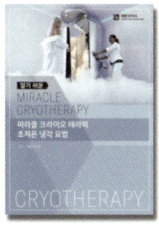

Miracle 크라이오 테라피 초저온 냉각 요법
백형진 외 6명 지음
예방의학사
20,000원

셀프 근막 스트레칭
타케이 히토스 지음
김효철, 백형진 옮김
신흥매드싸이언스
15,000원

교육안내

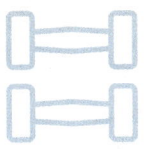

트레이너가 알아야 할 모든 것

코어필라테스 / 바디메카닉 / 대한예방운동협회
커리큘럼 안내 Curriculum Structure

본 협회의 커리큘럼의 구조는 크게 5단계로 되어있습니다. 입문, 기초단계, 실전단계, 심화과정, 육성과정의 코스로 교육생의 수준 및 다양한 환경에 맞게 선택적으로 교육과정을 이수할 수 있습니다. 수년간의 교육 과정을 통해 완성된 본 협회의 커리큘럼을 직접 경험해보시길 바랍니다.

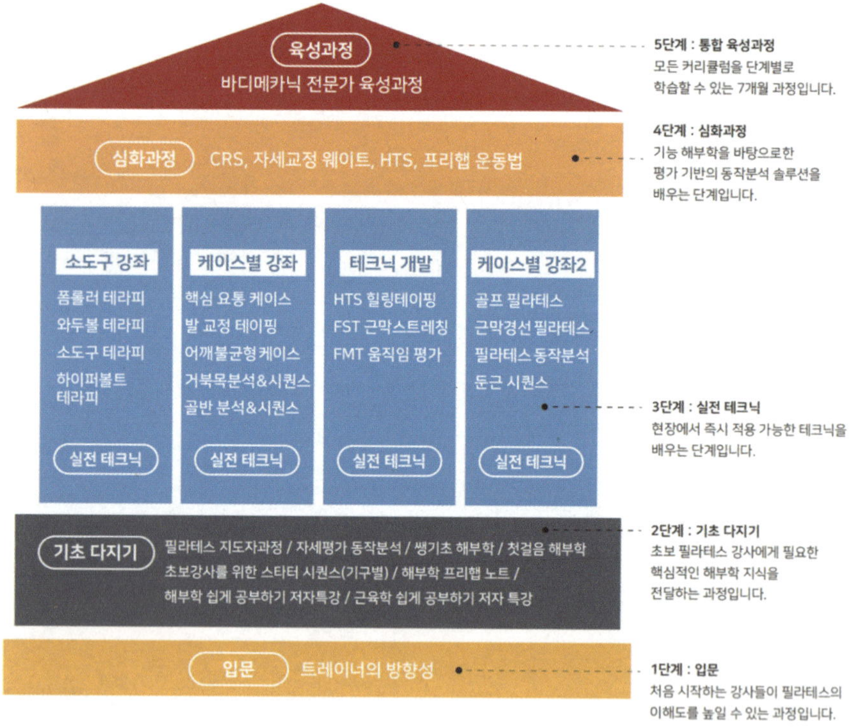

5단계 : 통합 육성과정
육성과정 – 바디메카닉 전문가 육성과정
모든 커리큘럼을 단계별로 학습할 수 있는 7개월 과정입니다.

4단계 : 심화과정
심화과정 – CRS, 자세교정 웨이트, HTS, 프리햅 운동법
기능 해부학을 바탕으로한 평가 기반의 동작분석 솔루션을 배우는 단계입니다.

3단계 : 실전 테크닉
현장에서 즉시 적용 가능한 테크닉을 배우는 단계입니다.

- 소도구 강좌
  - 폼롤러 테라피
  - 와두볼 테라피
  - 소도구 테라피
  - 하이퍼볼트 테라피
  - 실전 테크닉

- 케이스별 강좌
  - 핵심 요통 케이스
  - 발 교정 테이핑
  - 어깨불균형 케이스
  - 거북목분석&시퀀스
  - 골반 분석&시퀀스
  - 실전 테크닉

- 테크닉 개발
  - HTS 힐링테이핑
  - FST 근막스트레칭
  - FMT 움직임 평가
  - 실전 테크닉

- 케이스별 강좌2
  - 골프 필라테스
  - 근막경선 필라테스
  - 필라테스 동작분석
  - 둔근 시퀀스
  - 실전 테크닉

2단계 : 기초 다지기
초보 필라테스 강사에게 필요한 핵심적인 해부학 지식을 전달하는 과정입니다.

기초 다지기 – 필라테스 지도자과정 / 자세평가 동작분석 / 쌩기초 해부학 / 첫걸음 해부학 / 초보강사를 위한 스타터 시퀀스(기구별) / 해부학 프리햅 노트 / 해부학 쉽게 공부하기 저자특강 / 근육학 쉽게 공부하기 저자 특강

1단계 : 입문
처음 시작하는 강사들이 필라테스의 이해도를 높일 수 있는 과정입니다.

입문 – 트레이너의 방향성

PERSONAL TRAINER

www.cafe.naver.com/prehablab

재활·운동예방연구소 소개

재활예방운동연구소는 국내 및 해외의 건강 관련 컨텐츠를 모아 통계, 분석하는 연구기관입니다.

더불어 국내외로 활발한 교육활동을 하는 교육기관이며, 건강 관련 분야의 종사자들에게 최신 연구자료들로 엄선된 컨텐츠를 제공하고 있습니다.

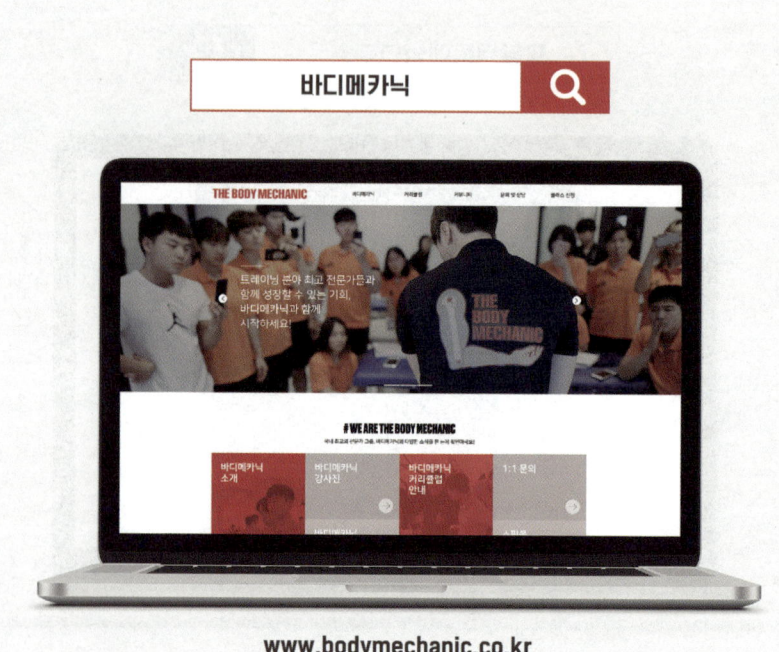

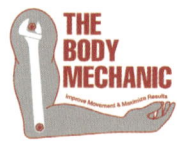

바디메카닉 소개

바디메카닉은 단순한 트레이닝을 교육하는 곳이 아닌 재활, 컨디셔닝, 체형에 최적화된 트레이닝을 지도하는 차별화된 교육기관입니다.

국내 최고의 트레이닝 전문가인 바디메카닉은 국가대표, 실업팀 선수 트레이닝뿐만 아니라 LG, 현대, 삼성 등 대기업을 대상으로 웰니스 강연을 매년 진행 중입니다.

오랜 시간 쌓아온 경험들을 토대로 체계적이고 과학적인 트레이닝 시스템을 구축하여 교육하고 있습니다.

PERSONAL TRAINER

코어필라테스 소개

코어필라테스는 단순한 기구 사용법 교육이 아닌
운동, 재활, 체형에 대한 탄탄한 이론적 지식을 바탕으로 현장에서의
탁월한 지도능력을 갖춘 전문 강사를 양성하고 있습니다.

오랜 시간 현업에서 느낀 아쉬움을 보완하여 보다 체계적인
러닝 시스템(Learning System)을 구축하였습니다.

협력업체

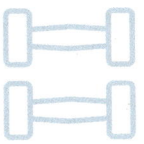

Hermo
BEAUTY & ESTHETIC

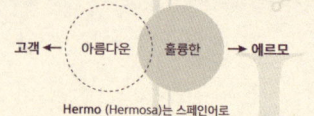

Hermo (Hermosa)는 스페인어로
'아름다운, 훌륭한'의 의미를 지니고 있습니다.

BRAND STORY »»
에르모, 시작부터 다르다.

예방운동 / 의학 / 뷰티매니저 / 헬스케어 전문가가 모여
전문적인 뷰티&에스테틱 브랜드 에르모가 탄생했습니다.

하나부터 열까지 전문가가 직접 만든 에르모만의
프로그램은 건강과 아름다움을 책임집니다.

Hermo Spirit »»
**에르모는
당신의 건강과 아름다움을 위해 태어났습니다**

에르모는 근본적인 건강과 아름다움을
최고의 가치로 여깁니다. 체계적인 관리 프로그램과
온전한 휴식 시간을 확보해 고객님의 건강과
아름다움을 지켜나가겠습니다.

몸의 온도가 극저온이 되면 몸은 스스로 열을 내기 위해
몸속 갈색지방을 통해 축적된 백색 지방을 연소시킵니다.
이 과정에서
단 3분만에 무료 800kcal 소모가 가능합니다.
이는 런닝머신을 3시간동안 타야만 소모되는
칼로리와 맞먹습니다.

"**크라이오 테라피는
단, 3분이면 가능합니다.**"

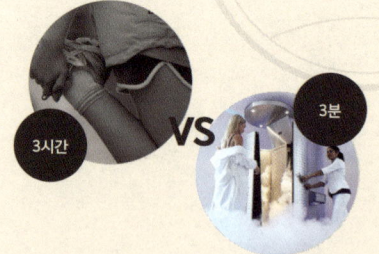

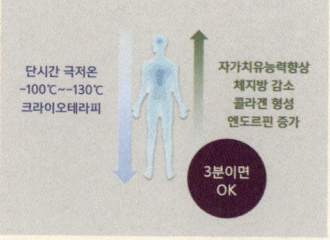

단시간 극저온
-100℃ ~ -130℃
크라이오테라피

자가치유능력향상
체지방 감소
콜라겐 형성
엔도르핀 증가

3분이면
OK

PERSONAL TRAINER

> " 크라이오 테라피는
> 효과가 입증된 치료요법 입니다.

1. 크라이오테라피의 어원은 그리스어로 **cryo**[차가움] + **teraphy**[치료] 입니다.
크라이오테라피는 이미 1970년대 말부터 러시아, 일본 등에서
그 효과가 입증된 치료 요법 중 하나입니다.

2. 기체 질소를 이용해 온도를 -100C ~ -130C까지 떨어뜨려
신체의 온도를 단시간 극저온으로 낮추어 **신체의 자가치유능력을 향상시켜
치료와 건강개선에 도움을 줍니다.**

3. 이미 1970년대말부터 일본, 러시아, 미국, 영국, 프랑스 등에서
연구되어온 치료 요법으로 현재 해외에서는
건강은 물론 미용을 위한 요법 목적으로 널리 활용되고 있습니다.

다이어트만? NO! 크라이오테라피
3분의 기적을 체험하세요!

콜라겐 형성 + 피부 진정 효과
푸석한 피부, 아토피, 건선
크라이오 테라피는 피부의 콜라겐 형성에 도움을 주어 탄력있는
피부를 만들고 건선과 아토피 증상 완화에 도움을 줍니다.

엔도르핀 촉진 + 피로회복
스트레스, 불면증, 피로, 무기력증
단시간 극 저온으로 진행되는 냉각요법은 신경계를 자극해
체내 엔도르핀을 활성화시켜 염증과 통증 완화와 더불어
일상에서 축적된 피로에 대한 회복감을 느끼는데 도움을 줍니다.

자가 치유 능력 + 운동 능력 향상
빠근한 근육, 관절통증
극저온 냉각 요법은 몸의 혈액 순환의 속도를 획기적으로 높여
체내에 축적된 피로물질 배출에 도움을 주고 이를 통한 체력 회복과
운동 수행 능력 향상에 효과적 입니다.

"" Q&A
크라이오, 이것이 궁금하다

정말 다이어트에 효과가 있나요?
신체 온도가 급격히 내려가면 몸은 스스로 열을 내기 위해 체내의 지방을
태우게 됩니다. (갈색지방이 백색지방을 연소시키는 작용) 이 과정에서
체지방 감소와 신경, 피부세포, 근육, 골격계의 자가 치유 능력이 향상됩니다.

다이어트에만 효과가 있나요?
다이어트와 셀룰라이트 개선 효과는 물론 콜라겐 형성에 도움을 주어 피부
진정에 효과가 있습니다. 통증 개선과 엔돌핀 분비를 촉진해 우울감과
무기력감 해소, 불면증에도 효과가 있어 운동선수는 물론 컨디션 관리가
중요한 분들이 애용하고 있습니다.

어느 정도 받아야 효과가 있나요?
개인의 몸 상태에 따라 다르지만 대체로 최소 8주 동안 정기적으로 20회 이상
받았을 경우 확실한 변화를 느낄 수 있습니다. 기초 대사량을 높이고 싶으시
다면(백색지방이 갈색지방화 되는과정) 3개월 동안 꾸준히 크라이오테라피를
관리 받으시는걸 추천드립니다.

감기에 걸리진 않을까요?
걱정하지 않으셔도 됩니다. 극저온에 일시적으로 체온이 내려갈 뿐 시술 후
에는 금방 체온을 회복합니다.

www.hermobeauty.com

트레이너가 알아야 할 모든 것

플린스튜디오
필라테스 감성 바디프로필 전문 스튜디오

Beyong the Perfection
완벽함을 넘어서는 아름다움을 찾는 곳

Studio FLYN

플린스튜디오는 Color horizon과 Special Concept, Pilates Concept 3가지 라인으로 구성된 **바디프로필 전문스튜디오** 입니다.

모델의 **'아이덴티티'** 에 맞게 배경, 의상, 시선, 표정, 포징, 조명을 개별적으로 구성하고 완벽하게 조율하는 촬영스타일을 추구합니다.

플린 스튜디오와 함께 바디프로필 전문가가 구현하는 고감도의 이미지와 **새로운 이미지의 '나'** 를 만나보세요.

PERSONAL TRAINER

플린스튜디오
필라테스 감성 바디프로필 전문 스튜디오

Beyond the Perfection
완벽함을 넘어서는 아름다움을 찾는 곳

Studio
FLYN

3개의 핵심 컨셉과 8개의 세부 컨셉으로 구성되어,
모델에게 적합한 다양한 연출과 컨셉 초이스가 가능합니다.

찾아오시는 길 >

서울 마포구 서교동 451-38, 지하2층

카카오 플러스 >   **인스타그램 >**

 flyn_studio   **flyn_studio**

트레이너가 알아야 할 모든 것

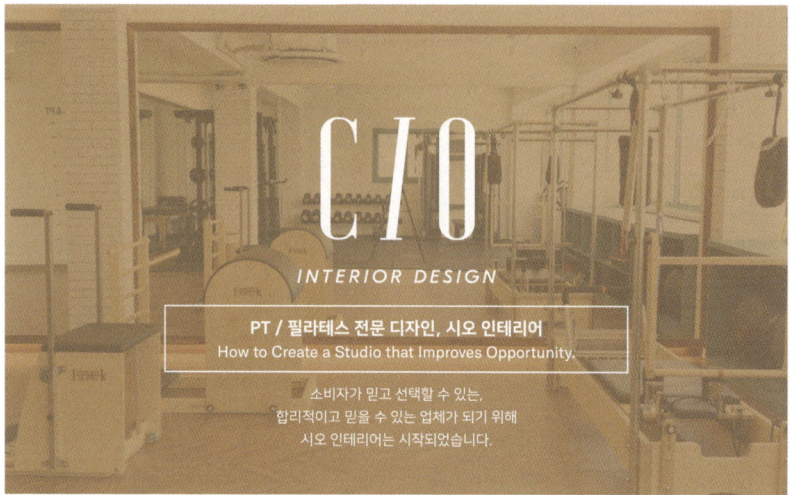

C/O
INTERIOR DESIGN

PT / 필라테스 전문 디자인, 시오 인테리어
How to Create a Studio that Improves Opportunity.

소비자가 믿고 선택할 수 있는,
합리적이고 믿을 수 있는 업체가 되기 위해
시오 인테리어는 시작되었습니다.

Our Story

01. 센터 전문 디자인의 시작은 컨설팅부터.

시오의 프로젝트는 '임대계약 전 단계'부터 시작됩니다. 상권의 특성과 접근성을 고려하고, 임대공간의 컨디션을 체크하고, 인테리어 파트에서의 제한점과 중점사항을 끊임없이 고객과 나누며, 최상의 공간을 임대하실 수 있도록 보조합니다.

02. 필라테스, 피트니스 전문가의 합리적인 공간 설정.

시오는 피트니스&필라테스 전문 회사입니다. 평수와 운영시스템, 동선, 근무하시는 선생님 수에 따라 유산소/샤워실/기구공간/휴식공간/상담공간을 배치하고 분배합니다. 인테리어 전문가가 아닌, 피트니스& 필라테스 전문가로써의 시선은 시오인테리어만의 장점입니다.

03. 정직하고 투명한 견적서.

시오의 견적서는 투명하고 정확합니다. 터무니 없이 저렴한 견적서와 공사 내용의 정확하게 보이지 않는, 혹은 비전문가가 보기에 너무 어려운 견적서가 아닌, 사업주가 한눈에 확인하고 점검할 수 있는 견적서를 제공합니다.

04. 오픈 센터에 필요한 부분을 한 번에!

시오는 다양한 비즈니스 파트너를 통해, 센터 오픈에 필요한 다양한 사업 네트워크를 확보하고 있습니다. 전단지와 웹사이트 현수막등은 물론, 광고영상-이미지 전문 파트너, 컨설팅 및 홍보마케팅 전문 파트너등 사업주가 어려움을 겪을 수 있는 모든 부분에서 탄탄하고 체계적인 솔루션을 제공합니다.

PERSONAL TRAINER

 INTERIOR DESIGN

About us

시오는 디자인팀 & 시공팀 & 피트니스-필라테스 컨설팅팀 이 3개의 팀이 하나의 몸처럼 협업하여 디자인을 창조합니다. 각 분야에 최적화 된 3개의 팀은 각자의 필드에서 최고 역량을 발휘하며, 동료들과 빛나는 co-work을 보여줍니다. 유산소 공간을 만드는 작은 선택에도, 회원들의 동선과 일조량, 뷰포인트, 전체공간대비 효율성을 따지며, 신발장의 수납 갯수 조차도 허투로 정하지 않습니다. 열정적이고, 전문적인 3개의 팀으로 구성된 시오인테리어는 이제 막 새로운 사업을 시작하려는 여러분에게 최고의 선택이 될 것 입니다.

에르모(Hermo) 가산점 2019년 6월 완공.

BM필라테스 문래점 2019년 5월 완공.

트레이너가 알아야 할 모든 것

필라테스·요가
부가가치세 **면세** 전환

면세 전환,
이제 국내 최대 규모의 인프라를 보유한
전문가에게 믿고 맡겨 주세요!!

스포츠 교육기관
전문가 소개

손진원 회계사

- 주요 경력
  - 자격사항: 공인회계사
  - 학력: 경희대학교 스포츠의학과 졸업
  - 前 사격 국가대표 상비군
  - 前 Deloitte 안진회계법인
  - 現 ㈜진엔컴퍼니 대표이사
  - 現 서울시 민간위탁 심의위원

JNC Jin & Company Inc.

김진규 세무사

- 주요 경력
  - 자격사항: 세무사
  - 학력: 경북대학교 졸업
  - 現 지인세무회계 대표 세무사
  - 現 중소벤처기업부 비즈니스 지원단 자문위원
  - 現 네이버 지식인 세무사
  - 現 (사) 아시아모델협회 세무 고문

PERSONAL TRAINER

면세전환부터 One-Stop Service
세금 및 교육원 관리까지 한번에!

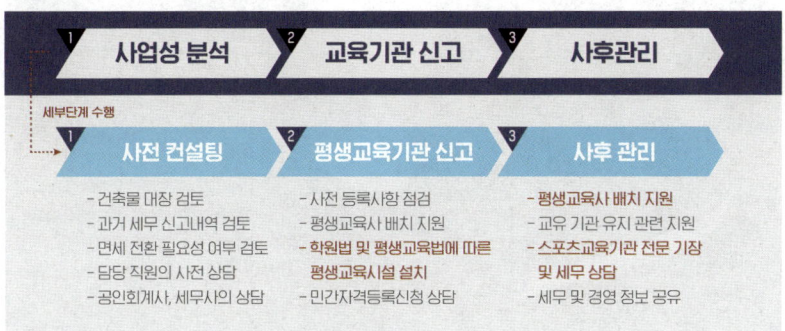

Q&A

01. 믿을 수 있는 업체인가요?

당사는 스포츠교육기관 전문 **공인회계사**와 **세무사**가 법률적인 검토부터 **세무 대리**까지 전문적인 서비스를 제공합니다. 당사는 **네이버 스마트 스토어 레슨**과 공식 제휴를 맺었으며, **대한체육회** 산하 협회들과 협약을 체결했습니다. 또한, 대표 공인회계사는 **경희대학교 체육대학**을 졸업하고, **사격 선수**로서 **청소년대표**로 활동하는 등 스포츠 교육 전문가로서 업계에 대한 높은 이해와 전문성을 자랑합니다.

02. 합법적인 서비스 인가요?

네, 맞습니다. 일정한 요건을 갖춘 경우 **평생교육원**으로서 교육청 인가를 받을 수 있으며, 평생교육원에서 제공하는 교육용역은 **부가가치세법상 면세**에 해당합니다. 사전 진단을 통해 요건을 갖추지 못한 경우에는 면세 전환이 불가능하며, 당사는 불법적인 서비스를 제공하지 않습니다.

03. 계약 후 면세 전환이 안되면 환불이 되나요?

계약 후, 면세 전환이 안되는 경우 지급하신 계약금 및 착수금은 **100% 환불해 드립니다.** 다만, 대표님의 사정에 의해 계약을 취소하는 경우에는 환불이 불가능합니다.

04. 사후관리는 어떻게 이루어 지나요?

당사는 평생교육원 설립부터 유지까지 평생교육사 배치를 지원해 드리며, 언론기관 업무를 매월 대행 해 드립니다. 또한, 대표님이 원하시는 경우 **지인세무회계**를 통한 스포츠교육기관 전문 기장 및 세무 서비스를 제공 해 드립니다.

유산소 운동의 장점

유산소 운동은 심장과 폐를 튼튼하게 해주며, 지방연소로 체지방 감고,스트레스 해소 및 성인병 예방과 치료에도 도움이 됩니다.

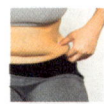
체지방 감소 체내 축척되어 있는 지방을 연소시켜 군살을 빼줌으로써, 건강하고 아름다운 라인을 가질 수 있습니다. 최초 20~25분은 탄수 화물이 연소되며, 지방이 연소되는 시점은 운동 후 20~30분 이후입니다.

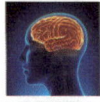
두뇌발달, 학습증진,업무성과 UP 하버드 메디컬스쿨의 존 레이티에 의하면, 유산소 운동은 뇌기능 향상에 필요한 호르몬의 분비를 증가시켜 준다로 합니다. 기억력을 증진시키는 세로토닉, 집중력에 도움이 되는 도파민, 지각능력에 영향을 주는 노르에피네프린 등이 유산소 운동과 함께 분비가 되어 두뇌발달 및 학습증진과 업무성과를 높이는데 도움이 됩니다.

스트레스 해소 적당량의 유산소 운동은 엔도르핀 분비를 촉진시켜 기분을 좋아지게 하고 스트레스 해소에 도움을 줍니다.

성인병 예방및 치료 반복되는 유산소 운동은 심장의 용적을 늘려주고, 혈관을 깨끗하게 하며, 혈당을 떨어뜨려 심혈관 질환, 당뇨병, 고지혈증 등 성인병 예방 및 치료에 도움이 됩니다.

㈜헬스원 본사 / 공장 경기도 고양시 일산서구 산남로 132 Tel : (031) 949_8010 E-mail : ceo@ehealth-one.com

PERSONAL TRAINER

운동정보 모니터링 시스템
HERA Fit ON

ANT⁺ 방식의 웨어러블 심박기기 착용 헬스원 HERA-Fit⁺	ANT⁺ 리시버 ANT⁺로 전송된 심박신호를 수신함	서버 PC 헤라핏 온 시스템 운용, 데이터 축적 관리	태블릿 PC 트레이너 및 관리자용 운동프로그램을 실행

심박수 & 활동 측정기

헤라핏⁺ 실시간 심박수 측정이 가능한 스마트 손목밴드 헤라핏은 헬스원의 스마트 트레드밀/바이크와 연동하여 동작음이 제거된 특허 기술로오류없이 정확한 실시간 측정이 가능합니다. 실시간 심박수 측정을 통한 맞춤형 운동 프로그램을 실행할수 있으며 스마트폰 앱을 사용하여 다양한 운동 및 수면분석 기능은 물론 휴대폰 알림 가능까지 사용한 최신형 스마트 웨어러블 기기입니다.

(주)헬스원 본사 · 공장 경기도 고양시 일산서구 산남로 132   Tel : (031) 949_8010   E-mail : ceo@ehealth-one.com

트레이너가 알아야 할 모든 것

(주)헬스원　본사 / 공장 경기도 고양시 일산서구 산남로 132　Tel : (031) 949_8010　E-mail : ceo@ehealth-one.com

PERSONAL TRAINER

· 무선 리모컨

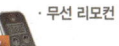

국내생산 Premium **WalkRo 워.킹.머.신.**

세계 최초 스마트폰 앱 구동 방식
워크로 전용 스마트폰 앱을 통해 다양한 운동 프로그램 제공
운동정보 SNS, PC로 공유할 수 있는 토탈 헬스케어 시스템

슬림/ 컴팩트/심플한 디자인
완전 평면 일체형 설계로 공간의 제약없이 실외에서 걷는 느낌구현
2017 GOOD DESIGN 중소벤처기업부 장관상수상

시계 최초 신소재 마그네슘 합금 무용접 프레임 적용
철보다 4배이상 가벼운 소재로 여성 혼자 이동 및 보관가능
진동 흡수에 뛰어난 소재로 충간 소음을 획기적으로 줄임

강력한 파워와 안전한 설계
2단 동력 전달 장치 적용으로 500시간 연속사용 가능
평평한 전면부 모터 커버 설계로 편안하고 안전한 워킹

워크로 전용앱   **WalkRo**   **HERA Fit +**

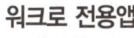

워크로와 블루투스 연동
워크로 작동 (리모컨 기능)
운동결과 저장 및 SNS로 전송

유산소 운동 등 목표 운동

심박수 측정을 통한
개인별 맞춤운동

㈜헬스원   본사 / 공장 경기도 고양시 일산서구 산남로 132   Tel : (031) 949_8010   E-mail : ceo@ehealth-one.com

필라테스 요가

양면 넌슬립
TECHNOLOGY

러르베 맥스그립 요가 삭스
LARVE MAX GRIP YOGA SOCKS

프리마 맥스그립 요가 삭스
PRIMA MAX GRIP YOGA SOCKS

PERSONAL TRAINER

러르베 맥스그립 요가 삭스

양면 넌슬립
양말과 바닥 사이의 밀림 현상을 방지하여 접지력을 극대화

고밀도 면 원사
땀 흡수가 잘되는 면 소재 2배 이상의 고밀도 원사

수작업 핸드링킹
전문 기술자가 수작업으로 이어 붙이는 심리스 핸드링킹

우수한 통기성
발가락과 발등이 오픈된 디자인으로 편안함과 뛰어난 통기성

REXY

제품구입 / 제품문의
02-3488-4187
www.rexysport.com